왕의 지도력

KING's LEADERSHIP

왕의 지도력

홍성건 지음

NCMN · 규장

머 리 말

'내 아들아,
너는 내 앞에 나올 때 강한 척하지 말아라.
네 연약한 모습 있는 그대로 내게 나아오라.
네 연약함을 나에게 선물로 주어라.
나는 너를 긍휼히 여기는 너의 아버지다.
내가 네게 긍휼의 마음을 주겠다.
성령의 사역을 하여라.'

이 말씀은 내가 전임 간사 3년 차에 훈련사역 간사로 일할 때 하나님 아버지께서 내게 하신 말씀이다.

당시 강사는 미국인 잭 윈터(Jack Winter) 목사였다. 그는 강의 첫 시간에 맨 앞에 앉아 있는 내게 걸어와서 "하나님이 당신에게 하시는 메시지가 있다"라며 위 말씀을 전해주었다.

그때 '긍휼'이라는 단어를 처음 알게 되었다. 그리고 눈물을 흘렸다.

나를 향한 하나님 아버지의 마음을 알게 된 감격의 눈물, 내 연약한 지도력 때문에 흐르는 탄식의 눈물이었다.

나는 아주 엄격한 사역자였다. 훈련학교 학생들이 제시간에 교실에 들어오지 않으면 안에서 문을 잠글 정도로 율법적이었다. 사람들은 내게 다가오기를 꺼렸다. 뒤에서 수군대는 소리가 들렸다.

"옳은 말을 하지만, 사람이 너무 차가워", "면도날 같아…."

그도 그럴 것이, 나는 아주 보수적인 장로교회에서 주일학교부터 대학 졸업 때까지 신앙생활을 했다. 주일학교에 다닐 때도 본 예배를 마치면 대예배에 또다시 참석했다.

"높고 높은 보좌 위에서 낮고 낮은 인간들을 불꽃 같은 눈으로 감찰하시는 하나님, 죄로 죽을 수밖에 없는 인간이 나왔습니다"라고 시작하는 장로님의 대표기도는, 내 안에 '웃지도 않으시며 엄격하신 하나님'의 이미지를 각인시켜 주었다. 중등부 시절의 부장 장로님은, "하나님 아버님"으로 기도를 엄숙하게 시작했다.

그런 하나님께, 나는 늘 합격점을 받고자 노력했다. 그래서 강한 척을 했다. 그런데 그날 미국인 강사를 통해 내게 주신 하나님의 메시지는 내가 알던 하나님이 아니셨다. 긍휼의 아버지셨다.

그날부터 내면에 큰 변화가 일어나기 시작했다. '긍휼'이라는 단어가 심장에 깊이 새겨졌다. 주일학교 때부터 종종 들어온 '탕자의 비유'가 비로소 이해되기 시작했다. 마음이 부드러워졌고, 연약한 지체를 어떻게 대해야 하는지를 성령님께 배웠다.

그 후 사무엘상 22장의 '아둘람 굴'에 모여든 다윗의 사람들에 대해 새롭게 알게 되었다. 그들은 "환난 당한 모든 자, 빚진 모든 자, 마음이 원통한 자"들이었다(삼상 22:2). 그런데 놀랍게도, 사무엘하 23장에 등장하는 다윗의 용사들이 바로 그 아둘람 굴 출신이었다.

성령 하나님은 나를 여러 영역에서 훈련하셨다. 사람을 어떻게 섬겨야 하는지, 사역을 어떻게 이끌어야 하는지를 가르쳐주셨다. 가장 좋은 훈련은 다른 사람들을 훈련시키면서 나도 배우는 것, 변화하면서 변화를 주는 그리스도인의 삶을 훈련하는 것이었다.

이 책은 그렇게 해를 거듭하며 배우고 익힌 핵심 내용을 담은 것이다. 주님을 사랑하며 섬기는 모든 잠재적 크리스천 리더에게 큰 유익이 되기를 소망한다.

나는 지금도 성령의 학교에서 배우고 훈련하고 있다.

S.O.C. 학생 홍성건

감 사 의 글

삶을 송두리째 바꾼
생명의 은인과도 같은 책

이 책은 내게 아주 소중하고 특별하다. IMF 시절에 50억 부도가 나서 광야를 헤맬 때, 돌파구를 제시해 주었던 홍성건 목사님의 '왕의 지도력' 강의를 한 권의 책으로 담아냈으니 말이다. 성경 다음으로 내 인생의 내비게이션 역할을 해준 고마운 책이다.

목사님의 수많은 저서는 내 영적 여정에 큰 영향을 주었다. 하나님과의 바른 관계, 성령의 능력으로 사는 삶, 세상을 바꾸는 지도자의 덕목 등을 배운 최고의 지침서였다. 그중 '왕의 지도력' 강의는 삶을 송두리째 바꾸어 놓았다.

2012년, NCMN을 홍 목사님과 함께 시작하면서 지금까지 국내에서 1년에 1만 명씩, 12년간 12만 명 이상을 훈련했다. 그러면서 낙심자나 불신자로 살던 이들이 용사, 장군, 영웅으로 변화하는 과정을 12년간 목도했다.

현재 NCMN은 3개의 스쿨(왕의 재정, 체인저 리더십, 쉐마 말씀)과 4개의 세미나(하나님 음성 듣는 삶, 중보기도, 영적 전쟁, 성령 하나님, 영적 권위)를 통해 세상에서 영향력을 발휘하는 삶을 훈련시키고 있다.

나는 '왕의 지도력' 강의를 기반으로 한국과 전 세계에서 '체리배가 운동'(Changer Leadership Movement)을 일으켰다. 이를 통해 목회사역자와 현장 사역자들이 살아나고, 삶과 사역의 어려움을 돌파하는 현장을 생생히 목격했다. 가히 충격적이고 놀라운 변화가 일어났다. 이런 현상을 보면서 홍 목사님께, 이 강의를 책으로 출간해서 다음세대에 큰 선물을 남겨주시길 여러 번 부탁드렸다.

책 제목을 보고, 지도자들만 읽는 책으로 생각하지 말라. 나는 25년 전에 이 책의 내용이 담긴 강의 테이프(전 14개)를 구입하여 당시 유치원에 다니던 아들과 함께 듣고 또 들었다. 100번도 넘게 들어서 테이프가 너덜너덜해질 정도였다. 덕분에 이 강의를 무수히 들으며 자란 아들은 아주 건강한 지도력을 발휘하는 차세대 리더로 성장했다.

이 책은 나를 건강한 지도력을 발휘하는 사람으로 만들어주었다. 자신에게 발휘하는 지도력, 대인관계에서 발휘하는 지도력, 맡겨진 일과 사역에서 발휘하는 지도력을 배움으로써 내 영향력이 점차 확대되었다. 사람들에게 인정받았고, 주님은 갈수록 큰 사역을 맡겨주셨다.

훈련받으며 준비될수록 주께서 영향력을 발휘할 기회의 장을 더 넓혀 주셨다. 거듭 말하지만, 이 책은 내게 성경 다음으로 생명의 은인과도 같다.

《왕의 지도력》을 통해 독자들에게도 나처럼 삶의 모든 영역에서 돌파가 일어나는 역사가 있기를 기대한다. 이 책이 특별히 능력 있는 이유는, 목사님이 성령께 직접 배운 하늘의 지혜를 몸소 삶으로 살아내고 검증한 내용이기 때문이다.

사랑하고 존경하는 나의 스승께 깊은 감사를 드린다.

제자 김미진

KING's LEADERSHIP

머리말

감사의 글

서론 : 패러다임의 변화

PART 1 내가 바로 지도자다

롤모델 – 예수 그리스도의 지도력
Jesus' Style Leadership

01	예수 그리스도의 지도력의 기반	24
02	우리의 지도력의 기반	29
03	엠블레포 : 하나님의 시선	43
04	경작하라	47
05	톨레돗 : 계보	61
06	균형 잡힌 지도력	75
07	하나님이 보시기에 옳은 사람	83
08	왜 다윗인가?	91
09	다윗의 중심 : 온유	98
10	다윗의 중심 : 충성	111
11	다윗의 중심 : 겸손	126

PART 2 지도력이란 영향력이다

일상생활에서 지도력을 발휘하라
Proactive Field Leadership

12	셀프 리더십	138
13	셀프 리더십 : 시간 관리	150

차례

14	순종	158
15	설득력과 경청 : 커뮤니케이션	171
16	긍휼 그리고 공의	181
17	하나 됨, 연합	195
18	훈련	207
19	반대 정신	220
20	거룩함	228
21	M. S. A. Factor	240
22	정직 : 영향력 있는 지도력의 열쇠	252
23	하나님의 주권적 섭리	267

PART 3

구체적으로 영향을 주는 지도자가 되라

기독교 문명개혁을 주도하라
Be A Nations-Changer

24	리더가 할 일	282
25	Be A Nations-Changer	298
26	헌신	310
27	갈렙의 DNA를 가지라	323
28	유업과 소유	336
29	위기와 극복 : 더 높은 차원의 지도력을 발휘하라	349
30	지도자의 신임장	363

패러다임의 변화

'패러다임'(Paradigm)이라는 용어는 1960년대부터 소개되었다. 나는 1990년에 국제회의 석상에서 회의 중에 이 용어를 처음 들었다. 내 옆에 앉은 친구인 뉴질랜드 리더 데이비드 콜에게 물으니, 그도 최근에 들었는데 철자가 어렵다며 웃었다. 그 후 수년 내에 이 단어가 점차 공용화되었다.

이 단어의 의미는 '가치관의 집합체, 고정된 가치관'이다. 사실 이것은 자칫 사람들의 사고를 제한한다. 보는 관점에 따라 다르게 보인다는 걸 알아야 사고의 유연성을 갖게 된다. 그러면 더 이상 우물 안 개구리가 되지 않을 것이다.

자기 세계만을 주장하는 고집불통이 되지 않으려면 변화에 유연해야 한다. 특히 고정된 가치관의 변화가 반드시 필요하다. 이것을 '패러다임 시프트'(Paradigm Shift)라고 한다.

가령, 옆 그림을 보자. 어떤 여자가 보이는가?

젊은 여자인가, 아니면 늙은 여자인가? 이 그림 안에는 젊은 여자가 있고 또 나이 많은 여자도 있다. 어떻게 보느냐에 따라서 전혀 다른 사람이 보인다. 보는 관점에 따라 달리 보인다.

만일 젊은 여인이 보인다는 사람과 나이 많은 여자가 보인다는 사람이 각각 자기가 보는 것만 주장하면 어떻게 될까? 자기만 옳고, 자신과 다르게 보는 사람은 틀렸다고 말할 것이다. 자기가 보는 것만을 주장하고 다른 사람의 말은 들으려고 하지 않을 것이다.

그러나 나의 패러다임을 내려놓고 상대의 말을 경청하며 더 살펴보면, 그 말도 옳다는 걸 알게 될 것이다. 이처럼 사고의 유연성이 필요하다.

> 이제 지구촌은 '강자와 약자' 대신에, '빠른 자와 느린 자'로 구분될 것이다. 빠른 자는 승리하고 느린 자는 패배한다. - 앨빈 토플러
>
> 변화를 거부하면 결국 자기만족, 자기도취, 자아 우상화에 빠져 망하게 된다. - A. 토인비

'생각의 변화'가 변화의 시작이라면 그 끝은 생활방식의 변화다.

다음 그림에는 9개의 점이 있다. 이 점들이 전부 연결되도록 선을 그려 보자.

단, 직선이어야 한다. 곡선은 안 된다. 4개의 직선만 사용하되 연결이 끊어지지 않고 9개의 점을 다 통과해야 한다. 그리고 어느 한 점도 두 번 지나가면 안 된다.

어떤 사람은 한 번도 이런 걸 시도한 적이 없는데도 잠깐 사이에 완성한다. 약 5-10퍼센트의 사람이다. 그리고 대부분은 열심히 시도하지만 그리지 못한다. 어떤 사람은 불가능하다고 포기해 버린다. 여러분은 쉽게 포기하지 말고 열심히 시도해 보길 바란다. 정답은 다음 페이지에 있다.

정답을 보면 생각이 많아지는 사람도 있을 것이다. 혹은 정답이라는 것에 동의하지 않을지도 모른다. 만일 9개의 점을 네모 박스로 보고 그 박스 안에서만 정답을 찾는다면, 불가능한 문제다. 해결책은 오직 박스를 넘어가야만 찾을 수 있다.

이 네모 박스가 자기 생각의 틀이라고 말하고 싶다. 이 틀을 벗어나는 게 쉽지 않다. 자기의 제한된 생각의 틀을 깨야만 문제가 풀린다. 생각의 유연성은 마치 대나무와 같다. 부러지지 않을 정도로 휘어질 줄 아는 것이다.

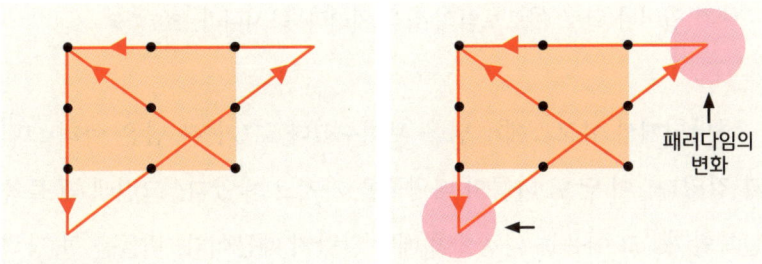

이 책은 '지도력'에 대해 다룬다. 지도력의 요소 중 하나가 생각의 유연성이다. 좋은 지도력을 발휘하려면 생각의 유연성이 필요하다. 고정관념에서 벗어나기 위해 성령 하나님께 도움을 요청해야 한다.

지금부터 이야기할 지도력에 대해 속단하거나 쉽게 결론 내리지 말기를 바란다. 한 걸음씩 함께 걸어가며 사고를 새롭게 하자.

다림줄

하나님은 선지자 아모스에게 그분의 뜻을 여덟 가지 환상을 통해 알리셨다. 세 번째 환상의 내용은 이렇다.

또 내게 보이신 것이 이러하니라. 다림줄을 가지고 쌓은 담 곁에 주께서 손에 다림줄을 잡고 서셨더니, 여호와께서 내게 이르시되, '아모스야, 네가 무엇을 보느냐?' 내가 대답하되, '다림줄이니이다' 주께서 이르시되,

'내가 다림줄을 내 백성 이스라엘 가운데 두고 다시는 용서하지 아니하리니, 이삭의 산당들이 황폐되며 이스라엘의 성소들이 파괴될 것이라. 내가 일어나 칼로 여로보암의 집을 치리라' 하시니라. 암 7:7-9

하나님께서 아모스에게 담을 보여주셨다. 그가 본 담은 아래 그림과 같았다. 이 담도 나름의 다림줄을 가지고 쌓았다. 그런데 왜 들쑥날쑥할까? 그 이유는 다림줄이 매번 달랐기 때문이다. 벽돌을 한 장씩 쌓을 때마다 기준이 달랐다.

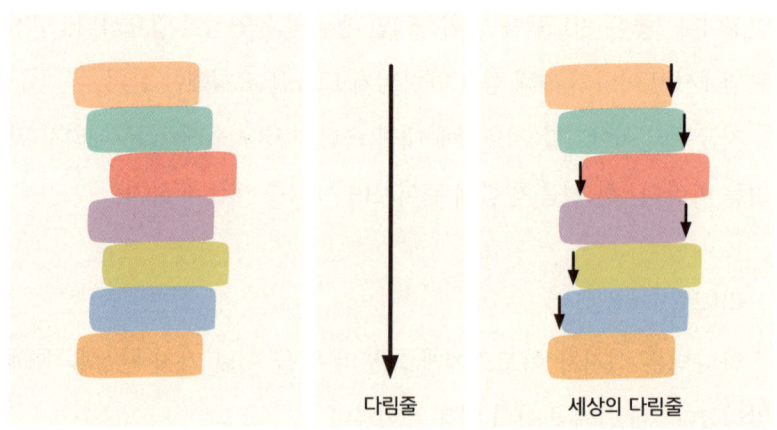

다림줄이란 무엇인가? 담 쌓는 기준을 제시하는 것이다. 달리 '기준'이나 '가치'라고 말하기도 한다. 이 그림은 건축에만 한정되는 게 아니라 삶 전반에도 해당한다. 개인, 가정, 지역, 문화, 세대 등에 따라 그

분야의 가치 기준이 있다.

그런데 하나님이 그 담 곁에 서셨다. 손에는 다림줄을 잡고 계셨다. 하나님이 그분의 다림줄을 쌓은 담에 내리시자 담들이 제멋대로 쌓인 게 드러났다. 이대로 계속 건축하면 대형 사고가 날 것이다. 당연히 담을 다 무너뜨리고 새롭게 쌓아야 한다.

두 종류의 다림줄이 있다. 이 세상의 다림줄과 하나님의 다림줄이다. 후자는 기록된 하나님의 말씀인 성경에서 그 기준이 무엇인지 보여주신다.

이 책에서 다루는 지도력에 관한 모든 것은 성경적 기준으로 살핀 것이다. 하나님의 말씀은 진리다. 진리는 변하지 않는다. 절대 가치, 절대 기준이다. 지역이나 시대에 따라 변하는 건 상대적 가치다. 성경

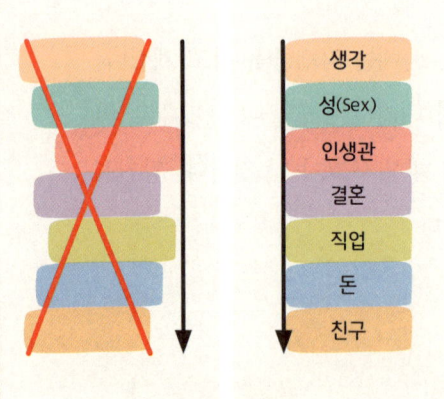

적 지도력은 시대가 다르고, 지역이 달라도 동일한 가치 기준을 제시한다. 우리는 이 성경적 지도력의 원리를 살펴볼 것이다. 그것을 삶과 생각에 다림줄로 내릴 것이다.

잘못된 부분이 있다면 과감히 헐고 하나님 손의 다림줄을 기준으로 새롭게 세울 것이다. 이를 '변화'라고 한다.

내가 먼저 변화해야 한다. 그리고 변화를 일으키는 사람이 되어야 한다. 그것이 성경적 지도력이다. 경건한 지도력이며, 올바른 지도력이다.

예수 그리스도의 지도력, JESUS CEO

어떤 사람이 창업하기로 했다. 그의 목표는 회사를 글로벌기업으로 만드는 것이었다. 전 세계 모든 대륙에, 각 나라의 큰 도시, 작은 도시, 농촌과 어촌, 심지어 산골 마을이나 섬들까지 지점을 세워 자사의 탁월한 제품이 상용되게 하고 싶었다. 그 기업의 목표는 세상을 변화시키고, 세상에 영향을 주는 것이었다.

사장은 비전을 이루고자 직원 열두 명을 선발했다. 그는 이들을 모아놓고, 회사의 비전과 방향과 목표를 제시했다. 그런데 직원 대부분은 학력이나 경력이 별 볼 일 없었다. 팀워크도 엉망이었다. 성격도 들쑥날쑥 제멋대로였다. 서로 비교하고 질투하고 경쟁했다. 개인주의적이고 자기 문제에 빠져서 회사의 비전과 목표에는 관심이 없었다. 사장의 말을 듣고도 한 귀로 흘려버렸다.

아주 탁월한 엘리트를 뽑아도 이 비전이 성취될까 말까 한데, 형편없는 직원들을 뽑아놓고 기업의 비전을 이루겠다는 사장을 어떻게 평가할 것인가?

'정신 나간 사장과 형편없는 직원들', 이것이 이 회사에 대한 평가가 아닐까? 비웃음을 사진 않을까? 이런 사장과 직원들이 과연 세상을 바꿀 수 있을까? 세상에 영향을 주는 기업을 세울 수 있을까?

놀랍게도, 이런 여건과 환경 가운데서 이 기업은 목표를 이루었다. 온 세계에 진출했고, 지점을 세웠다. 물론 기업의 제품도 들어갔다. 동아시아, 인도차이나, 중앙아시아, 서아시아, 중동, 유럽, 아프리카, 북중미, 오세아니아, 남태평양의 섬들에까지. 243개국 각 도시에 지점이 세워졌다. 그 회사의 제품은 각 지역의 언어로 번역되어 판매되었다.

열두 명의 직원이 이를 해냈다. 그들은 세계를 변화시켰다. 이 기업은 세상에서 가장 강력한 영향을 주는 기업이 되었다. 이 회사를 설립하고 목표를 달성한 창업자, 이 놀라운 CEO야말로 진정한 리더다! 그 이름은 바로 예수 그리스도다!

혹자는 우리 주 예수 그리스도를 대성공을 이룬 기업의 최고 경영자(CEO)로 소개하는 게 불편할지 모르겠다. 그러나 적어도 내가 언급한 규모와 수치와 통계, 결과에는 동의할 것이다. 왜냐하면 이미 이루어진 사실이기 때문이다.

여기서 우리가 살피고자 하는 것은, 예수 그리스도의 놀라운 지도력의 원리와 가치와 성격이다. 그리고 그것을 자신에게 주어진 영역에서 그대로 적용하고 실행하는 것이다.

이런 지도력이야말로 시대의 요청이다. 지금은 이런 지도력이 필요하다. 예수 그리스도의 지도력을 본받아 행하면 개인이나 가정, 도시나 지역이나 나라가 살아날 것이다. 이런 지도력은 어느 영역에서나 그 규모가 크든 작든 동일한 결과를 가져올 것이다.

예수 그리스도의 지도력은 교회 공동체에서 발휘해야 할 뿐 아니라 우리가 속한 곳 어디에서나 필요하다. 정치, 경제, 교육, 매스컴, 예술, 과학기술, 법조계, 의료계든 다 해당한다.

예수 그리스도는 배경도 없고 지식도 많지 않은 제자들, 심지어 비겁하기까지 한 사람들을 통해 놀라운 일을 하셨다. 그들은 어느 곳에서나 쉽게 만날 수 있는 지극히 평범한 젊은이들이었다. 만일 예수 그리스도를 만나지 않았다면, 자기 앞가림이나 제대로 할 수 있었을지 확신이 서지 않는 사람들이었다.

그러나 예수 그리스도는 이들을 훈련하셨다. 공동의 비전을 붙들고 신뢰를 바탕으로 자신을 따라오도록 이끄셨다. 이들에게 동기를 부여하고, 조직의 결속력을 강화하며, 매보다 빠르고 날카롭게 상황을 판단하여 행동하도록 만드셨다. 이러한 놀라운 지도력의 원동력은 무엇인가? 도대체 예수님이 사용한 경영 비법은 무엇인가? 우리는 이것을 '예수 그리스도의 지도력'(Jesus' Style Leadership)이라 부른다.

이 책은 '지도력이란 무엇인가'라는 질문을 끊임없이 던질 것이다. 그리고 지도력의 가장 중요한 요소를 살펴볼 것이다.

성경의 그 모든 지도력의 요소를 예수 그리스도에게서 보고자 한다. 그중 가장 기반이 되는 요소는 자신의 '신분'과 '사명'을 아는 것이다.

'나는 누구인가?'

이 질문의 답변이 곧 **나의 신분**이다.

'나는 왜 여기 있는가? 나는 어디로 가는가? 나에게 가치 있는 것은 무엇인가?'

이 질문의 답변이 곧 **나의 사명**이다.

지도자가 지도력을 발휘하는 힘은, 이를 얼마나 알고 이해하느냐에 달려 있다. 아무리 재능과 지식과 전략과 정보를 많이 가졌어도 이 답이 희미하면, 결국 지도력의 한계가 드러난다. 이는 마치 지도력의 비밀병기와도 같다.

예수 그리스도의 놀라운 지도력의 기반도 여기에 있다.

KING's LEADERSHIP

PART 1

내가 바로 지도자다

롤모델 – 예수 그리스도의 지도력
Jesus' Style Leadership

예수 그리스도의 지도력의 기반

CHAPTER 01

예수 그리스도의 가장 큰 사역은 '제자 훈련'이었다. 많은 사람에게 말씀을 전하고 놀라운 일도 행하셨지만, 언제나 초점은 제자 양육에 있었다. 특히 예수님이 이들 작은 무리와 따로 한적한 곳으로 가실 때면, 보다 높은 차원의 과목을 가르치셨다.

이스라엘의 최북단 헐몬산 아래 가이사랴 빌립보에서 주님은 제자들과 따로 계시면서 중요한 것을 가르치셨다.

예수께서 빌립보 가이사랴 지방에 이르러 제자들에게 물어 이르시되, '사람들이 인자를 누구라 하느냐?' 이르되, '더러는 세례 요한, 더러는 엘리야, 어떤 이는 예레미야나 선지자 중의 하나라 하나이다.' 이르시되, '너희는 나를 누구라 하느냐?' 시몬 베드로가 대답하여 이르되, '주는 그리스도시요 살아계신 하나님의 아들이시니이다.' 예수께서 대답하여 이르시되, '바요나 시몬아, 네가 복이 있도다. 이를 네게 알게 한 이는 혈육이 아니요 하늘에 계신 내 아버지시니라.' 마 16:13-17

우리 주 예수님의 훈련 방법은 일방적 강의보다는 대화를 통한 교육이었다.

제자들은 사람들이 예수님을 어떻게 알고 있는지 대답했다. 그리고 예수님은 다시 제자들에게 질문하셨다.

"그러면 너희는 나를 누구라 하느냐?"

베드로가 대답했다.

"주는 그리스도시요 살아계신 하나님의 아들이시니이다."

주님은 베드로를 칭찬하셨다. 주님이 누구신지 아는 것은 베드로의 깨달음에서 나온 게 아니었다. 하늘에 계신 아버지께서 알려주셔야 가능했다.

그러므로 내가 너희에게 알리노니, 하나님의 영으로 말하는 자는 누구든지 예수를 저주할 자라 하지 아니하고, 또 성령으로 아니하고는 누구든지 예수를 주시라 할 수 없느니라 고전 12:3

예수님이 누구신지 아는 것은 오직 성령으로만 가능하다. 우리는 이를 '베드로의 신앙고백'이라고 부른다. 예수님이 누구신지 아는 가장 정확한 고백이다. 성령님은 예수님이 누구신지를 두 가지 면에서 알려주셨다.

주는 그리스도시요, 살아계신 하나님의 아들이시니이다 마 16:16

지도력의 가장 중요한 기반 두 가지 : 신분과 사명

지도력의 가장 중요한 기반은 자신이 누구인지 아는 것, 즉 정체성을 바로 아는 것이다.

'나는 누구인가?'

이 질문은 동서고금을 막론하고 늘 화두였다. 이에 대한 이해에 따라서 시대사조가 형성되었다. 쾌락주의나 금욕주의, 허무주의나 실존주의 등. 그리고 여전히 정답을 찾지 못하고 방황하는 중이다.

그러나 성경은 처음부터 그 답을 보여주었다. 하지만 안타깝게도 세상은 성경에서 답을 찾지 않는다. 빛을 비추면 바로 알 수 있는 것을 빛을 싫어하여 스스로의 힘과 능력으로 찾고자 한 결과다.

'나는 누구인가'라는 질문은 크게 두 가지로 나눌 수 있다. 하나는 신분이요, 다른 하나는 사명이다.

나의 신분을 알면 확신 가운데 산다. 주변에 의해 흔들리지 않고 늘 안정감을 유지한다. 낮은 자존감이나 열등감, 우월감에서 자유롭게 된다. 다른 사람의 말에 휘둘리지 않으며 나를 무시한다고 불쾌해하거나 지나치게 극단적인 반응을 하지 않는다. 교만하지 않고 겸손해진다. 주변 상황에 영향받지 않고 내면의 고요함을 유지하는 힘이 생겨 평정심을 갖게 된다.

나의 신분을 아는 것은 점진적 계시의 과정을 지난다. 한 번에 다 아는 것이 아니라 시간이 가면서 더욱 뚜렷이 알게 된다.

다음으로, 나의 사명을 알면 삶에 역동성과 추진력, 그리고 방향성이 생긴다. 어디로 가야 할지, 무엇을 해야 할지를 알기 때문이다.

살다 보면 낙심할 때가 있다. 심하면 살아갈 의욕이 사라지고, 더 심하면 포기하고 싶어진다. 그러나 자신의 사명이 무엇인지 아는 사람은 넘어져도 다시 일어난다. 칠전팔기는 사명자에게 해당한다.

사명자는 극단적인 행동을 하지 않는다. 절제할 줄 알고, 장애물을 넘어갈 힘이 있다. 넓은 마음으로 사소한 일에 목숨을 걸지 않는다. 인생을 멀리 볼 줄 안다.

베드로의 신앙고백은 이런 예수님의 정체성을 보여준다. 예수님의 신분과 사명이 무엇인지 잘 보여준다.

첫째, 예수님은 '하나님의 아들'이시다.

이는 예수님의 신분(Identity)이다. 예수님의 신분은 하나님과의 관계에서 비롯된다. 예수님의 안정감은 오직 여기에 있었다. 그래서 사람들이 어떻게 말하거나 대해도 평정심을 유지하셨다. 불쾌해하지 않으셨고, 열등감이나 우월감에서 자유하셨다. 예수님은 자신이 '살아계신 하나님의 아들'임을 아셨다.

둘째, 예수님은 '그리스도'시다.

이는 예수님의 사명(Mission)이다. '그리스도'는 '기름부음 받은 자'라는 히브리어 '메시아'의 헬라어다. 기름부음을 받는다는 것은 어떤 사명을 성취하기 위해 부르심을 받고, 그 사명을 성취할 성령의 능력을 받는 과정이다. 구약에서 하나님의 일을 위해 기름부음을 받고 사명을 성취하는 그룹이 셋 있다. 왕, 제사장, 선지자다.

예수님은 이처럼 자신이 누구며, 무엇을 위해 이 세상에 오셨는지를 아셨다. 요한복음에 명확히 기록되었다. 예수님은 자신이 누구인지 아셨다. 그래서 자신에 대해 직접 말씀하셨다.

"나는 생명의 떡이다"(요 6:35), "나는 세상의 빛이다"(요 8:12), "나는 양의 문이다"(요 10:7), "나는 선한 목자다"(요 10:11), "나는 부활이요 생명이다"(요 11:25), "내가 곧 길이요 진리요 생명이다"(요 14:6), "나는 참 포도나무다"(요 15:1).

또한 예수님은 40번 이상 "하나님이 나를 보내셨다"라고 말씀하며 자신이 '사명을 가진 자'임을 언급하셨다.

> 나의 양식은 나를 보내신 이의 뜻을 행하며 그의 일을 온전히 이루는 이 것이니라. 요 4:34

> 나를 보내신 이가 나와 함께하시도다. 나는 항상 그가 기뻐하시는 일을 행하므로 나를 혼자 두지 아니하셨느니라. 요 8:29

예수님의 모든 삶은 오직 하나님이 보내신 뜻을 이루는 데 초점이 맞추어져 있었다.

> 아버지께서 내게 하라고 주신 일을 내가 이루어 아버지를 이 세상에서 영화롭게 하였사오니 요 17:4

우리의 지도력의 기반

CHAPTER 02

요술 거울

제주 남서쪽 중문 관광단지에 '여미지'라는 작은 열대 식물원이 있다. 매표소를 지나면 광장이 나오는데, 그 끝에 왼쪽부터 타원형으로 식물원이 있다. 식물원 근처에 사람의 전신을 비춰주는 3개의 큰 거울이 서 있다(지금은 사라졌다고 한다). 그 거울에는 '요술 거울'이라고 적혀 있다.

첫 번째 거울에는 내 키가 3분의 2 정도로 축소된 모습이 보인다. 두 번째 거울에는 키가 2분의 1로 줄고 대신에 뚱뚱한 모습으로 보인다. 세 번째 거울에는 키가 3분의 1로 줄어 매우 뚱뚱한 난쟁이의 모습으로 보인다.

나는 거울 맞은편 벤치에 앉아서 요술 거울을 통해 자신의 모습을 바라보는 사람들의 반응을 살폈다. 서로 자기 모습을 보라며 깔깔거리고 재미있어한다. 거울을 보면서 충격을 받거나 심각한 표정을 짓는 사람은 아무도 없다. 거울에 비친 모습이 자기의 본모습이 아니라 특수 표면처리로 굴절된 모습이라는 걸 알기 때문이다. 어떻게 알았을까? 있는 그대로 보여주는 거울을 평소 보았기 때문이다.

진정한 거울

나는 잠시 앉아서 이들의 모습을 보며 반대의 경우를 생각해 보았다. 만일 어떤 사람이 평생 변형된 거울로 자기를 본다면 어떨까? 방이나 거실이나 화장실이나 어디를 가든지 그는 굴절된 거울로 자기를 본다. 작은 키, 땅딸보 뚱뚱이, 눈과 입과 코가 살짝 구부러진 자신을. 그래서 거울에 비친 못생긴 모습이 자기라고 알고 있다.

그러던 어느 날, 친구 집에 가서 있는 그대로의 모습을 비춰주는 거울을 본다. 그 거울에 비친 자기 모습을 보며, 친구에게 그 거울이 '사람을 멋있게 보이도록 하는 요술 거울'이라고 말한다. 마치 요즘 '뽀샵'(포토샵) 처리된 사진들처럼 말이다.

그런데 친구는 그 거울이 어떤 것도 굴절시키지 않은 본래 모습을 보여주는 거울이라고 말한다. 그리고 논쟁이 벌어진다. 서로 잘못 보았다고 주장한다.

이런 어처구니없는 일이 일어날 수 있을까? 당연히 있다. 아니, 어디에서나 흔히 일어난다. 나는 조심스럽게 말하고 싶다.

"여러분은 지금까지 변형된 거울로 자기 모습을 보면서 살아왔습니다."

무슨 뜻인가? 자기 자신의 가치관, 세계관, 문화관이 올바르게 형성되어 있지 않으면 그런 현상이 일어난다.

나는 있는 그대로의 모습을 보여주는 거울로 여러분의 모습을 비춰 줄 것이다. 그 거울은 바로 하나님의 말씀, 성경이다. 하나님의 말씀은 진리다. 과장이나 축소, 왜곡이 없다. 하나님은 정직하시다. 거짓을 미워하신다.

그러니 자기 모습을 말씀에 비추어 보면서, 마치 포토샵 처리된 사진처럼 받아들이지 말아야 한다. 있는 그대로의 모습이기 때문이다.

예레미야가 소명을 받는 과정에서 그도 이런 혼란을 겪었다.

제사장 겸 선지자 예레미야

예레미야서 1장 1-3절은 예레미야에 대한 구체적인 소개가 나온다.

베냐민 땅 아나돗의 제사장들 중 힐기야의 아들 예레미야의 말이라. 아몬의 아들 유다 왕 요시야가 다스린 지 십삼 년에 여호와의 말씀이 예레미야에게 임하였고, 요시야의 아들 유다의 왕 여호야김 시대부터 요시야의 아들 유다의 왕 시드기야의 십일 년 말까지 곧 오월에 예루살렘이 사로잡혀 가기까지 임하니라.

예레미야는 제사장 가문 출신이었다. 그의 아버지 힐기야는 베냐민 땅 아나돗에서 제사장 사역을 했다.

하나님께서 예레미야를 선지자로 부르실 당시, 유다의 왕은 요시야였다. 그는 8세에 왕이 되어 16세에 하나님을 깊이 만났다. 그리고 20세부터 국가 부흥운동을 시작했다(대하 34:1-7).

요시야 재위 13년, 즉 21세에, 왕이 부흥운동을 시작한 지 1년 후에 하나님께서 예레미야를 유대만이 아니라 열방의 선지자로 부르셨다. 그때 예레미야의 나이는 10대 후반이었다. 21세의 유다 왕 요시야, 10대 후반의 선지자 예레미야, 이들의 나이를 보며 많은 이가 도전을 받을 것이다.

하나님께서 예레미야에게 말씀하셨다.

여호와의 말씀이 내게 임하니라. 이르시되, '내가 너를 모태에 짓기 전에 너를 알았고, 네가 배에서 나오기 전에 너를 성별하였고, 너를 여러 나라의 선지자로 세웠노라' 하시기로, 내가 이르되, '슬프도소이다 주 여호와여! 보소서! 나는 아이라 말할 줄을 알지 못하나이다' 하니, 여호와께서 내게 이르시되, '너는 아이라 말하지 말고 내가 너를 누구에게 보내든지 너는 가며 내가 네게 무엇을 명령하든지 너는 말할지니라.' 렘 1:4-7

예레미야에게 그에 대한 네 가지 놀라운 사실을 말씀하셨다.
첫째, "나는 네가 이 세상에 있기 전부터 너를 알았다."
둘째, "내가 너를 지었다. 너는 우연히 오지 않았다. 진화되지 않았다. 실수로 태어나지 않았다."
셋째, "내가 너를 향한 놀라운 계획을 세우고 사명을 주어 이 세상으로 보냈다."
넷째, "내가 너를 열방의 선지자로 세웠다. 그 사명을 성취하기 위해 모든 것을 공급할 것이다."

하나님의 말씀을 들은 예레미야는 충격을 받았다. 그는 이렇게 대답했다.

"놀랐습니다, 주님! 저는 한 번도 저를 이런 식으로 바라본 적이 없습니다. 제사장이신 제 아버지도, 학교 선생님도, 제 친구들도 이렇게 말한 적이 없습니다. 저는 어린아이입니다. 실수도 잘하고 어리석고 연약합니다. 저는 주께서 말씀하시는 그런 사람이 못됩니다!"

이것이 바로 굴절된 거울로 자기 모습을 바라본 사람의 고백이다. 하나님이 그에게 진정한 모습을 보여주는 거울을 비추실 때, 예레미야는 받아들이지 못했다. 그의 반응에 대해 하나님이 말씀하셨다.

"누가 너를 어린아이라고 하느냐? 너의 부모님이냐? 학교 선생님이냐? 친구들이냐? 나는 한 번도 너를 아이라고 말한 적이 없다. 너는 용사다. 세상에 영향을 주는 나의 히어로(영웅)다. 너는 강하고 담대하여라. 내가 너와 함께 있을 것이다."

오직 하나님의 말씀이 임할 때 진정한 나를 알 수 있다. '진정한 거울'로 나를 볼 때 '진정한 나'를 안다. 예레미야는 그 거울을 통해 자기 모습을 보는 순간 충격을 받았다.

나는 이 하나님의 말씀의 거울을 여러분에게 비출 것이다. 말씀의 거울을 통해 자신의 진정한 모습을 볼 때, 혹여 포토샵 처리된 사진을 보듯이 반응하지 않기를 바란다.

말씀의 거울은 있는 그대로의 내 모습을 비춰준다. 이때 패러다임의 변화가 필요하다. 예레미야는 하나님의 말씀의 거울을 통해 자신을 보고서 그의 패러다임을 바꾸었다.

나의 출생 비밀

하나님이 이르시되, '우리의 형상을 따라 우리의 모양대로 우리가 사람을 만들고, 그들로 바다의 물고기와 하늘의 새와 가축과 온 땅과 땅에 기는 모든 것을 다스리게 하자' 하시고, 하나님이 자기 형상 곧 하나님의 형상대로 사람을 창조하시되, 남자와 여자를 창조하시고, 하나님이 그들에게 복을 주시며, 하나님이 그들에게 이르시되, '생육하고 번성하여 땅에 충만하라, 땅을 정복하라, 바다의 물고기와 하늘의 새와 땅에 움직이는 모든 생물을 다스리라' 하시니라. 창 1:26-28

창세기 1장은 하나님의 천지창조 사건을 기록했다. 이 말씀을 통해 보이는 세계가 하나님의 말씀으로 지어졌음을 알 수 있다.

하나님은 그중 3번의 순간을 특별히 강조하셨다. 첫날, 무에서 유를 만드실 때(창 1:1), 다섯째 날, 의식이 있는 생명체를 만드실 때(창 1:21), 여섯째 날, 마지막으로 사람을 만드실 때(창 1:27). 이때만 '창조하시다'[히브리어 '바라'(bara)]라는 단어를 사용하여 우리로 주목하게 하신다.

특히 사람을 지으실 때가 가장 중요한 순간임을 강조하며 자세히 주목하라고 말씀하신다. 창세기 1장 27절에서 사람을 지으실 때만 유일하게 '창조하시다'를 3번 반복하셨다. 한글 개역개정판에는 2번만 기록되었지만, 실제로는 3번이었다.

새번역은 원본 그대로 번역했다.

하나님이 당신의 형상대로 사람을 **창조하셨으니**, 곧 하나님의 형상대로 사람을 **창조하셨다**. 하나님이 그들을 남자와 여자로 **창조하셨다**.
새번역

So God **created** man in his own image, in the image of God he **created** him; male and female he **created** them. ESV

말씀의 거울에 비친 나의 모습은 어떤가?

첫 번째 놀라운 사실 : "하나님이 나를 창조하셨다"
이는 무엇을 말하는가?
하나, 나는 하나님이 창조하셨다. 나는 진화되지 않았다.
둘, 하나님이 나를 지으실 때 실수하지 않으셨다.
셋, 하나님이 나를 지으실 때 대량 생산하지 않으셨다.
나는 이 세상에서 유일한 존재다. 심지어 일란성 쌍둥이도 각각 다르다. 나는 이 세상에 하나밖에 없다. 나의 지문이 이를 증명한다. 이 외에도 무수한 증거가 있다.
결론적으로 나는 '하나님의 걸작품'이다. 세상의 어느 거장의 걸작품과도 비교 불가다. 나의 존재가치는 여기에 있다. 나의 존재가치는

'가격을 매길 수 없다.'

다윗은 이 사실을 알고 감격했다.

주께서 내 내장을 지으시며 나의 모태에서 나를 만드셨나이다. 내가 주께 감사하옴은 **나를 지으심이 심히 기묘하심이라.** 주께서 하시는 일이 기이함을 내 영혼이 잘 아나이다. 시 139:13,14

나를 지으심이 심히 기묘하심이라(for I am fearfully and wonderfully made. Wonderful are your works, ESV)

사도 바울도 하나님의 완벽한 솜씨를 고백했다.

우리는 그가 **만드신 바라.** 그리스도 예수 안에서 선한 일을 위하여 지으심을 받은 자니, 이 일은 하나님이 전에 예비하사 우리로 그 가운데서 행하게 하려 하심이니라. 엡 2:10

"만드신 바"의 헬라어 '포이에마'(poiema)는 공예품을 의미한다. 또는 '작품 중의 작품', 즉 '걸작품'을 말한다. 그러므로 해당 구절을 "**우리는 하나님의 걸작품**"이라고 번역함이 가장 정확하다.

나는 이탈리아 로마의 시스티나 성당을 방문하여 천장에 그려진 미켈란젤로의 유명한 프레스코화 '천지창조'를 감상한 적이 있다. 렘브란트의 대표적 유화 〈탕자의 귀환〉은 러시아 상트페테르부르크 에르미타주 미술관에 소장되어 있다. 나는 반 고흐의 대표작 '론강의 별이 빛나는 밤'을 좋아한다. 이 작품들은 값을 주고도 살 수가 없다.

그런데 창조주 하나님은 이 거장들과 비교할 수조차 없는 가장 위대한 거장이시다. 그리고 그분의 걸작품, 거울에 보이는 그 사람, 내가 바로 하나님의 걸작품이다. 세상 그 무엇을 하나님의 걸작품과 비교할 수 있는가!

나는 하나님이 창조하신 이 세상에 하나밖에 없는 놀라운 하나님의 걸작품이다!

나의 가치가 여기에 있다. 이것이 **나의 신분**이다.

두 번째 놀라운 사실 : "나는 하나님의 형상이다"

하나님이 사람을 창조하실 때, 다른 모든 피조물과 뚜렷한 구별점이 있다는 것을 강조하여 말씀하신다. 하나님은 우리가 그것을 분명히 알기를 원하신다.

창세기 1장에서 하나님은 '엘로힘'(Elohim)으로 표현된다. 하나님을 가리키는 '엘'(El)은 단수이고 '엘로힘'은 복수로, 삼위일체 하나님이 세상을 창조하신 것이다.

한번 상상해 보자. 삼위일체 하나님, 곧 성부 하나님, 성자 하나님, 성령 하나님이 원탁에 둘러앉으셔서 마지막으로 사람을 창조하고자 회의하셨다. 그리고 '우리가 사람을 가장 놀라운 존재로 만들자'라고 결정하셨다.

이후 어떻게 만들어야 가장 놀라운 피조물이 될지를 구체적으로 토의하셨다. 한 분이 제안하셨다.

"우리가 지금까지 만든 것 중에 가장 잘된 것을 모델로 삼아서 만들자."

그래서 장미꽃이 선정되었다고 가정해 보자. 그랬다면 하나님은 사람을 장미꽃 형상으로 지으셨을 것이다. 만일 사슴이 선정되었다면 사슴 형상을 따라 창조하셨을 것이다.

그러나 놀랍게도 삼위일체 하나님은 사람을 **"하나님의 형상"**을 따라 창조하셨다. 오직 사람만 하나님의 형상대로 지으셨다. 이 사실이 얼마나 중요한지 3번이나 거듭 말씀하며 강조하신다. 창세기 1장 26절에 1번, 1장 27절에 2번!

하나님이 이르시되, '**우리의 형상**을 따라 우리의 모양대로 우리가 사람을 만들고, 그들로 바다의 물고기와 하늘의 새와 가축과 온 땅과 땅에 기는 모든 것을 다스리게 하자' 하시고, 하나님이 **자기 형상** 곧 **하나님의 형상**대로 사람을 창조하시되, 남자와 여자를 창조하시고 창 1:26,27

이 말씀은 오직 처음 사람 아담과 하와에게만 해당되는 게 아니다. 이후 그들의 후손인 온 인류를 가리킨다.

여기서 우리는 '**나의 출생 비밀**'을 알게 된다.

말씀의 거울에 비친 나의 모습은 어떤가?

나는 하나님의 형상이다. 그것은 무엇을 말하는가?

하나, 나는 하나님과 '사귐'을 갖는다.

하나님의 형상이란 눈, 코, 입, 귀 등의 외모가 아니라, 하나님의 인격을 의미한다. 사람과 사람 사이의 공통점은 인격성이다. 이것으로 소통하고 의사 결정과 실행이 이루어진다. 무엇보다 서로 교제할 수 있는 결정적 근거가 된다. 우리의 인격성이 바로 하나님의 형상대로 창조되었다는 증거다. 하나님이 우리를 그분의 형상대로, 즉 그분의 인격을 따라 지으셨다. 우리가 인격적인 존재인 이유는 하나님이 인격이시기 때문이다. 하나님과 우리의 닮은 꼴이 바로 인격성이다.

하나님이 우리를 그분의 형상을 따라 창조하신 것은 우리와 하나님 사이의 사귐을 위함이다. 이보다 더 영광스러운 사실이 있을까! 피조물인 사람이 창조주이신 전능자 하나님과 사귐을 갖는 것은 영광이요, 특권이다.

우리는 그분의 음성을 들을 수 있고, 그분께 말할 수 있다. 무한하신 창조주 하나님이 유한한 피조물인 사람과 교제하시는 것은 가장 놀라운 사실이다. 어떤 종교나 사상에도 이 같은 이해는 없다. 우리는 하나님을 두려워하지만, 이는 지극히 거룩하신 하나님을 향한 존경과 사랑과 존중에서 비롯한 두려움이다.

사람은 '누구와 사귀냐'에 따라 그 위상이 결정된다. 대통령이나 왕, 수상과 거리낌 없이 만나고 대화하는 친밀한 관계라면 그것이 그의 위상을 결정한다. 그러나 더 놀라운 사실을 절대로 간과해서는 안 된다. 창조주이신 전능자 하나님과 친밀한 관계를 갖는 우리야말로 그 누구보다 위상이 높다는 것을.

둘, 나는 하나님의 '복사판'이다.

흔히 아들과 아버지를 보면서 "복사판이네"라고 말한다. 아들이 아버지를 닮았다는 뜻이다. 유치원 발표회에 참석한 아빠들을 보면, 무대 위 어느 아이의 아빠인지 쉽게 알 수 있다.

"형상"이란 단어의 뜻은 '사본'(copy)이다. "나는 하나님의 형상이다"라는 것은 '하나님의 사본'이라는 뜻이다.

1980년대 초, 미국에 가려고 주한 미 대사관에 비자를 신청하러 갔다. 구비서류에는 초청장과 초청장 사본이 포함되었다. 영사와 인터뷰를 마친 후에 그는 내게 초청장 원본은 돌려주고 사본은 대사관 측에서 보관했다. 그러고는 "당신이 미국에 입국할 때, 이것을 보여주길 바란다"라고 말했다. 초청장 원본 없이 사본만으로도 충분했다. 원본이 없어도 사본만 보면 원본을 그대로 알 수 있기 때문이다.

우리는 하나님의 사본이다. 이는 무엇을 말하는가? 이 세상이 비록 하나님을 본 적이 없어도 하나님의 형상인 우리를 보면 하나님이 누구신지 알 수 있다는 뜻이다. 하나님의 형상대로 나를 창조하신 것을 통해, 나를 향한 하나님의 마음을 알 수 있다. "세상이 너를 보고 내가 누구인 줄 알게 하라"는 것이다. 하나님은 그가 지으신, 그의 형상을 따라 창조하신 사람을 통해 자신이 누구인지를 알리셨다.

> 창세로부터 그의 보이지 아니하는 것들 곧 그의 영원하신 능력과 신성이 그가 만드신 만물에 분명히 보여 알려졌나니 그러므로 그들이 핑계하지 못할지니라 롬 1:20

하나님은 그가 만드신 만물을 통해 당신을 알리셨다. 그런데 만물 중에 사람이 압권이다. 다른 피조물을 통해서는 간접적으로 알리셨지만, 사람을 통해서는 직접적으로 알리셨다. 하나님의 성품과 인격, 그분이 행하시는 원칙들을 가장 잘 보여주는 피조물이 바로 사람이다. 사람은 **보이지 않으시는 하나님의 보이는 영광**이다.

셋, 나는 하나님의 '동역자'다.
삼위일체 하나님은 사람을 창조하시기 전에 먼저 회의하셨다. 회의의 결정 사항을 보면 사람의 사명이 무엇인지 알 수 있다.
하나님이 그분의 메신저 가브리엘에게 이렇게 광고하라고 명하셨다.
"모든 피조물은 들으라. 이제 하나님이 마지막으로 창조하실 것이다. 이 창조물은 우리를 대신하여 너희를 다스리게 될 것이다."
이 광고는 엄청난 파장을 일으켰다. 공중의 새, 바다의 물고기, 땅의 동식물, 그리고 천사들까지 모든 피조물이 하던 일을 중단하고, 하나님이 사람을 만드시는 순간에 집중했다. 이는 그들과 밀접한 관계가 있는 피조물이기 때문이었다. 마치 하나님처럼 그들을 다스릴 것이기에.

하나님이 이르시되, '**우리의 형상**을 따라 우리의 모양대로 **우리가 사람을 만들고, 그들로 바다의 물고기와 하늘의 새와 가축과 온 땅과 땅에 기는 모든 것을 다스리게 하자**' 하시고 창 1:26

사람은 하나님이 창조하신 모든 것을 하나님을 대신하여 다스리는 하나님의 동역자다. 이보다 더 위대한 사명이 있을까! 하나님은 그분의 형상대로 사람을 창조하시고, 사람에게 명령하셨다.

하나님이 그들에게 **복을 주시며**, 하나님이 그들에게 이르시되, '생육하고 번성하여 땅에 충만하라, 땅을 **정복하라**. 바다의 물고기와 하늘의 새와 땅에 움직이는 모든 생물을 **다스리라**' 하시니라. 창 1:28

"다스리라", "정복하라", 이 명령은 '지도력을 발휘하라'는 것이다. 이 놀라운 영광은 오직 사람에게만 주어졌다. 천사도 아니다. 그리고 하나님은 사람이 그분의 형상을 닮은 경건한 지도력을 충분히 발휘할 수 있도록 복을 주셨다. 힘과 재능, 지식과 지혜와 명철, 판단력과 이해력, 통찰력과 분별력, 창의력까지! 이것은 마치 창조주 하나님이 나를 **'주 지구 대사'**로 임명하여 이 세상에 파송하신 것과 같다.

하나님은 사람을 그분의 동역자로 창조하셨다!

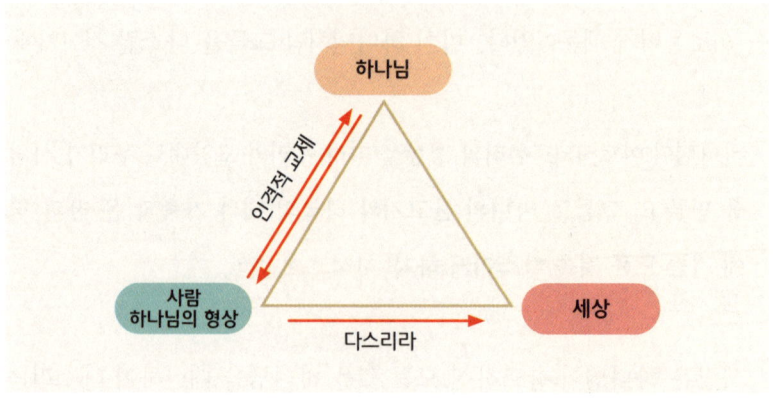

엠블레포 : 하나님의 시선

CHAPTER
03

시몬이 아니라 게바라 하리라

인생의 가장 큰 전환점은 예수 그리스도를 만났을 때다. 예수님의 수제자 베드로도 마찬가지였다. 그의 삶의 첫 전환점은 그의 형제 안드레의 손에 이끌려 예수 그리스도를 처음 만났을 때였다.

> 요한의 말을 듣고 예수를 따르는 두 사람 중의 하나는 시몬 베드로의 형제 안드레라. 그가 먼저 자기의 형제 시몬을 찾아 말하되, '우리가 메시아를 만났다' 하고(메시아는 번역하면 그리스도라), 데리고 예수께로 오니, 예수께서 보시고 이르시되, '네가 요한의 아들 시몬이니 장차 게바라 하리라' 하시니라 (게바는 번역하면 베드로라). 요 1:40-42

예수님의 첫 제자 두 명 중 한 명이 안드레다. 그는 원래 세례 요한의 제자였다. 세례 요한이 그의 제자들에게 예수 그리스도를 소개했을 때, 안드레는 그가 메시아이심을 알고 예수님의 제자가 되었다. 그리고 이 놀라운 예수님을 자기 형제 시몬에게 소개했다.

안드레가 시몬을 데리고 예수께로 왔다. 예수께서 시몬을 보시고 그의 이름을 새롭게 지어주셨다.

"예수께서 보시고 이르시되, '네가 요한의 아들 시몬이니 장차 게바라 하리라' 하시니라(게바는 번역하면 베드로)."

예수님이 처음 보는 시몬에게 "게바"라는 새 이름을 주시는 과정이 매우 흥미롭다. '게바'는 아람어이고, '베드로'는 헬라어다. 그 뜻은 '반석'이다. 예수 그리스도는 시몬을 보셨다. '보다'는 헬라어 '엠블레포'(Emblepo)로 자세히 주목하고 관찰하여 보는 것을 말한다. 주 예수님은 겉으로 보이는 '시몬'이라는 사람의 성격, 성향, 기질 너머 속사람을 보셨다.

자기도 알고 다른 사람도 아는 시몬은 급한 성격에 혈기가 많고, 나서기를 좋아하여 좌충우돌하고, 다른 사람의 말에 휘둘려서 잘 흔들리는 사람이었다. 한마디로 연약한 사람이었다.

그러나 주 예수님은 그가 앞으로 견고한 반석 같은 사람이 될 것을 보셨다. 그를 허물과 약점, 단점과 연약함을 극복한 견고한 사람, 팀을 이끌고 교회를 세우는 기둥 같은 사람으로 보셨다. 마치 모래에 파묻혀 있는 진주를 캐듯이.

천재 예술가 미켈란젤로가 조각한 〈모세상〉은 그의 걸작품이다. 그는 벌판에 오랜 세월 버려진 덩치만 큰 쓸모없는 바위를 일꾼들에게 부탁하여 자기 작업장으로 옮겼다. 사람들은 이 천재 조각가가 무슨 일을 하는지 궁금하여 가끔 천막 안 작업실을 기웃거렸다.

미켈란젤로는 큰 망치, 작은 망치, 큰 조각칼, 작은 조각칼 등을 사용하여, 때로는 과감하게 깨뜨려 떠내고, 작게 다듬기도 하며 작업했다. 그리고 드디어 그의 작품을 사람들 앞에 전시했다.

그 유명한 〈모세상〉이 이렇게 만들어졌다(지금은 로마의 산 피에트로 인 빈콜리 성당에 있다). 사람들은 들판에 버려진 쓸모없이 덩치만 큰 바위를 보았지만, 미켈란젤로는 큰 바위에 숨겨진 하나님의 사람, 모세를 보았다. 그의 역할은 그 모세를 바위에서 꺼내는 일이었다. 미켈란젤로는 마치 예수께서 시몬을 보시며 게바라 하신 것과 같은 일을 했다.

예수님은 겉 사람 시몬 안에 있는 속사람 게바를 보셨다. 주께서 시몬을 보실 때, 거칠고 쓸모없는 큰 돌이 아니라 하나님의 사람 베드로를 보셨다.

우리는 주님이 바라보시는 엠블레포의 눈으로 자신을 바라보아야 한다. 우리는 자신이 누구인지 누구보다 더 잘 안다. 허물과 실수가 많은 사람, 약점과 단점투성이인 자신을 본다. 자신의 과거와 현재가 그것을 증명한다. 그로 인해 부정적이고 절망적인 미래를 예상한다. 주변 사람들도 같은 관점, 같은 시각으로 바라본다. 부정적이고 비판적으로.

1부 내가 바로 지도자다 45

그러나 우리는 바위에 갇힌 모세를 오랜 작업의 수고로 꺼내어 자유하게 하는 또 다른 미켈란젤로가 되어야 한다. 약점과 단점, 허물과 실수로 뒤덮인 시몬 속의 게바를 발견하시는 예수님의 눈을 가져야 한다. 이것이 바로 리더의 자질이다. 리더는 주변 사람을 '엠블레포의 시선'으로 볼 줄 안다. 이런 리더들을 통해 수많은 게바가 이 세상에 등장했다.

성령께 요청하자. 엠블레포의 시선으로 먼저 나 자신을 보고, 나아가 주변 사람들을 볼 수 있게 해달라고 기도하자.

'주님, 제게 엠블레포의 눈을 주시옵소서. 나 자신을 쓸모없는 바윗덩어리로 보는 게 아니라 그 속에 있는 모세를 볼 줄 아는 눈을 주소서. 다른 사람을 볼 때 엠블레포의 눈으로 보게 하소서.'

부모가 자녀를 볼 때, 문제아가 아니라 그 안에서 놀라운 게바, 반석 같은 히어로, 하나님의 사람 모세를 발견하자.

나의 눈이 '엠블레포'의 시선으로 바뀌면, 나 자신이 바뀐다. 내 입술과 생각과 행동이 바뀐다. 그리고 가족이 바뀐다. 자녀들이 용사로 서기 시작한다. 그런 사람이 세상을 바꾼다.

모두가 엠블레포의 말을 하기 시작할 것이다.

경작하라

CHAPTER 04

창세기 1장의 대위임령 "정복하라", "다스리라"의 뜻을 오해하지 말아야 한다. 그것은 힘의 논리나 정복자나 지배자의 논리가 아니다. 하나님은 창세기 2장 4-6, 15절을 통해 그 뜻이 무엇인지 더 구체적으로 말씀하신다.

5절에서 사람을 "땅을 갈 사람"이라고 했다. 여기서 '갈다'는 15절의 "경작하며"와 원어가 같다. "아바드"(abad)이다. "정복하라, 다스리라"라는 하나님의 명령을 오해하지 않도록 "경작하라"라고 말씀하셨다. '정복하라, 다스리라'는 명령의 실제적이며 구체적인 의미가 '경작하라'이다.

여기서 경작(耕作)은 농업뿐 아니라 세상의 모든 영역에 해당한다. 보이는 영역과 보이지 않는 영역을 다 포함한다. '경작하는 행위'는 노동을 포함한다. '노동'은 경작하는 행위를 가리킨다. 혹 노동을 창세기 3장의 타락으로 인한 죄의 결과로 이해하면 안 된다. '정복하고 다스리다', '경작하다', '노동하다'는 모두 같은 뜻이다.

시베리아 수용소에서 15년을 지내며, 혹독한 노동을 통해 노동의 진정한 의미를 깨달은 가톨릭 신부 월터 J. 취제크는 그의 회고록에서 다음과 같이 말했다.

> 하나님은 지상 생활의 대부분을 촌 동네의 목수로 보내셨다. 그는 의자나 탁자나 침대나 대들보나 쟁기들을 기적의 힘으로가 아닌 망치와 톱, 도끼와 까뀌를 써서 만드셨다. 그는 오랫동안 양부를 도와 일하시다가 후에는 홀몸이 된 어머니를 모시고 산골동네의 장인으로서 거친 일을 맡아 하셨다. 그는 20여 년을 날이면 날마다 매일 목공소에서 일하셨다.
> – 월터 J. 취제크, 《나를 이끄시는 분》, 바오로딸, 1995, 126쪽

그는 계속 말했다.

> 하나님이 손수 노동을 하셨다면, 노동이란 결코 저주가 될 수가 없을 것이다. … 노동이란 하나님의 선물이요, 그것도 하나님이 최초의 인간 아담을, 당신의 형상대로 지으셔서 에덴동산으로 데려가 하나님의 청지기로서 그곳을 맡아 경작하도록 하시면서 그에게 내리신 바로 그 선물이라는 것이다. – 같은 책, 127,129쪽

우리가 땀 흘리며 수고하고 일하는 것은 하나님의 형상 됨의 특권이요, 영광이다. 우리가 연구하고 다듬고 연마하며 노력하는 것이 곧 경작하는 삶이다. 그렇기에 열악한 환경이나 조건이 주어지면, 그것을

변화시키는 능력을 발휘해야 한다.

온도계냐, 온도조절계냐?

경작한다는 것은 온도조절계와 같다. 온도계는 주변 상황에 반응하지만, 온도조절계는 주변 상황을 변화시킨다. 온도계는 영향을 받지만, 온도조절계는 영향을 준다.

하나님은 우리를 능동적이고 긍정적, 적극적이며 창조적인 존재로 지으셨다. 주변 사람이나 환경에 영향을 받는 것이 아니라 영향을 주는 삶이 곧 경작하는 삶이다. 이런 삶은 쉽게 낙심하거나 포기하지 않는다.

"큰 산아, 네가 무엇이냐? 네가 스룹바벨 앞에서 평지가 되리라"(슥 4:7)는 경작하는 자의 고백이다. 어떤 장애물이나 방해물이 있어도 우리는 돌파한다. 넘거나 뚫어버린다. 이것이 경작하는 삶이다.

김병화 박물관

중앙아시아 우즈베키스탄의 수도 타슈켄트 외곽에 있는 김병화 박

물관을 방문했을 때, 그가 한 일을 보며 큰 감명을 받았다.

소련[지금의 러시아, 소비에트 사회주의 공화국 연방(USSR)은 현재 지구상에 없다. 러시아는 그 일부다]은 1937년-1938년에 시베리아 개발을 위해 연해주에 살던 한인 17만 2천여 명을 열차에 태워 강제로 시베리아로 이주시켰다. 한인들은 주로 카자흐스탄와 우즈베키스탄으로 이주했고, 척박한 환경에서 추위와 굶주림, 풍토병에 시달리며 상당수가 사망했다. 이들은 지금 '고려인'이라 불린다.

우즈베키스탄에 이주한 고려인들은 염분이 많은 열악한 땅에 정착하여 매우 낙심했다. 농사를 지을 만한 땅이 전혀 아니었기 때문이다. 그때 32세였던 김병화는 이들을 격려하며 땅을 경작하여 벼농사와 목화 재배에 성공했고, 매년 단위면적당 가장 높은 수확량을 달성했다. 이런 행동을 '경작'이라고 한다.

시편 8편

다윗은 이 놀라운 사명을 충분히 이해했다. 그는 하나님의 손가락으로 만드신 하늘과 달과 별들을 보았다(시 8:3).

사람들은 하늘과 달과 별들을 볼 때, 대부분 그것에 절했다. 신격화하고 도움을 구했다. 그로 인해 각종 신화와 전설이 등장했다. 그러나 그리스도인은 이 모든 대자연 속에서 창조주 하나님을 본다. 하나님의 솜씨를 감상하며 즐거워한다. 그분을 노래하며 찬양한다.

물론 다윗도 시편 121편에서 대자연을 보며 창조주 하나님을 찬양했다. 그러나 시편 8편에서 다윗은 대자연을 전혀 다른 시각으로 바라보았다. 그는 대자연을 바라보면서 놀랍게도 자기 자신을 보았다. 그리고 벅찬 가슴으로 하나님께 고백했다.

사람이 무엇이기에 주께서 그를 생각하시며 인자가 무엇이기에 주께서 그를 돌보시나이까? 시 8:4

이 구절을 자칫 사람의 부족함, 연약함을 고백하는 것으로 이해하기도 한다. 그러나 이 말씀은 그런 뜻이 아니다.
이 말씀의 뜻을 더 이해하기 쉽게 표현하면 다음과 같다.
"하나님, 저를 어떻게 이렇게 놀라운 존재로 만드셨습니까!"
다윗의 놀라움은 5절에서 더 구체적으로 언급된다.

그를 하나님보다 조금 못하게 하시고 영화와 존귀로 관을 씌우셨나이다

이 말씀은 다음과 같다.
"하나님, 저를 하나님보다 조금 못하게 하셨습니다. 저에게 영화와 존귀로 관을 씌우셨습니다."
이어서 6절에서 다윗은 이 고백의 이유를 말한다.

주의 손으로 만드신 것을 다스리게 하시고, 만물을 그의 발아래 두셨으니

다윗은 창세기 1장 26-28절을 정확하게 이해했다. 그는 하나님이 지으신 것들을 보면서 자기 자신의 위대함을 보았다. 자신에게 주신 거룩한 사명을 되새겼다. 하나님이 지으신 모든 것을 그분을 대신하여 다스리는 청지기직의 위대함, 우리에게 주신 영화와 존귀를 고백했다.

어떤 상황이든, 어떤 처지에 있든, 조금도 위축되지 않는 삶의 비결이 여기에 있다. 능동적이며 적극적인 삶, 긍정적이며 창조적인 삶을 사는 원천도 여기에 있다. 이것이 사명자다!

알프스 융프라우

1989년, 스위스 로잔에서 열리는 회의에 친구 세 명과 함께 참석했다. 그리고 시간을 내어 알프스 정상 융프라우에 올라갔다. 알프스는 5,200미터가 최고봉인데, 융프라우는 4,158미터였다.

우리는 열차를 타고 인터라켄까지 가서, 정상까지 운행하는 전기 철도 열차로 갈아탔다. 올라가면서 철로 공사와 산 정상에 열차가 오르는 방식을 설명한 책자를 읽으며 생각이 깊어졌다.

융프라우 철도는 1896년에 착공하여 16년간 공사한 후 1912년부터 운행했다. 최대 경사는 25도로 전체 거리 9.3킬로미터를 오르는 데만 50분이 걸렸다. 중간에 약 2킬로미터는 완만한 초원이지만, 나머지 7킬로미터는 산허리를 터널로 뚫었다.

나로서는 1890년대에 해발 4,000미터 고지까지 철로를 놓겠다는 생각을 한 것이 놀라웠다. 당시 우리나라를 비롯해 많은 문화권에서는 이런 생각조차 하지 않았기 때문이다. 해발고도 2,865미터에서

1,800미터 아래쪽까지 열차의 넓은 창을 통해 내려다보는 광경은 그 야말로 장관이었다.

알프스는 '신들의 거처'로 불리며 각종 신화와 전설이 가득하다. 그 산을 오른다는 것은 신에게 도전하는 것이기에 산 입구에 제단을 만들어 신의 보호와 도움을 청한다는 세계관을 일반적으로 갖고 있었다.

그런 와중에 산 정상까지 철로를 놓기로 했다는 것은 다른 세계관을 가졌기에 가능한 일이었다. 바로 성경적 세계관이다. 이는 "다스리라", "정복하라", "경작하라"라는 주의 명령을 따라 살 때 가능하다.

다윗에게 대자연은 경배와 두려움의 대상이 아니었다. 도움을 구하거나 절해야 할 신이 아니었다. 다스림의 대상, 경작의 대상이었다. 그는 오직 하나님만 경배했고, 두려워했고, 그분께만 도움을 청했다.

우리 주변에는 '융프라우'가 많다. 내 힘으로 해결할 수 없는, 나를 압도하는 것들 말이다. 이것들을 다스리고 경작하여 영향을 주기보다는 이들에게 쉽게 영향받곤 한다. 그러나 하나님은 우리를 그분보다 조금 못한, 놀랍고 대단한 존재로 창조하셨다. 그러므로 능동적이고 적극적이며 창조적인 사고를 해야 한다. 그것이 바로 '하나님의 형상 다움'이다.

광신자

요한 웨슬리는 '광신자'를 이렇게 정의했다.

"바람직한 목적은 있으나 합당한 수단은 없는 사람."

놀라운 통찰력이다.

예를 들어, 크리스천 농부 두 명이 있다. 그중 A는 봄이 되어 농사를 시작할 때, 아침 일찍부터 밭가에 앉아서 찬양과 기도로 종일 시간을 보냈다.

"전능하신 창조주 하나님을 찬양합니다! 내가 이 밭에 아무것도 하지 않아도, 하나님께서 풍성한 수확을 주실 줄 믿습니다!"

또 다른 농부 B는 창고에 잘 보관해 놓은 농기구를 가지고 밭으로 갔다. 겨우내 딱딱해진 땅을 갈아엎고, 돌이나 나무뿌리를 골라냈다. 열매를 많이 맺는 땅으로 경작했다. 땀을 뻘뻘 흘리며 힘써 수고했다. 그리고 다음 날, 잘 보관했던 종자(種子)를 가져다가 파놓은 골을 따라 심고 흙을 덮었다. 땅을 관찰하며 혹 양분이 부족하면 거름을 주었다. 그리고 머리 숙여 하나님께 기도했다.

"전능하신 창조주 하나님, 제가 할 일은 다 했습니다. 제게 주신 재능과 지혜와 힘으로 밭을 일구고 주신 종자를 심었습니다. 이제 햇빛과 비를 내려주셔서 풍성한 수확을 거두게 하소서."

그리고 B는 다음 날에도 아침 일찍 밭을 살폈다. 추수할 때까지 그러기를 쉬지 않았다. 아마 농부 A가 농부 B를 정죄할 것이다. 하나님을 향한 믿음이 없다고 말이다.

요한 웨슬리에 의하면 농부 A가 광신자다. 겉으로는 믿음이 있는 것처럼 보이나 실상은 광신이다. 그리고 농부 B가 정상적인 믿음의 소유자다. 믿음은 하나님의 말씀을 따라 내가 해야 할 것은 최선을 다하여 순종하고, 내가 할 수 없는 것, 곧 하나님이 하실 일은 그분이 하실 것을 신뢰하는 것이다.

수학 공식이 있다.
0×1억=0
1×1억=1억

A처럼 아무것도 하지 않으면서 오직 하나님이 하실 일만 기대하는 것이 '0×1억'이다. 그러면 아무 결과가 없다. 반면에 B처럼 내가 할 일에 최선을 다하고, 하나님이 하실 일을 신뢰하는 것이 '1×1억'이다. 그 결과, 하나님이 풍성한 수확을 거두게 하신다.

농부는 풍성한 수확을 기대한다. 농부가 할 일은 농기구를 사용하여 밭을 가는 것과 하나님이 주신 종자를 뿌리는 것이다.

하나님이 우리에게 "정복하라, 다스리라, 경작하라" 명령하신 것을 따라 최선을 다해 순종하는 것이 우리의 일이다. 그러면 하나님께서 풍성한 열매를 거두게 하실 것이다.

타락 : 하나님 형상의 상실

창세기 3장 사건은 성경을 이해하고, 나를 이해하고, 세상을 이해하는 열쇠다.

아담과 하와가 선악과를 먹음으로 하나님의 형상 됨을 상실했다. 하나님이 아담에게 "네가 선악과를 먹으면 반드시 죽으리라"(창 2:17) 하신 대로 그들에게 그대로 이루어졌다.

혹자는 "모든 것을 아시는 하나님께서 사람이 선악과를 먹을 줄 알면서 왜 선악과를 만드셨나?" 하는 의문을 가질 수 있다. 그러나 선악을 알게 하는 나무를 만드시고, 그 열매를 먹지 말라고 하신 것은 하나님의 형상인 사람에 대한 존중과 배려였다.

하나님은 에덴동산의 각종 나무의 열매를 마음대로 먹으라고 하셨다. 단, 선악을 알게 하는 나무의 열매만은 절대 먹지 말라고 하셨다. 그런데 뱀이 하와에게 접근하여 선악과를 먹도록 부추겼다. 그 뱀은 '옛 뱀' 또는 '마귀'라고도 불린다. 그는 거짓말쟁이요, 거짓의 아비다. 속이는 자다.

처음부터 노골적으로 먹으라고 말하며 접근하지 않고, 언제나 낚싯줄을 내려 미끼를 물게 한다.

그런데 뱀은 여호와 하나님이 지으신 들짐승 중에 가장 간교하니라. 뱀이 여자에게 물어 이르되, '하나님이 참으로 너희에게 **동산 모든 나무의 열매를 먹지 말라 하시더냐?**' 창 3:1

이런 접근과 질문은 마귀의 전형적인 수법이다. 하나님의 성품을 왜곡시켜 하나님을 신뢰하지 못하게 한다. "먹지 말라 하시더냐?"라고 떠보며 하나님께 의구심을 갖게 한다.

하나님은 우리에게 모든 것을 풍성하게 주시며 누리게 하신다. 동산 각종 나무의 열매를 마음대로 먹으라 하시되, 오직 한 나무의 열매만 먹지 말라고 하셨다.

그러나 마귀는 마치 하나님이 '모든' 나무의 열매를 먹지 말라고 하신 것처럼 교묘하게 속인다.

이에 하와는 너무도 어리석게 대답했다.

여자가 뱀에게 말하되, "동산 나무의 열매를 우리가 먹을 수 있으나, 동산 중앙에 있는 나무의 열매는 하나님의 말씀에 '너희는 먹지도 말고 만지지도 말라 너희가 죽을까 하노라' 하셨느니라." 창 3:2

하와는 하나님의 말씀을 더하고 뺐다. 하나님은 "만지지도 말라" 하신 적이 없다. 또한 "죽을까 하노라" 말씀하지 않으시고 "반드시 죽으리라" 하셨다.

하와의 말을 들은 마귀는 '너 딱 걸렸다!'라며 속으로 쾌재를 불렀다. 마치 물고기가 미끼를 물어 아가미에 낚싯바늘이 걸리는 순간처럼 말이다. 마귀는 본격적으로 거짓을 늘어놓았다.

뱀이 여자에게 이르되, '너희가 결코 죽지 아니하리라. 너희가 그것을 먹는 날에는 너희 눈이 밝아져 하나님과 같이 되어 선악을 알 줄 하나님이 아심이니라.' 창 3:4,5

거짓말쟁이요, 거짓의 아비답게 엄청난 거짓말을 늘어놓았다. 결국 하와는 선악과를 따 먹었고 아담도 먹게 했다.

그렇다면 아담과 하와가 선악과를 먹은 것이 왜 엄청난 결과를 가져왔는가?

하나님 vs 마귀, 누가 나의 주인인가?

로마서 6장 16절은 이들의 행동의 결과를 설명한다.

너희 자신을 종으로 내주어 누구에게 순종하든지 그 순종함을 받는 자의 종이 되는 줄을 너희가 알지 못하느냐? 혹은 죄의 종으로 사망에 이르고 혹은 순종의 종으로 의에 이르느니라.

선악과를 먹음으로 주인이 바뀌었다. 이들이 하나님의 말씀에 순종하면 하나님의 종이 되지만, 마귀의 말에 순종하면 마귀의 종이 된다. 하나님은 그분의 종 된 우리에게 생명과 풍성한 삶을 주신다. 그러나 마귀는 어찌하든지 우리를 죄의 종으로 만들려고 각종 거짓말을 늘어놓는다.

하나님은 우리가 그분의 말씀에 순종하기를 원하신다. 인격체가 아닌 로봇에게는 순종이란 개념이 없다. 스스로 의지적 결정을 할 수도 없고, 선택할 능력 자체가 없다. 오직 하나님의 형상이며 인격체인 사람만 할 수 있다. 듣고 '순종하느냐, 불순종하느냐'는 우리의 선택이다. 사랑에는 존중과 배려가 있다. 협박과 강요가 없다. 조건도 없다.

도둑이 오는 것은 도둑질하고 죽이고 멸망시키려는 것뿐이요, 내가 온 것은 양으로 생명을 얻게 하고 더 풍성히 얻게 하려는 것이라. 요 10:10

내가 누구의 말을 듣고 순종할 것인지, 그 선택은 오직 나 자신에게 달려 있다. 하나님의 말씀에 순종하면 생명과 풍성한 삶을 얻는다. 그러나 마귀의 말에 순종하면 모든 것을 잃고 결국 사망과 멸망에 이를 뿐이다.

하나님의 말씀을 따라 순종하며 사는 사람은 하나님이 주인이시다. 그러나 마귀의 거짓말을 듣고 순종한다면 마귀가 주인이다.

사람 스스로 주인을 바꾸었다. 하나님의 말씀을 따라 순종하지 않고 마귀의 말을 따랐다. 그것은 모든 영역에 파멸을 가져왔다. 나와 나 자신, 나와 하나님, 나와 너, 나와 모든 피조물과의 관계가 엉망진창이 되었다. 하나님의 형상 됨을 잃었다. 이것은 인류 역사의 가장 큰 비극이다.

하나님의 구원 계획

무화과나무 잎으로 옷을 만들어 입은 아담과 하와에게 하나님은 가죽옷을 지어 입히셨다. "세상 죄를 지고 가는 하나님의 어린양"이신 예수 그리스도의 죽으심만이, 사람이 죄와 사망에서 구원받는 길이다. 예수 그리스도의 십자가의 죽으심과 부활하심은 죄로 파괴된 모든 영역에 회복을 가져왔다. 하나님 형상의 회복을.

예수 그리스도의 십자가의 죽으심과 부활하심을 믿을 때, 사람은 구원받고 하나님의 형상이 회복된다. 예수 그리스도 이전의 사람들은 오실 메시아를 믿음으로써, 그리고 우리는 이미 오신 메시아를 믿음으로 구원을 받았다.

오직 예수 그리스도를 믿을 때, 하나님의 형상이 회복된다. 하나님과의 친밀감의 회복은 물론, 하나님을 대신하여 경작하며 영향을 주는 삶의 회복이다. 청지기로, 동역자로 회복된다.

십계명의 제1, 제2계명

십계명의 제1계명은 하나님의 자리를 우상으로 대신하지 말라는 것이다. 오직 하나님의 말씀에 순종함으로 하나님이 나의 주인 되시고, 나는 그분의 종이 된다. 우리는 처음 사람처럼 마귀의 말에 순종하지 않고 예수님의 이름으로 대적하여 물리친다. 그 어떤 것도 하나님의 자리를 대신할 수 없다.

십계명의 제2계명은 하나님의 형상 된 나의 자리를 우상으로 대신하지 말라는 것이다. 하나님은 우리에게 세상을 다스리라고 명령하셨다. 하나님은 우리를 통해 세상에 자신을 알리신다. 세상은 우리를 통해 하나님을 알게 된다. 그분의 형상인 우리가 세상을 경작한다.

우상을 만들면 세상은 우상에게 접근하여 도움을 청한다. 그러나 그 어떤 우상도 하나님을 대신하여 세상에 도움을 주지 못한다. 오직 하나님의 형상대로 창조된 우리가 하나님을 대신하여 세상에 도움을 준다. 영향을 준다.

CHAPTER 05

톨레돗 : 계보

두 계보

창세기 5장은 아담의 계보로 시작한다. 1,2절은 1장 26-28절의 반복으로, 하나님이 그분의 형상대로 남자와 여자를 창조하심을 언급한다. 그런데 3절이 독특하다.

> 아담은 백삼십 세에 자기의 모양 곧 **자기의 형상**과 같은 아들을 낳아 이름을 셋이라 하였고

하나님은 아담에게 셋 이전에 가인과 아벨이 있었음을 언급하지 않으신다.

창세기 4장에 하나님은 아담의 아들 가인과 아벨에 대해 자세히 말씀하셨다. 가인이 아우 아벨을 죽였고, 이후 가인이 어떻게 살았는지, 그 후손이 누구며 어떻게 되었는지를 말씀하셨다.

아담이 셋을 낳았을 때, 가인은 살아 있었다. 그러나 5장에서 하

나님은 가인을 **빼셨다**. 그 열쇠는 "하나님의 형상"에서 찾을 수 있다. 아담은 하나님의 형상이다. 그리고 아담의 아들 셋도 하나님의 형상이다.

하나님의 형상이란, 이미 살펴본 것처럼 신분과 사명에 의해 그 의미를 알 수 있다. 그런데 가인은 하나님의 형상을 상실했다. 창세기 4장 16-24절에는 가인의 족보가 기록되어 있다. 가인은 여호와 앞을 떠났다. 이는 하나님과의 교제의 단절을 의미한다. 그는 하나님 없이 세상을 살았다. 하나님과의 사귐이 없었고, 하나님의 형상을 상실했다.

그는 에덴 동쪽 놋 땅에 거주했다. '놋'(Nod)의 뜻은 '유리방황함'이다. 하나님과의 사귐이 없는 삶은 곧 유리방황하는 삶, 뚜렷한 삶의 방향을 상실한 삶이다. 하나님 없는 삶은 의미가 없다.

가인은 놋 땅에 거주하며 가정을 이루고 도시를 건설했다. 그의 후손은 농업, 목축업, 공업, 예술, 교육, 각 분야에서 활동하며 문화를 형성했다. 그러나 그 기반은 놋 땅이었다. 살인, 상함, 원망, 미움, 두려움, 정죄감이 그 내면에 스며 있었다(창 4:23,24).

하나님의 형상을 상실한 삶은 "세상을 다스리며 정복하라"라는 명령을 수행하지 못한다. 경작하고, 영향을 주는 삶도 살지 못한다.

다른 씨

아담이 다시 자기 아내와 동침하매 그가 아들을 낳아 그의 이름을 셋이라 하였으니 이는 하나님이 내게 가인이 죽인 아벨 대신에 **다른 씨**를 주셨다 함이며, 셋도 아들을 낳고 그의 이름을 에노스라 하였으며 그때에 사람들이 **비로소 여호와의 이름을 불렀더라** 창 4:25,26

하나님은 아담과 하와에게 아벨 대신에 셋을 주셨다. 그를 "다른 씨"라고 말씀하신다. 가인과 다르다는 것이다.

가인은 하나님을 떠났다. 하나님을 떠난다는 것은 하나님과의 교제가 단절됨을 말한다. 또한 모든 활동에서 하나님의 말씀의 원칙을 떠나 세상의 방식을 따라 사는 것을 말한다. 성령의 능력이 아닌 자기의 힘과 지혜로 사는 것이다. 한마디로, 가인은 하나님의 형상 됨을 상실했다. 하나님이 없는 문명을 이루었다.

그런데 셋은 다른 씨다. 셋 이후 "비로소 여호와의 이름을 불렀더라" 말씀한다. 그래서 창세기 5장 3절에는 가인의 이름이 언급되지 않았다.

아담에서 셋으로, 에녹으로, 노아로, 셈으로, 그리고 드디어 아브라함으로, 아담의 톨레돗을 이어갔다. 하나님 형상의 톨레돗이다.

히브리서 11장의 '믿음의 명예전당'에는 아벨, 에녹, 노아, 아브라함의 이름이 올라갔다. 하나님의 형상은 오직 믿음으로 그 삶에 이루어진다.

아브라함 언약

마침내 성경에서 가장 중요한 부분에 이르렀다. 창세기 12장은 하나님이 아브라함을 부르시고, 그에게 명령하시며 그와 언약을 맺는 장면으로 시작한다. 이것은 신구약 성경 전체에 흐르는 강의 원천과 같다.

창세기 1장의 '사람을 향한 하나님의 놀랍고 선하신 계획'이 창세기 3장에서 '사람 스스로 불순종하여 하나님의 형상을 상실함'으로 흐트러졌다. 그러나 긍휼의 하나님은 예수 그리스도 안에서 구원의 계획을 세우셨다. 그렇다고 모든 사람이 하나님의 형상을 회복하는 것은 아니다. 오직 예수님을 믿는 믿음을 통해서만 회복된다.

창세기 1-2장은 '창조'를, 3-11장은 '타락'을, 12장은 '재창조'를 보여준다.

하나님은 믿는 자, 아브라함을 부르시고 그에게 복을 주셨다. 아브라함에게 명령(창 12:1)하시고 또한 약속(창 12:2,3)하셨다. 명령은 아브라함이 순종해야 할 부분이고, 약속은 하나님이 이루실 영역이었다. 하나님의 명령에 **순종**하고, 하나님이 약속하신 것을 이루실 줄 **신뢰**하는 것이 **믿음**이다.

하나님은 아브라함에게 두 가지를 명령하셨다. 떠나는 것과 가는 것.

> 여호와께서 아브람에게 이르시되, '너는 너의 고향과 친척과 아버지의 집을 **떠나** 내가 네게 보여줄 땅으로 **가라**.' 창 12:1

떠나야 할 것들은 구체적이다. 고향, 친척, 아버지의 집, 곧 익숙하고 안정된 삶을 떠나야 한다. 삶의 안정의 기반을 사람과 환경에서 하나님께로 옮겨야 한다. 그런데 가야 할 곳은 구체적이지 않다. 한 걸음씩 인도함을 받으며 걸어가야 한다.

그리고 하나님은 아브라함에게 두 가지를 약속하셨다.

'내가 너로 큰 민족을 이루고 네게 복을 주어 네 이름을 창대하게 하리니 너는 복이 될지라. 너를 축복하는 자에게는 내가 복을 내리고 너를 저주하는 자에게는 내가 저주하리니, 땅의 모든 족속이 너로 말미암아 복을 얻을 것이라' 하신지라. **창 12:2,3**

첫 번째 약속은 "내가 너에게 복 주리라"(I will bless you).

엄청난 약속이다. 만복의 근원이신 하나님이 아브라함의 모든 필요를 채우신다는 건, 다음과 같은 약속을 포함한다.

"내가 항상 너와 함께하리라. 너를 도우리라. 너의 길을 인도하리라. 너를 모든 환난과 어려움에서 보호하리라. 너를 치료하리라. 너를 위로하리라. 너에게 지혜와 능력을 부어주리라. 너의 모든 필요를 공급하리라."

이는 최고로 든든하고 안전한 은행, 하늘은행 은행장의 약속이다. 그날 아브라함은 하늘은행에서 발급한 한도 제한이 없는 신용카드를 받았다.

다윗은 이 사실을 벅찬 가슴으로 이렇게 고백했다.

"여호와는 나의 목자시니 내게 부족함이 없으리로다"(시 23:1).

이 놀라운 약속을 받은 날, 아브라함은 이렇게 외쳤을 것이다.

"아! 내 가슴이 벅차오르는구나!"

하나님은 아브라함에게 두 번째 약속을 하시기 전에 한 가지를 분명히 말씀하셨다.

"아브라함아, 나는 너를 축복하는 하나님이다."

"예, 하나님, 그것을 믿습니다."

"그런데 아브라함아, 나는 너에게만 복을 주지 않고 땅의 모든 족속에게도 복을 주는 하나님이다"(I will bless the Nations).

"예, 그렇군요. 알겠습니다."

하나님은 아브라함의 시야가 넓어지기를 원하셨다. 세상의 모든 족속을 향한 하나님의 마음을 그가 함께 품기를 원하셨다. 세계를 품는, 넓은 마음의 그리스도인이 되기를 원하셨다.

드디어 하나님께서 아브라함에게 두 번째 약속을 하셨다. 그 내용은 충격적이었다.

'내가 땅의 모든 족속에게 복을 주는데, 너를 통해서 복을 줄 것이다. 땅의 모든 족속이 너로 말미암아 복을 얻을 것이라. 너는 복이 될지어다'
창 12:2,3 저자 역

이 놀라운 약속을 받고, 아브라함은 어안이 벙벙했다. 너무 놀라운 약속이었다. 그런데 가만히 생각해 보면, 그 약속은 생소한 게 아니다. 하나님이 사람을 처음 창조하실 때 이미 하신 말씀이었다. 다만 그 말씀이 더욱 구체화된 것일 뿐이다.

하나님이 그들에게 복을 주시며, 하나님이 그들에게 이르시되, '생육하고 번성하여 땅에 충만하라, 땅을 정복하라, 바다의 물고기와 하늘의 새와 땅에 움직이는 모든 생물을 다스리라' 하시니라. 창 1:28

그날 아브라함은 하나님으로부터 두 가지 놀라운 약속을 받았다.
만복의 근원이신 하나님이 아브라함을 복의 대상으로 삼으셔서 복 주신 것, 그리고 땅의 모든 족속에게 복을 주시는 하나님이 아브라함을 복의 근원으로, 열방을 복의 대상으로 삼으신 것.
얼마나 놀라운가! 하나님으로부터 복을 받아 누리는 것도 놀라운데, 한 걸음 더 나아가 땅의 모든 족속에게 복을 주는 복의 근원이 된 것은 더 놀랍다.
이 약속을 받은 순간, 아브라함의 마음이 넓어졌다. 그는 이제 갈대아 우르에서 벗어나 세상을 품는 사람이 되었다.

주는 것이 받는 것보다 복이 있다 하심을 기억하여야 할지니라. 행 20:35

아브라함의 씨
오래전 어느 날 아침, 나는 이 말씀을 묵상하면서 아브라함이 무척 부러웠다. 그래서 마음속으로 말했다.
'아브라함은 참 복도 많다! 이 두 가지 복을 받았으니.'

그 순간 성령께서 내게 말씀하셨다.

'이 약속은 아브라함에게만이 아니라 너에게도 한 것이다.'

나는 놀랐다. 그러나 이렇게 기도했다.

'감사합니다. 그런데… 증거를 말해주세요.'

나는 이 놀라운 약속이 내 것이라는 객관적 증거가 필요했다. 그래야 내 감정이나 상황에 상관없이 언제나 붙들 수 있기 때문이다. 성령께서 바로 말씀하셨다.

'갈라디아서 3장을 펴보라.'

나는 호기심과 기대감으로 성경을 폈다. 눈에 들어온 말씀은 3장 7절이었다.

그런즉 믿음으로 말미암은 자들은 아브라함의 자손인 줄 알지어다.

내가 '이 말씀은 제가 이미 알고 있습니다. 저는 한국인이지만 믿음으로 아브라함의 자손이 되었습니다'라고 했더니, 성령께서 '7절이 아니고 9절이다'라고 하셨다.

그러므로 **믿음으로 말미암은 자**는 믿음이 있는 **아브라함과 함께 복을 받느니라.**

나는 감격했다. 한 단어 한 단어가 큰 글씨처럼 눈에 쑥 들어왔다. 특히 "함께"라는 단어가 더 크게 들어왔다.

"그러므로 믿음으로 말미암은 자는 믿음이 있는 아브라함과 **함께** 복을 받느니라!"

마치 숨을 크게 들이쉬듯, 물을 벌컥벌컥 마시듯, 나는 그 말씀을 내 것으로 받았다. 그렇다! 나는 믿음으로 말미암은 자다.

비로소 나는 소리 내어 "아멘!"을 선포했다. 그때 성령 하나님께서 '중요한 사항은 도장을 2번 찍는다, 29절을 보라'라고 하셨다. 나는 곧장 책장을 넘겨 갈리디아서 3장 29절을 읽었다.

너희가 그리스도의 것이면 곧 아브라함의 **자손**이요, 약속대로 유업을 이을 자니라.

이보다 더 확실한 증거가 어디 있을까. 예수 그리스도를 믿는 나는 크리스천이다. 나는 그리스도의 것이다. 나는 '아브라함의 씨'다. 여기서 "자손"이란 원어로 '씨'라는 단수다.

하나님이 아브라함에게, "내 언약은 이스마엘이 아니라 이삭과 세우리라"(창 17:18-21) 말씀하셨다. 이스마엘은 육체로 난 아들이요, 이삭은 하나님의 능력으로, 믿음으로 난 아들이었기 때문이다.

이 놀라운 약속도 육신으로 받는 것이 아니요, 오직 믿음으로 받는 것이다. 예수 그리스도를 믿는 자가 아브라함의 씨요, 약속의 유업을 이을 자다.

하나님이 아브라함에게 하신 두 가지 약속은 나의 것이다.

놀라운 약속 - 복을 받은 자

그날, 이 놀라운 약속이 내 것임을 알고 믿게 된 순간을 결코 잊지 못한다. 하나님은 만복의 근원이시요, 나는 그 복을 받는 대상이다. 이것은 나를 부요하게 한다. 내가 어떤 사람이 되어야 하는(DO) 것이 아니라 이미 이루어졌다(DONE).

고린도전서 1장 30,31절이 이해되었다.

> 너희는 하나님으로부터 나서 그리스도 예수 안에 있고, 예수는 하나님으로부터 나와서 우리에게 지혜와 의로움과 거룩함과 구원함이 되셨으니, 기록된 바 자랑하는 자는 주 안에서 자랑하라 함과 같게 하려 함이라

나는 더 이상 스스로 지혜로워지려 하지 않아도 된다. 예수님 안에 있는 한, 그분이 나의 지혜가 되셨다. 그동안 내가 지혜의 집을 짓고 그 안에 살려고 애를 썼지만 이루어지지 않았다. 그런데 이제 나는 지혜이신 예수님의 집에 산다.

또 다른 놀라운 약속 - 복을 주는 자

그런데 또 다른 놀라운 약속이 있다. 하나님이 나를 복의 근원으로 삼으셨다. 열방은 복의 대상이다. 하나님이 나를 통해 열방에 복을 주신다. 이 약속의 말씀을 내 것으로 받으니 내 마음이 넓어졌다. 온 세계가 내 마음에 쑥 들어왔다. 그날 나는 온 세계를 두 팔로 안았다.

나는 하나님으로부터 복을 받는 자다.
그리고 열방에 복을 주는 자다.
내가 바로 복의 근원이다. 복덩이다. 내가 곧 복이다.
내가 발로 밟는 곳마다 그곳에 복이 임한다.

주기도문

나라가 임하시오며 뜻이 하늘에서 이루어진 것같이 땅에서도 이루어지이다 마 6:10

이 기도문은 "나를 통하여"라는 구절을 넣어야 정확한 의미가 살아난다.

"하나님 아버지의 나라가 **나를 통하여** 임하시오며, 아버지의 뜻이 하늘에서 이루어진 것같이 땅에서도 **나를 통하여** 이루어지이다."

이는 간구와 탄원의 기도가 아니다. 수동적으로 아버지의 나라가 임하시길 구하는 것이 아니라, 나를 통하여 아버지의 나라가 임하시도록 능동적으로 나를 드리는 기도다.

수동적으로 아버지의 뜻이 이루어지기를 구하는 것이 아니라, 나를 통하여 아버지의 뜻이 이루어지도록 능동적으로, 적극적으로 나를 드리는 헌신과 위탁의 기도다.

성 프란시스의 평화의 기도

내가 중등부 시절에 늦여름이면 교회에서 매년 문학의 밤이 열렸다. 당시 우리 교회 고등부 선배 네 명으로 구성된 중창단이 고정으로 출연했다. 이들은 서울시 성가경연대회에서 테너와 중창 부문에서 각각 1등을 한 대단한 팀이었다. 이들은 언제나 성 프란시스의 〈평화의 기도〉를 불렀다. 나는 이 노래를 들으면서 놀랐다.

주님, 나를 당신의 도구로 써주소서.
미움이 있는 곳에 사랑을, 다툼이 있는 곳에 용서를,
분열이 있는 곳에 일치를, 의혹이 있는 곳에 신앙을,
그릇 됨이 있는 곳에 진리를, 절망이 있는 곳에 희망을,
어두움에 빛을, 슬픔이 있는 곳에 기쁨을 가져오는 자 되게 하소서.
위로받기보다는 위로하고, 이해받기보다는 이해하며,
사랑받기보다는 사랑하게 하여주소서.
우리는 줌으로써 받고, 용서함으로써 용서받으며,
자기를 버리고 죽음으로써 영생을 얻기 때문입니다.

아브라함의 언약이 내 것인 줄 알고 나서부터 이 기도는 나의 기도가 되었다. '나를 통하여' 미움이 사랑으로, 다툼이 용서와 화해로, 절망이 소망으로, 슬픔이 기쁨 되게 하는 것이 곧 '복의 근원'의 삶이다. 지금도 날마다 어둠에 빛과 치유와 자유를 주는 데 나를 사용해 달라고 기도한다.

내가 바로 복의 근원이다. 땅의 모든 족속이 나로 인해 복을 받는다. 그러니 이 기도는 당연히 나의 기도일 수밖에.

시편 67편

시편 67편은 **구약의 지상대명령**으로 불린다. 이 놀라운 명령에 순종하는 아브라함의 씨의 담대한 요청의 기도다.

하나님은 우리에게 은혜를 베푸사 복을 주시고 그의 얼굴빛을 우리에게 비추사 (셀라) 주의 도를 땅 위에, 주의 구원을 모든 나라에게 알리소서 시 67:1,2

나는 기도한다.
'하나님, 우리에게 은혜를 쏟아부어 주소서. 당신의 얼굴빛을 우리에게 비추소서. 우리를 형통하게 하소서. 우리가 하는 일이 잘되게 해주소서. 왜냐하면 복의 근원인 우리를 통해 열방이 복을 받아 주의 구원을 알게 되기를 원하기 때문입니다.'
이것은 나만 잘되기를 바라는 기복신앙이 아니다. 모든 민족이 주를 알고 찬송하기를 바라는 기도다.

땅이 그의 소산을 내어주었으니 하나님 곧 우리 하나님이 우리에게 복을 주시리로다. 하나님이 우리에게 복을 주시리니 땅의 모든 끝이 하나님을 경외하리로다. 시 67:6,7

시편 기자는 하나님이 우리에게 복 주실 것을 확신하고 있다. 왜냐하면 복의 근원인 우리로 말미암아 땅의 모든 끝, 곧 땅끝까지 주를 알고 경외하게 될 것이기 때문이다.

> 모든 그리스도인은 '하나님은 나를 사용하실 수도 있어'라고 생각할 것이 아니라, '하나님은 나를 사용해서 일하고 싶어 하신다'라는 확신을 가져야 한다. – D. L. 무디

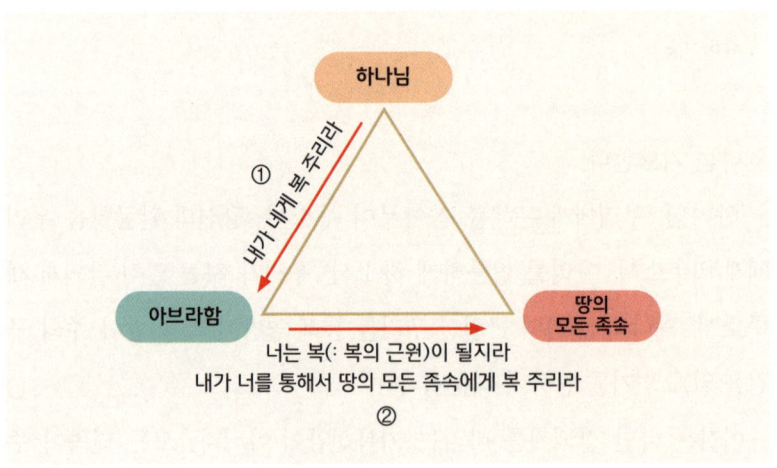

균형 잡힌 지도력

CHAPTER
06

지도력이란 무엇인가?

누구를 지도자라고 하는가? 지도자가 가져야 할 지도력은 무엇인가? 언제 지도력이 증명되는가? 언제 지도자임을 인정받는가? 초중고교에서 반장으로 선출되었을 때인가? 교회에서 회장으로 선출되었을 때인가? 직장에서 장으로서의 직급이 주어졌을 때인가?

지도력이란 영향력을 말한다. 영향력을 발휘하는 사람이 지도자다. 어떤 타이틀이나 호칭이 있든 없든 상관없이 특정 상황에서 영향력을 나타내는 사람이 지도자다. 엄밀히 말하면 지도자란 어떤 위치나 타이틀로 정의되는 게 아니라 영향력으로 정의된다.

위치나 호칭은 지도자이나 영향력을 발휘하지 못하는 사람을 '명목상의 지도자'라고 부른다. 반면에 위치나 호칭에 상관없이 그 그룹에 영향력을 발휘하는 사람을 '실질적인 지도자'라고 한다.

지도력은 위기에 처했을 때 두드러진다. 무질서와 혼란에 빠졌을 때, 난항을 거듭할 때, 구성원들이 낙심하고 힘들어할 때, 지도력이 나타나 무질서와 혼란을 수습한다. 공동체가 목표를 상실하고 혼돈에 빠져 허우적거릴 때, 올바른 방향으로 이끌며 질서를 잡고, 밝은 빛을 비추어 상황을 긍정적이고 소망으로 이끌어 간다면, 그것이 지도력이다. 그때 지도력이 증명된다.

지도자는 부정적인 말을 하지 않는다. 단지 긍정적이어서가 아니다. 상황을 올바른 방향으로 수습할 줄 알기에 긍정적이다.

지도자는 수동적인 태도를 취하지 않는다. 다들 문제만 지적하고 불평하거나 원망하며 낙심할 때, 지도자는 그 상황을 빠르게 수습할 줄 안다.

지도자는 믿음의 말을 한다. 어떤 상황에도 절망하지 않는다. 되려 구성원들에게 동기를 부여하며 방향을 제시하고 소망을 심어줄 줄 안다. 어려운 상황을 돌파하여 길을 낼 줄 안다.

연약하여 자기 문제에 빠져 허덕이는 사람을 해고할 생각보다는, 오히려 그를 문제로부터 구출하고, 그의 약한 근육을 강화하여 스스로 문제를 해결할 수 있는 용사로 길러낸다. 이런 사람이 지도자다.

우리 주 예수 그리스도야말로 진정한 지도력을 발휘하는 지도자시다. 팀워크가 엉망이고 비교 의식과 경쟁의식이 가득한 사람, 회사 비전에는 관심이 없고 자기 문제에만 집중하는 사람, 의심 많고 쉽게 낙심하는 사람, 이해력이 부족하고 자주 화내는 혈기 많은 사람…. 이런 사람들이 모인 팀을 '구제불능'으로 보고 안 되는 이유만 나열하는 지도자도 있을 것이다. 그는 준비가 잘된 새로운 팀원을 꿈꾸며 부정적인 말만 늘어놓을 것이다.

그러나 예수 그리스도는 이런 팀원들을 완전히 새로운 팀으로 변화시키셨다. 훌륭한 팀워크를 이루는 활기차고 힘 있는 팀으로 변화시키셨다. 지금 우리는 이러한 지도력이 절실하다. 교회와 사회, 도시와 국가 모두 이런 지도력을 발휘하는 지도자들이 일어날 때다.

어린양과 사자의 리더십

요한계시록은 예수 그리스도의 지도력을 잘 보여준다.

장로 중의 한 사람이 내게 말하되, '울지 말라. 유대 지파의 사자 다윗의 뿌리가 이겼으니, 그 두루마리와 그 일곱 인을 떼시리라' 하더라. 내가 또 보니 보좌와 네 생물과 장로들 사이에 한 어린 양이 서 있는데, 일찍이 죽임을 당한 것 같더라. 그에게 일곱 뿔과 일곱 눈이 있으니 이 눈들은 온 땅에 보내심을 받은 하나님의 일곱 영이더라. 계 5:5,6

이 말씀에서 예수님의 대표적인 두 가지 모습이 나타난다. 하나님의 어린양(Lamb of God), 그리고 유다 지파의 사자(Lion of Judah)이신 모습이다. 어린양이신 모습은 지도자가 발휘해야 하는 올바른 태도를, 유다 지파의 사자이신 모습은 지도자가 발휘해야 하는 올바른 행동을 보여준다.

종 됨은 올바른 섬김의 태도이며, 청지기직은 올바른 다스림의 행동이다. 섬김의 종으로서의 지도력은 함께 일하는 사람들을 대할 때 나타나는 지도력이다. 다스리는 청지기로서의 지도력은 주어진 일을 성취하여 이루는 지도력이다. 어린양의 지도력은 함께 일하는 사람을 올바르게 대하는 태도요, 사자의 지도력은 주어진 사역을 올바르게 대하는 행동이다.

1990년대 초반에 홍콩에서 열린 국제지도자회의에 참석했다가 그 건물 로비에 걸린 한 작품 앞에 멈추어 묵상한 적이 있다. 그것은 자수로 만든 작은 그림 액자였다. 작품의 제목이 눈길을 끌었다. 〈Harmony in Leadership〉(균형 잡힌 지도력). 그림에는 두 마리 짐승, 바로 사자와 어린 양이 수 놓여 있었다. 다름 아닌 예수 그리스도의 지도력을 수놓은 작품이었다. 모두가 본받아야 할 지도력의 모습이었다.

지난 40년 동안 전 세계는 가장 모범적인 지도력으로 '섬김의 지도력'을 꼽았다. 그것은 분명 예수님의 지도력이다.

인자가 온 것은 섬김을 받으려 함이 아니라 도리어 섬기려 하고 자기 목숨을 많은 사람의 대속물로 주려 함이니라 막 10:45

우리는 섬김의 지도력을 본받고 따라야 한다. 동시에 다스림의 지도력을 함께 갖출 때, 균형 잡힌 지도력을 발휘하게 된다.

은혜와 진리가 충만하신 예수 그리스도

요한복음 1장 14절은 이런 예수 그리스도의 모습을 보여준다.

말씀이 육신이 되어 우리 가운데 거하시매, 우리가 그의 영광을 보니, 아버지의 독생자의 영광이요 은혜와 진리가 충만하더라.

예수님의 영광의 모습은 은혜와 진리가 충만하셨다. '은혜'는 올바른 태도를 가지신 어린양 예수님의 모습이다. '진리'는 올바른 행동을 발휘하시는 유다 지파의 사자이신 예수님의 모습이다.

성실한 마음과 능숙한 손

지도자의 롤모델로 다윗을 손꼽을 수 있다. 시편 78편 72절은 그의 지도력의 결산서다.

이에 그가 그들을 자기 **마음의 완전함**으로 기르고, 그의 **손의 능숙함**으로 그들을 지도하였도다.

"마음의 완전함"은 성실한 마음(Faithful Heart)을, "손의 능숙함"은 공교한 손(Skillful Hand)을 나타낸다. 성실한 마음은 어린양의 올바른 태도를 보여주며, 공교한 손은 사자의 올바른 행동을 보여준다. 이처럼 다윗을 통해 지도자가 갖추어야 할 올바른 태도와 행동을 알 수 있다.

균형 잡힌 지도력

여러분은 일 중심인가? 사람 중심인가? 지도력을 발휘하는 데 다루어지는 또 다른 이슈는 '일 중심의 지도력인가, 관계 중심의 지도력인가'에 관한 것이다.

다음 도표가 이를 잘 설명한다.

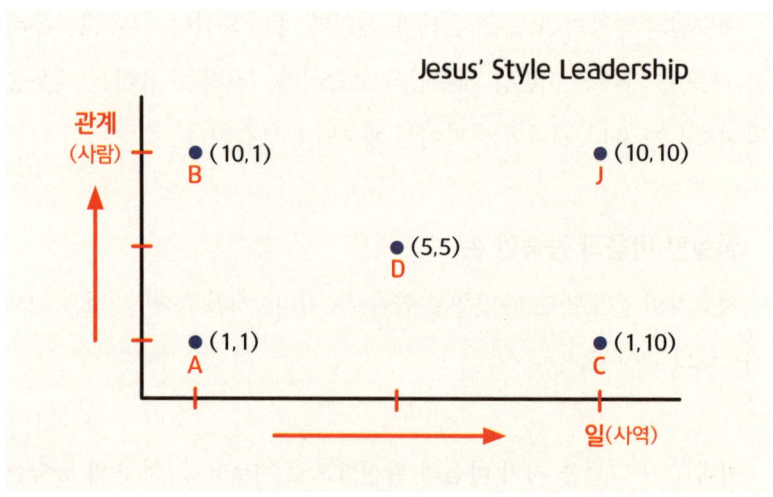

수직선은 관계 중심의 지도력의 지표이고, 수평선은 일 중심의 지도력의 지표다. 도표에는 다섯 종류의 지도력 유형이 표시되었다.

'A형 지도력'(1,1)은 함께 일하는 사람과의 관계나 주어진 일을 성취하는 능력이 모두 미숙한 경우다. 어느 영역에서도 지도력을 거의 발휘하지 못하고 있다. 이런 경우는 지도자라고 말할 수 없다.

'B형 지도력'(10,1)은 함께 일하는 사람과 관계 맺는 데는 뛰어나지만, 주어진 일을 성취하는 데는 낙제다. 극단적 관계 중심의 지도력 유형이다.

반대로 'C형 지도력'(1,10)은 주어진 일을 수행하는 능력은 탁월하나, 함께 일하는 사람과의 관계가 형편없다. 극단적 일 중심의 지도력 유형이다. B형과 C형은 모두 한쪽으로 치우친 극단적 지도력 유형이다.

'D형 지도력'(5,5)은 성장하고 있는 지도력이다. 그러나 실제로는 올바른 지도력을 발휘하지 못하고 있다. 앞으로 훈련하고 배우고 성장해야 하는 유형이다.

'J형 지도력'(10,10)은 관계에서나 주어진 일을 성취하는 면에서 모두 탁월하다. 가장 바람직하고 이상적이며 균형 잡힌 지도력이다. 우리는 주 예수 그리스도에게서 이런 지도력을 발견한다. 그래서 이런 지도력을 '예수 그리스도의 지도력'(Jesus' Style Leadership)이라고 한다.

Harmony In Leadership 균형 잡힌 지도력	
Lamb of God 하나님의 어린양	Lion of Judah 유다 지파의 사자
Righteous Attitude 올바른 태도	Righteous Action 올바른 행동
Servantship 섬기는 종의 태도	Stewardship 다스리는 청지기의 행동
Serve 섬김	Govern 다스림
Being 사람 / 관계	Doing 사역 / 일 / 업무

우리는 예수 그리스도의 지도력을 본받고 따라야 한다. 이 지도력을 갖추기 위해 구체적으로 어떤 덕목과 훈련이 필요할까?

어린양 예수 그리스도의 '섬김의 지도력'은 다음과 같은 덕목을 갖추어야 한다. 온유, 겸손, 긍휼, 거룩함, 정직, 희생. 또한 유다의 사자이신 예수 그리스도의 '다스림의 지도력'은 다음 덕목을 갖추어야 한다. 충성, 순종, 반대 정신, 연합, 공의, 헌신.

이런 지도력을 발휘하기 위해서는 다음과 같은 올바른 훈련이 필요하다. 엠블레포, 셀프 리더십, 조하리 창-맹점 극복하기, 경청, 설득력, 상황 리더십, M.S.A. Factor, S.O.C., NCer, 톨레돗.

예수 그리스도의 지도력 (Jesus' Style Leadership)	
하나님의 어린양 (Lamb of God)	유다 지파의 사자 (Lion of Judah)
올바른 태도 (Righteous Attitude)	올바른 행동 (Righteous Action)
섬기는 종의 태도	다스리는 청지기의 행동
온유 겸손 긍휼 거룩함 정직 희생	충성 순종 반대 정신 연합 공의 헌신
엠블레포, 셀프 리더십, 조하리 창-맹점 극복하기, 경청, 설득력, 상황 리더십, M.S.A. Factor, S.O.C., NCer, 톨레돗	

하나님이 보시기에 옳은 사람

CHAPTER **07**

지도력의 롤모델 : 예수 그리스도

하나님의 어린양(Lamb of God)이며 유다의 사자(Lion of Judah)이신 예수 그리스도의 모습을 통해 우리는 균형 잡힌 지도력이 무엇인지 알게 되었다.

리더는 주어진 목표를 성취하기 위해 지도력을 발휘해야 한다. 목표 성취는 함께 일하는 사람들과 팀을 이룰 때 가능하다. 주어진 '일'과 함께 성취를 이루는 '사람들', 이것이 지도력을 발휘하기 위한 두 가지 요소다. '일 중심이냐, 사람 중심이냐', '목표 지향적이냐, 관계 중심적이냐'를 두고 열띤 토론과 함께 질문이 끝없이 나오는 이유가 여기에 있다.

그러나 우리는 예수 그리스도의 지도력을 통해 문제 해결의 열쇠를 갖게 되었다. 섬기는 종의 올바른 태도와 다스리는 청지기의 올바른 행동이 둘 다 나타날 때, 균형 잡힌 지도력이라고 할 수 있다.

목자로서 양을 향한 예수님의 태도는 언제나 우리의 롤모델이다.

도둑이 오는 것은 도둑질하고 죽이고 멸망시키려는 것뿐이요 내가 온 것은 양으로 생명을 얻게 하고 더 풍성히 얻게 하려는 것이라 요 10:10

날마다 도둑이 우리에게 접근한다. 그 목적은 확실하다. 도둑질과 살인이다. 우리가 가진 믿음, 소망, 사랑을 빼앗고, 우리의 열정을 죽이고, 우리를 파멸에 몰아넣으려 한다. 겉으로는 나를 사랑하고 도움을 주려는 것처럼 갖은 거짓말로 유혹하며 다가온다. 오직 그뿐이다. 다른 목적은 없다.

이는 에덴동산에서 시작되었다. 창세기 3장 사건을 절대 잊지 말아야 한다. 그때 그 도둑이 지금 이 도둑이다. 전략이나 수법이 조금도 바뀌지 않았다. 그들에게 업그레이드할 지혜가 없는 것도 맞지만, 놀랍게도 옛날 그 수법이 어리석고 미련한 사람에게는 여전히 통하기 때문이다. 우리는 절대 속지 말아야 한다. 날마다 거절하고 대적해야 한다.

그러나 한편 소망이 있다. 우리 주 예수님이 날마다 우리에게 오시기 때문이다. 나를 향한 그분의 목적은 분명하다. 내가 생명을 얻고 내 삶이 더 풍성해지는 것, 이를 위해 예수님은 지도력을 발휘하신다.

그분은 자신이 무대 중심에 서기를 힘쓰지 않으신다. 언제나 무대 중앙에 하나님 아버지가 서 계시며 그 옆에 우리가 함께 서기를 원하신다. 예수님은 언제나 내가 생명을 얻고, 더 풍성한 삶을 살도록 자신을 기꺼이 희생하신다.

현재 리더이거나 리더로 성장하고 싶은 사람은 반드시 예수 그리스도의 지도력을 표본으로 삼아야 한다. 스스로 질문해 보자.

'내가 지도력을 발휘함으로써 나의 팀원들은 생명을 얻는가? 팀원들의 삶이 더 풍성해지고 있는가?'

'나의 지도력은 팀원들의 매인 것을 풀어주는가?'

이는 엠블레포의 눈으로 볼 때만 가능하다. 어린양 예수님이 보이신 '섬기는 종의 올바른 태도'를 가질 때, 이런 지도력이 나타난다.

그리스도로서 하나님 아버지를 향한 예수님의 기도가 우리의 롤모델이다.

> 아버지께서 내게 하라고 주신 일을 내가 이루어 아버지를 이 세상에서 영화롭게 하였사오니 요 17:4

예수님의 목표는 하나님의 영광을 나타내는 것이다. 하나님만이 무대 중앙에서 영화롭게 되시는 것이다. 그것을 이루는 길은 오직 하나, 하나님 아버지께서 하라고 주신 일을 행하는 것이다. 예수님은 죽기까지 복종하셨다. 죽도록 충성하셨다. 그리고 그 일을 다 이루셨다.

리더로서 주어진 일을 성공적으로 수행하는 것이 중요하다. 리더이거나 리더로 성장하길 바라는 사람은 언제나 예수 그리스도께서 몸소 보이신 '다스리는 청지기의 올바른 행동'을 지도력의 롤모델로 삼아야 한다.

그런데 놀라운 사실이 있다. 우리가 바라는 것보다, 하나님께서 우리가 그런 지도력을 발휘하는 지도자가 되기를 더욱 원하신다. 이보다 큰 소망이 있을까! 하나님이 우리를 위하시는데 누가 막으랴!

내가 그것을 주노라

하나님은 우리에게 모든 것을 후히 주셔서 우리가 그것을 누리기를 원하신다(딤전 6:17). 자기 아들을 아끼지 아니하시고 우리 모든 사람을 위해 내어주셨다. 그러니 그 아들과 함께 모든 것을 우리에게 후히 주셔서 누리게 하신다(롬 8:32).

다음의 놀라운 말씀을 읽자.

> 나는 내 큰 능력과 나의 쳐든 팔로 땅과 지상에 있는 사람과 짐승들을 만들고 내가 보기에 옳은 사람에게 그것을 주었노라 렘 27:5

우리는 이 말씀에서 세 가지 사실을 알 수 있다.

첫째, 여호와 하나님은 창조주시다.
하나님이 모든 것을 창조하셨다. 전능하신 하나님이 그의 능력과 팔로 땅과 지상에 있는 사람과 짐승들을 만드셨다.

둘째, 여호와 하나님이 소유주시다.
모든 것을 창조하신 하나님이 그 모든 것의 주인이시다. "땅과 거기에 충만한 것과 세계와 그 가운데에 사는 자들은 다 여호와의 것이로다"(시 24:1)라고 하셨다.

셋째, 모든 것의 주인이신 하나님께서 그 모든 것을 우리에게 주길 원하신다.

하나님이 우리에게 주길 원하시는 것은 눈에 보이는 것과 보이지 않는 것을 다 포함한다. 다윗의 고백 가운데 하나님이 무엇을 주시는지 알 수 있다.

여호와여, 위대하심과 권능과 영광과 승리와 위엄이 다 **주께 속하였사오니**, 천지에 있는 것이 다 **주의 것이로소이다**. 여호와여 주권도 주께 속하였사오니 주는 높으사 만물의 머리이심이니이다. 부와 귀가 **주께로 말미암고** 또 주는 만물의 주재가 되사 손에 권세와 능력이 있사오니 모든 사람을 크게 하심과 강하게 하심이 **주의 손에 있나이다**. 대상 29:11,12

- 주께 속한 것들 : 위대하심, 권능, 영광, 승리, 위엄, 주권
- 주의 것 : 천지에 있는 것들
- 주께로 말미암는 것 : 부, 귀
- 주의 손에 있는 것 : 권세, 능력, 사람을 크게 하시는 것, 강하게 하시는 것

이것들이 주께서 우리에게 주시고자 하는 목록이다. 정치가에게 주시는 권세, 경제인에게 주시는 재물, 예술가에게 주시는 재능, 영적 지도자에게 주시는 영성 등 어떤 분야에서 무엇을 하든지 그 일을 위해 필요한 모든 것은 다 주께로부터 온다.

하나님은 우리에게 지혜, 총명, 재능, 능력, 권세를 주고자 하신다. 전쟁에서의 승리도 주님이 주신다.

다윗은 성전 건축을 위해 엄청난 재물을 주께 드렸다. 높은 위치에 있는 사람들과 백성들도 많은 재물을 드렸다. 그리고 다음과 같은 겸손한 고백을 올렸다.

나와 내 백성이 무엇이기에 이처럼 즐거운 마음으로 드릴 힘이 있었나이까? 모든 것이 주께로 말미암았사오니 우리가 주의 손에서 받은 것으로 주께 드렸을 뿐이니이다. 대상 29:14

"우리가 주의 손에서 받은 것으로 주께 드렸을 뿐이니이다."
그러나 교만한 사람은 이런 사실을 알지 못하여 교만한 마음으로 교만하게 말하고 행동한다.

그러나 네가 마음에 이르기를, '내 능력과 내 손의 힘으로 내가 이 재물을 얻었다' 말할 것이라. 네 하나님 여호와를 기억하라. 그가 네게 재물 얻을 능력을 주셨음이라. 이같이 하심은 네 조상들에게 맹세하신 언약을 오늘과 같이 이루려 하심이니라. 신 8:17,18

많은 부자가 자기의 능력과 수완과 수고로 재물을 얻었다고 생각한다. 그러나 잊지 말아야 할 것은 하나님이 재물 얻을 능력을 주셨다는 사실이다.

하나님이 보시기에 옳은 사람

모든 것의 주인이신 하나님은 모든 것을 사람에게 주기를 원하신다. 오직 하나의 조건만 제시하셨다.

나는 내 큰 능력과 나의 쳐든 팔로 땅과 지상에 있는 사람과 짐승들을 만들고 **내가 보기에 옳은 사람**에게 그것을 주었노라 렘 27:5

"내가(: 하나님이) 보기에 옳은 사람"이 되어야 한다. 어떤 사람이 하나님이 보시기에 옳은 사람인가? 하나님은 공평하시고 공의로우시며 편견이 없으시다. 그 기준을 성경을 통해 제시하셨다.

어떤 사람이든지 하나님의 기준에 합당하면 받을 수 있다. 누구도 핑계를 대지 못한다. 남 탓하지 못한다. 오직 스스로 하나님이 제시하시는 기준을 따르면 누구에게나 하나님이 주실 것이다.

지금부터 많은 지면을 할애하여, 다윗을 통해 하나님 보시기에 옳은 사람이 어떤 사람인지를 함께 묵상할 것이다.

다윗은 하나님이 보시기에 옳은 사람이었다. 하나님은 우리가 다윗이 갖춘 요소를 갖추기를 원하신다. 우리의 목표는 단지 다윗을 묵상하는 것만이 아니라 다윗처럼 내가 하나님 보시기에 옳은 사람이 되는 것이다.

> 폐하시고 다윗을 왕으로 세우시고 증언하여 이르시되, '내가 이새의 아들 다윗을 만나니 **내 마음에 맞는 사람이라 내 뜻을 다 이루리라**' 하시더니 행 13:22

하나님이 다윗을 만나셨다. 여기서 "만나다"는 한번 만나본 것을 말하지 않는다. 여러 차례 주목하여 관찰하셨다. 여러 상황에 그가 어떻게 대처하는지, 어떻게 결정하고 행동하는지를 보셨다.
그 결과 하나님은 다윗에 대해 증언하셨다.
"다윗은 내 마음에 맞는 사람이다."
그리고 덧붙이셨다.
"그를 통하여 내 뜻을 다 이루리라."
그 하나님이 오늘 우리를 만나신다. 그전에 우리도 다윗에게서 배우자.

왜 다윗인가?

CHAPTER
08

내가 이미 한 왕을 보았다

여호와께서 사무엘에게 이르시되, '내가 이미 사울을 버려 이스라엘 왕이 되지 못하게 하였거늘, 네가 그를 위하여 언제까지 슬퍼하겠느냐? 너는 뿔에 기름을 채워 가지고 가라. 내가 너를 베들레헴 사람 이새에게로 보내리니, 이는 내가 그의 아들 중에서 한 왕을 보았느니라' 하시는지라.

사무엘이 이르되, '내가 어찌 갈 수 있으리이까 사울이 들으면 나를 죽이리이다' 하니, 여호와께서 이르시되, '너는 암송아지를 끌고 가서 말하기를, 내가 여호와께 제사를 드리러 왔다 하고 이새를 제사에 청하라. 내가 네게 행할 일을 가르치리니 내가 네게 알게 하는 자에게 나를 위하여 기름을 부을지니라.' 사무엘이 여호와의 말씀대로 행하여 베들레헴에 이르매, 성읍 장로들이 떨며 그를 영접하여 이르되, '평강을 위하여 오시나이까?' 이르되, '평강을 위함이니라. 내가 여호와께 제사하러 왔으니

스스로 성결하게 하고 와서 나와 함께 제사하자' 하고, 이새와 그의 아
들들을 성결하게 하고 제사에 청하니라. 삼상 16:1-5

여호와 하나님이 사무엘에게, 사울을 대신하여 이스라엘 백성의 왕
이 될 사람에게 기름을 부으라고 하셨다. 하나님은 사무엘에게 기름
부어 세울 사람에 대한 정보를 제공하셨다.
"베들레헴 사람이다. 이새의 아들 중에 있다."
그런데 알려주지 않으신 정보가 있었다. 그가 누구인지, 그 이름이
무엇인지 말씀하지 않으셨다. 사실 가장 중요한 정보였다.
하나님이 부분적으로 정보를 제공하실 때는 이유가 있다. 하나님
은 우리의 믿음을 요구하신다. 아는 것에 순종하고, 모르는 것에도 순
종하기를 요구하신다. 우리가 모르는 부분에 대해 순종하려면 '하나
님이 꼭 필요한 때 알게 해주실 것'이라는 신뢰가 요구된다. 순종과 신
뢰, 이것이 믿음의 요소다.
하나님이 사무엘에게 말씀하셨다.
"네가 순종하여 베들레헴에 가서 이새의 아들을 만나면 그때 네가
누구에게 기름을 부어야 할지 알려주겠다."
하나님은 엘리야에게도 그가 만나야 할 사람에 대하여 부분적 정보
를 주셨다. '시돈에 속한 사르밧 과부'(왕상 17:9). 그러나 가장 중요한
이름은 알려주지 않으셨다.
사무엘과 엘리야의 공통점은 '믿음의 사람'이라는 점이다. 이들은 주
께서 말씀하신 대로 순종하여 갔다. 믿음은 순종과 신뢰를 동반한다.

외모가 아니라 중심

그들이 오매 사무엘이 엘리압을 보고 마음에 이르기를, '여호와의 기름 부으실 자가 과연 주님 앞에 있도다' 하였더니, 여호와께서 사무엘에게 이르시되, '그의 용모와 키를 보지 말라. 내가 이미 그를 버렸노라. 내가 보는 것은 사람과 같지 아니하니 사람은 외모를 보거니와 나 여호와는 중심을 보느니라' 하시더라.
이새가 아비나답을 불러 사무엘 앞을 지나가게 하매 사무엘이 이르되, '이도 여호와께서 택하지 아니하셨느니라' 하니, 이새가 삼마로 지나게 하매 사무엘이 이르되, '이도 여호와께서 택하지 아니하셨느니라' 하니라. 이새가 그의 아들 일곱을 다 사무엘 앞으로 지나가게 하나 사무엘이 이새에게 이르되, '여호와께서 이들을 택하지 아니하셨느니라' 하고, 또 사무엘이 이새에게 이르되, '네 아들들이 다 여기 있느냐?' 이새가 이르되, '아직 막내가 남았는데 그는 양을 지키나이다.' 사무엘이 이새에게 이르되, '사람을 보내어 그를 데려오라. 그가 여기 오기까지는 우리가 식사 자리에 앉지 아니하겠노라.' 삼상 16:6-11

사무엘은 이새의 아들들을 보는 순간 당황했다. 그 앞에 일곱 명이나 서 있었기 때문이다. 그는 한 명씩 면접을 보기로 했다. 나이순으로 나오도록 했다. 장남 엘리압이 제일 먼저 걸어 나왔다. 사무엘이 그를 보는 순간, 속으로 감탄했다.
'이 청년이 틀림없다!'

사무엘은 기름 뿔을 들고 일어서려 했다. 그때 하나님이 충격적인 말씀을 하셨다.

'그가 아니다. 내가 이미 그를 버렸다!'

사무엘의 판단력이 하나님과 이처럼 차이가 날 수 있을까! 하나님이 이미 저 청년을 버리셨다고?

'그의 용모와 신장을 보지 말라.'

용모와 신장, 이것이 우리가 사람을 판단하는 일반적 기준이다. 우리는 대체로 '얼짱'과 '몸짱'에게 눈이 간다. 우리 눈은 오랫동안 이 기준에 익숙해 있다.

하나님이 계속 말씀하셨다.

'사람은 외모를 보거니와 나 여호와는 중심을 보느니라.'

1980년대에 대학 캠퍼스 사역을 할 때, 한 여자대학교를 정기적으로 방문하며 예배와 말씀으로 양육했다. 어느 날, 그 학교 영자 신문에서 한 흥미로운 기사를 읽었다. 제목은 '남편감 고르는 기준.' 그 아래 알파벳 순으로 기준들이 나열되어 있었다.

A(Age) 나이를 보라. 연하인지 연상인지, 얼마나 차이가 나는지.

B(Beauty) 외모를 보라. 잘생겼는지, 못생겼는지. 최소한 어느 정도는 되어야 한다.

C(Capacity) 능력을 보라. 앞으로 사회에서 잘나갈 능력과 실력이 있는지.

D(Degree) 학력을 보라. 어느 대학 출신인지, 명문대인지, 유학파인지.

E(Economy) 재력을 보라. 집은 장만할 수 있는지, 자동차는 있는지, 여가를 즐길 형편은 되는지.
(:)

그리고 마지막 항목이 "Z(Zeal) 열정을 보라"였다.
"외모"를 보는 기준은 세월이 흘러도 여전하다. 순서가 바뀔 수는 있어도 근본적으로 관점이 같다.
하나님은 우리의 외모가 아니라 우리의 중심을 보신다.

중심이란 무엇인가?

나 여호와는 **심장**을 살피며 **폐부**를 시험하고 각각 그의 행위와 그의 행실대로 보응하나니 렘 17:10

"심장"과 "폐부"는 몸의 기관이다. 심장은 사람의 몸 중심에 있는 중추 기관이다. 폐부는 '신장' 혹은 '콩팥'이라고도 하며 몸의 가장 먼 곳에 있다.
우리의 마음은 심장과도 같다. 우리의 동기는 폐부와 같다. 이것들은 보이지 않는 영역, 비밀의 장소에 감추어져 있다. 자기 자신만 안다. 그러나 하나님은 우리의 마음과 동기를 살피며 시험하신다. 이를 '외모'와 대조되는 '중심'이라고 부른다. 앞으로 살펴볼 덕목들, 온유, 충성, 겸손, 반대 정신, 순종, 긍휼, 공의, 정직 등이 이에 해당한다.

외모는 보이는 영역이고, 중심은 보이지 않는 영역이다. 외모는 객관적으로 평가하고 기준을 제시할 수 있다. 그런데 눈에 보이지 않는 중심도 객관적 평가가 가능할까?

가능하다. 비록 바람은 눈에 보이지 않으나, 풍향계와 풍력계로 그 방향과 세기를 자세히 측정할 수 있다. 이처럼 중심도 우리 각자의 삶에 설치된 영적 풍향계와 풍력계를 통해 객관적으로 평가할 수 있다. 우리가 처한 환경, 만나는 사람, 겪는 사건은 모두 풍향계와 풍력계의 기능을 한다.

외모냐 중심이냐

사실 이 두 가지를 함께 살펴보기란 쉽지 않다. 왜냐하면 우리는 어느 정도 중심의 중요함을 인정하면서도 여전히 외모를 우선으로 보는 데 익숙하기 때문이다. 외모의 기준으로 세팅된 이 세상에서, 입으로는 중심의 중요성을 말하면서도 마음은 이미 외모를 중시해 버리기 때문이다. 우리도 사무엘처럼 행동하는 데 익숙하다.

그런데 하나님은 명백하고도 엄격하게 그에게 말씀하셨다.

'사람은 외모를 보거니와 나 여호와는 중심을 보느니라.'

우리의 기준이 바뀌어야 한다. 패러다임이 변해야 한다. 그래야 이 책의 묵상이 크게 도움 될 것이다. 이 책은 중심에 관해서만 다룬다.

하나님께서 사람을 택하여 쓰시는 기준, 모든 것의 주인이신 하나님이 그분의 것을 주시는 기준이 외모가 아니라 중심이라는 것은 지상

최대의 굿 뉴스다! 혹 외모의 기준에는 불합격할지 모르나 중심의 기준에는 누구나 도전할 만하기 때문이다. 공평하신 하나님께서는 모든 사람이 같은 출발선에 서게 하셨다.

누구에게나 소망이 있다. 이전 것은 다 잊고, 다시 시작할 수 있다. 이제 시작이다!

사람은 외모를, 하나님은 중심을

이제 우리는 하나님의 등용 기준을 알았다. 하나님이 다윗을 택하신 것은 그의 외모가 아니라 중심 때문이었다. 하나님이 보시기에 옳은 사람, 하나님 마음에 맞는 사람의 기준은 바로 중심에 있다.

물론 사무엘이 다윗을 보고 "그의 빛이 붉고 눈이 빼어나고 얼굴이 아름답더라"(삼상 16:12)라고 했다. 그러나 하나님께서는 다윗의 중심을 보고 그를 택하셨다.

그렇다면 다윗의 중심은 어떠했을까? 어떤 중심을 가졌기에 하나님 마음에 쏙 들었을까?

다윗의 중심 : 온유

CHAPTER **09**

다윗과 골리앗

사무엘상 17장에는 다윗의 중심을 알 수 있는 풍향계와 풍력계가 설치되어 있다. 17장의 제목은 '블레셋과의 전쟁' 혹은 '다윗과 골리앗'이라 할 수 있다.

블레셋 군이 국경선을 넘어 이스라엘 지역 유다 땅에 속한 소고까지 침입했다. 그들은 소고와 아세가 사이 에베스담밈에 진을 쳤고, 이스라엘 군은 엘라 골짜기에 진을 쳤다. 두 진영은 골짜기를 사이에 두고 대립했다.

블레셋 군이 싸우자고 연일 나섰으나 이스라엘 군은 미동도 하지 않았다. 사실 자기 땅을 침공한 블레셋을 몰아내고자 적극적으로 공세를 취해야 했는데, 어이가 없게도 이스라엘은 소극적으로 방어만 했다. 그 이유는 블레셋 선봉장 때문이었다.

블레셋 사람들의 진영에서 싸움을 돋우는 자가 왔는데, 그의 이름은 골리앗이요 가드 사람이라. 그의 키는 여섯 규빗 한 뼘이요, 머리에는 놋 투구를 썼고 몸에는 비늘 갑옷을 입었으니 그 갑옷의 무게가 놋 오천 세겔이며, 그의 다리에는 놋 각반을 쳤고 어깨 사이에는 놋 단창을 메었으니, 그 창 자루는 베틀 채 같고 창날은 철 육백 세겔이며 방패 든 자가 앞서 행하더라. 삼상 17:4-7

블레셋 선봉장 골리앗의 프로파일

1. 가드 사람 : 블레셋의 주요 다섯 도시 중 하나인 가드 출신. 전통적으로 아낙 자손이 여기에 많다.
2. 키 : 여섯 규빗 한 뼘(약 2미터 90센티미터). 여러 고고학자가 골리앗의 신장을 2미터 70센티미터에서 3미터 10센티미터 사이라고 논쟁한다. 지역에 따른 도량형 차이 때문이다. 그러나 내 결론은 그게 그거다. 한마디로 엄청 큰 거인이었다.
3. 놋으로 만든 비늘 갑옷을 입었다. 갑옷 무게만 놋 5천 세겔(오늘날의 도량 단위로 57킬로그램)이다. 쌀 20킬로그램도 번쩍 들기가 쉽지 않은데, 골리앗은 그의 약 3배나 되는 무게의 갑옷을 입고 달렸다.
4. 머리에는 놋 투구를 쓰고, 다리에는 놋 각반을 차고, 어깨 사이에는 놋 단창을 멨다.
5. 창 : 창 자루는 베틀 채 같고, 창날만 무게가 철 600세겔(7킬로그램)이다.
6. 직임 : 선봉장, 싸움을 돋우는 역할.

골리앗의 계속된 도발에도 이스라엘 군은 전의를 상실하여 조금도 움직이지 않았다. 골리앗은 조급하여 매일 싸움을 걸었다.

골리앗의 입장이 되어 나름 상상해 보았다.

선봉장으로 임명받은 날부터 그는 국어사전을 들고 열심히 공부했다. 사전에 나오는 모든 욕을 찾아내어 일일이 기록했다. 그리고 상·중·하 3단계로 욕을 분류했다. 매일 상대 진영에 욕을 퍼부었다. 그래도 꿈쩍도 하지 않자, 날마다 단계를 더 높였다.

일반적으로 욕을 들으면 화가 나서 나와서 맞서 싸우게 된다. 그런데 아무리 심한 욕을 퍼부어도 꿈쩍하지 않자, 골리앗은 가급적 사용하지 않으려 남겨두었던 최고 단계의 욕을 했다. 이스라엘의 하나님의 이름을 모욕했다. 그런데 놀랍게도 이스라엘 군은 그 말을 듣고도 꿈쩍도 하지 않았다.

다윗의 분노

그때 이새가 막내아들 다윗을 불러 전쟁터로 나간 세 아들을 위문 방문하도록 보냈다(만 20세 이상만 전쟁에 나갈 수 있는 신명기 율법에 따라 다윗의 형 일곱 명 중 세 명만 전쟁에 나갔다).

다윗이 위문품을 짐 지키는 자에게 맡기고 군대로 달려가서 형들을 만나고 있을 때였다. 그날도 어김없이 골리앗이 나와서 이스라엘 군대를 향해 최고 단계의 욕을 퍼부었다. 그 소리를 들은 다윗은 분을 참지 못했다.

다윗이 자기의 짐을 짐 지키는 자의 손에 맡기고, 군대로 달려가서 형들에게 문안하고, 그들과 함께 말할 때에, 마침 블레셋 사람의 싸움 돋우는 가드 사람 골리앗이라 하는 자가 그 전열에서 나와서 전과 같은 말을 하매 **다윗이 들으니라.** 삼상 17:22,23

분노한 다윗이 주변 병사들에게 물었다.

다윗이 곁에 서 있는 사람들에게 말하여 이르되, '이 블레셋 사람을 죽여 이스라엘의 치욕을 제거하는 사람에게는 어떠한 대우를 하겠느냐? 이 할례 받지 않은 블레셋 사람이 누구이기에 살아계시는 하나님의 군대를 모욕하겠느냐?' 백성이 전과 같이 말하여 이르되, '그를 죽이는 사람에게는 이러이러하게 하시리라' 하니라. 삼상 17:26,27

사울 왕은 이미 포상금을 내건 상태였다. 골리앗을 죽이는 자에게 세 가지를 포상하겠다고 했다(25절).

1. "많은 재물로 부하게 하고" : 상당한 포상금을 내걸었다.
2. "그의 딸을 그에게 주고" : 공주와 결혼한다는 것은 권세가 수직상승하는 길이다.
3. "그 아버지의 집을 … 세금을 면제하게 하시리라" : 부자들에게 가장 솔깃한 포상이다.

그래도 아무도 나서지 않았다. 다윗이 주변 병사들에게 포상 조건을 질문한 것은, 그의 말이 왕의 귀에 들어가 싸우러 나갈 기회를 얻고자 함이었다.

그때 큰형 엘리압이 다윗의 말을 듣고 노를 발했다.

큰형 엘리압이 다윗이 사람들에게 하는 **말을 들은지라**. 그가 다윗에게 노를 발하여 이르되, '네가 어찌하여 이리로 내려왔느냐? 들에 있는 양들을 누구에게 맡겼느냐? 나는 네 교만과 네 마음의 완악함을 아노니, 네가 전쟁을 구경하러 왔도다.' 다윗이 이르되, '내가 무엇을 하였나이까? 어찌 이유가 없으리이까?' 하고, 돌아서서 다른 사람을 향하여 전과 같이 말하매 백성이 전과 같이 대답하니라. 삼상 17:28-30

다윗은 골리앗의 말을 듣고(23절) 화를 냈다. 큰형 엘리압은 다윗의 말을 듣고(28절) 화를 냈다. 둘 다 누군가의 말을 듣고 화를 냈지만, 그 내용이 정반대였다.

다윗이 골리앗의 말을 듣고 화낸 것은 하나님의 이름이 무시당했기 때문이었다. 엘리압이 다윗의 말을 듣고 화낸 것은 자기 이름이 무시당했기 때문이었다.

엘리압은 다윗이 주변 사람들에게 질문한 말을 마치 동생이 자기를 무시하는 것으로 들었다. 이렇게 말이다.

"저자가 우리 하나님의 이름을 모욕하는 말을 듣고도 형은 왜 가만히 있습니까?"

"형은 겁쟁이입니다. 군인 자격도 없습니다."

"청소년인 저라도 나가서 싸워 저자를 죽이겠습니다."

골리앗이 하나님의 이름을 모욕하는 상황은 다윗과 엘리압에게 마치 풍향계와 같다. 이를 통해 누구의 중심이 온유한지, 온유하지 않은지를 측정할 수 있다.

엘리압은 하나님의 이름이 무시당할 때는 잠잠했다. 그러나 자기 이름이 무시당할 때는 득달같이 화를 냈다. 온유하지 않은 사람의 전형적인 모습이다.

온유함이란 화를 내야 할 때 화를 내고, 화를 내지 않아야 할 때 화를 내지 않는 것이다. 온유한 자는 자기 이름이 무시당할 때는 화내지 않는다. 그러나 하나님의 이름이 무시당할 때는 화를 낸다. 온유함이란 자신에게는 죽을 줄 알고, 진리에 대해서는 살 줄 아는 성품이다.

온유한 리더는 화를 내지 않는다. 또한 온유한 리더는 화를 낸다.

온유한 리더는 화를 내지 않는다

리더로서 가장 중요하고 올바른 태도는 '온유함'이다. 팔복의 수혜자로 온유한 자가 등장한다. 그는 땅을 기업으로 받는다. 팀 내 관계의 화평을 유지하며, 분위기를 부드럽고 평안하게 이끈다.

> 온유한 자는 복이 있나니 그들이 땅을 기업으로 받을 것임이요 마 5:5

> 온유한 자들은 땅을 차지하며 풍성한 화평으로 즐거워하리로다 시 37:11

온유한 리더는 좀처럼 화내지 않는다. 자신에 대해 죽을 줄 알기 때문이다. 그래서 온유한 자를 '깨어진 심령(broken heart)의 소유자'라고 부른다. 그는 기분을 따라 반응하지 않는다. 무시나 모욕, 비방이나 억울함을 당할 때도 침묵을 지킨다. 일절 반응하지 않는다. 자기의 마음을 깨뜨렸기 때문이다.

하나님이 모세를 크게 들어 쓰신 이유 중 하나는 그가 온유했기 때문이다.

> 모세가 구스 여자를 취하였더니, 그 구스 여자를 취하였으므로 미리암과 아론이 모세를 비방하니라. 그들이 이르되, '여호와께서 모세와만 말씀하셨느냐? 우리와도 말씀하지 아니하셨느냐?' 하매 여호와께서 이 말을 들으셨더라. 이 사람 모세는 온유함이 지면의 모든 사람보다 더하더라. 민 12:1-3

모세는 아론과 미리암이 자기를 비방하는 말을 들었다. '비방하다'는 당사자와 일대일로 대면하여 말하지 않고, 제삼자에게 헐뜯는 말, 각종 부정적인 말을 하는 것이다. 일반적으로 사람은 이런 말을 들으면 화를 낸다. 그러나 모세는 일절 반응하지 않고, 침묵 가운데 하나님 앞에 나아갔다.

모세의 전공은 '포복'(匍匐)이었다. 그는 사람들로부터 수시로 비방, 모욕, 거역, 중상모략하는 말을 들었다. 그때마다 땅에 엎드렸다. 포복했다. 자신을 깨뜨리며 자신에 대하여 죽었다.

> 모세와 아론이 이스라엘 자손의 온 회중 앞에서 엎드린지라 민 14:5

> 모세가 듣고 엎드렸다가 민 16:4

리더가 기분을 따라 수시로 화내면 팀 분위기가 무겁고 딱딱해진다. 관계가 힘들어진다. 반면에 온유한 리더는 팀을 화평으로 이끈다. 즐겁고 기쁜 분위기를 조성한다.

분노를 조절할 줄 모르는 사람을 '분노조절장애자'라고 말한다. 쉽게 화내는 사람, 혈기 많은 사람, 분을 자주 품는 사람, 뚜껑이 자주 열리는 사람은 관계를 깨뜨린다. 온유함이 없기 때문이다. 더 위험한 것은, 그것을 회개하고 고쳐야 할 죄로 여기지 않고 당연하게 여긴다는 것이다.

하나님께서 야곱을 통해 그의 두 아들 시므온과 레위가 "저주를 받을 것이라" 말씀하신 것은 그들의 분노와 혈기 때문이었다(창 49:5-7). 야곱이 두 아들을 책망할 때, 그들은 자기들의 행동을 정당화했다(창 34:30,31).

온유함은 페타이어와 같다

이전에는 강을 오가는 나룻배 갑판에 페타이어를 매달았다. 배가 부두에 닿을 때 충격을 완화하기 위해서다. 온유한 사람은 이와 같이 충격을 완화시켜 관계를 악화하지 않는다. 화를 격발시키는 상대의 말에 쉽게 휘둘리지 않는다.

온유한 리더는 화를 낸다

그러나 모세도 화를 낸 적이 있다. 그가 시내 산에 올라가 40일간 머물고 십계명을 받아 내려왔을 때, 온 이스라엘은 금송아지를 만들고 그 앞에 경배하며 뛰놀고 있었다.

자기들을 바로의 손에서 건지고 깊은 홍해를 지나게 한 것이 여호와 하나님이 아니라 금송아지라고 주장하면서 말이다.

이를 본 모세는 몹시 분노했다. 그는 두 손에 들고 있던 십계명을 산 아래로 던져 깨뜨리며 금송아지를 가루로 만들어 물에 뿌렸다(출 32:15-20).

비느하스여, 일어나라!

하나님의 분노를 품고 일어난 또 한 사람이 있다. 바로 비느하스다. 거짓 선지자 발람이 모압 왕 발락에게 뇌물을 받고 모압 여자들을 동원하여 이스라엘 남자들을 범죄의 길로 유혹했을 때의 일이다.

'시므리'라는 시므온 지파의 한 젊은 지도자가 '고스비'라는 미디안 족장의 딸을 데리고 모세와 온 회중이 보는 앞에서 자기 장막으로 들어갔다. 많은 사람이 이를 보고도 앉아서 마음으로만 안타까워했다. 그때 제사장 아론의 손자, 엘르아살의 아들 비느하스가 분노하여 회중 가운데서 일어났다. 그는 즉시 손에 창을 들고 장막에 따라 들어가 두 남녀의 배를 꿰뚫어 죽였다.

비느하스는 온유한 사람이었다. 그는 하나님의 분노로 일어나 창을 들었다. 하나님께서는 이런 비느하스의 행동을 보시고 그와 그 후손에게 영원한 제사장 직분을 행하는 평화의 언약을 주셨다(민 25:1-15).

어떤 사람은 남이 자기를 무시할 때는 즉시 일어나 손에 창을 들고 그를 향해 던진다. 그러나 하나님의 이름이 무시당할 때는 안타까워할 뿐 자리에서 일어나질 않는다. 온유하지 않은 사람의 전형적인 모습이다. 다윗의 형 엘리압이 그랬다. 그러나 비느하스는 분노하며 일어났다.

온유하신 예수 그리스도

우리 주 예수 그리스도께서 가장 온유하시다. 예수님은 화를 내지 않으셨다. 중상모략, 거짓 증거, 온갖 조롱과 모욕을 받아도 늘 잠잠

하셨다. 이사야서 53장은 주님의 온유함을 잘 보여준다.

그가 곤욕을 당하여 괴로울 때에도 그의 입을 열지 아니하였음이여, 마치 도수장으로 끌려가는 어린 양과 털 깎는 자 앞에서 잠잠한 양같이 그의 입을 열지 아니하였도다 사 53:7

나는 마음이 온유하고 겸손하니 나의 멍에를 메고 내게 배우라. 그리하면 너희 마음이 쉼을 얻으리니 마 11:29

그는 죄를 범하지 아니하시고 그 입에 거짓도 없으시며, 욕을 당하시되 맞대어 욕하지 아니하시고, 고난을 당하시되 위협하지 아니하시고, 오직 공의로 심판하시는 이에게 부탁하시며 벧전 2:22,23

그러나 우리 주 예수님이 분노하실 때가 있었다. 예루살렘 성전에 들어가셔서 성전 안에서 장사하는 사람들을 보시고 그들의 상을 엎으시고 채찍으로 내어 쫓으셨다(요 2:13-17).

어떻게 온유한 사람이 될 수 있을까?

온유함은 하나님께서 쓰시는 지도력의 최고 중요한 기반이다. 온유함의 태도를 갖는 것은 지도자의 필수 덕목이다. 분노를 조절할 줄 알아야 한다. 화날 때 자신을 죽일 줄 알아야 한다.

어떻게 하면 중심이 온유한 사람이 될 수 있을까? 그 해답은 예수님의 멍에 메는 법을 배우는 것이다.

'나는 마음이 온유하고 겸손하니, 나의 멍에를 메고 내게 배우라. 그리하면 너희 마음이 쉼을 얻으리니, 이는 내 멍에는 쉽고 내 짐은 가벼움이라' 하시니라. 마 11:29,30

중동지방에는 두 마리의 소가 함께 멍에를 멘다. 송아지는 어미 소와 함께 멍에를 메고 배운다. 송아지가 제멋대로 행동하려고 해도 힘센 어미 소에게 이끌려 멍에 메는 법에 점점 익숙해진다. 예수님은 이를 두고 말씀하신 것이다.

미국의 광활한 서부지방에서는 말이 새끼를 낳으면 말발굽에 소유주의 이름을 불로 지져 새긴 후 넓은 벌판에서 뛰놀게 한다. 말이 건장하게 자라게 하기 위해서다. 그런데 야생마가 되어 바로 말을 탈 수가 없기에, 이 야생마를 길들이기 위해 거친 계곡 상류로 데려가 물에 빠뜨린다. 그러면 말은 계곡 물길을 따라 내려오면서 점차 온순하게 길이 든다.

이와 같이 성령 하나님도 우리가 온유한 사람이 되도록 예수님의 멍에를 메고 배우게 하시거나, 거친 계곡에 빠뜨려 센 물살과 굴곡을 따라 내려오게 하신다.

어떤 방법으로 우리를 온유하게 할지는 성령께서 결정하신다. 우리는 다만 그 상황에서 배울 뿐이다. 주의 멍에를 메거나 거친 계곡에 빠지더라도 그 짐은 쉽고 가벼울 것이다.

어미 소와 함께 멍에를 멘 송아지든, 계곡 급류에 휩쓸려 정신을 못 차리는 야생마든, 어느 형편에 있든지 그것은 자신을 깨뜨리는 법을 배울 기회다. 스스로 죽는 법을 배울 때다. 이것이 우리의 처지다. 성령께 나를 맡겨드리면 힘들더라도 소망이 있다.

다윗의 중심 : 충성

CHAPTER 10

사울 왕 앞에 선 소년 목동 다윗

다윗은 골리앗의 말을 듣고 분노하여 일어났다. 골리앗을 죽이고자 나섰다. 그는 몸을 사리지 않았다. 그래서 주변 군사들에게 자신의 존재를 계속해서 알렸다. 드디어 그의 말이 사울 왕의 귀에 들어갔다. 왕은 몹시 기뻐하며 즉시로 그 용감한 병사를 불렀다. 다윗은 왕의 막사로 안내를 받았다. 왕의 막사는 병사들의 것과 달리 크고 화려했다. 넓은 회의실까지 있었다.

 사울은 왕의 자리에 앉아서 기대감을 안고 입구를 바라보았다. 왕 앞으로 많은 신하가 좌우로 도열했다. 한쪽에는 대신들이 서 있고, 다른 한쪽에는 장군들이 서 있었다. 모두 기대에 찬 눈으로 입구를 보았다. 저마다 나름대로 얼굴을 떠올려 보려 애썼다. '어느 용사일까' 아무리 생각해도 떠오르는 얼굴이 없었다.

 그 순간, 다윗이 왕의 막사로 들어왔다. 그를 보고 모두 말문이 막혔다. 건장하고 늠름한 용사가 아닌 목동의 옷을 입은 평범한 체구의 소년이었으니까. 사울은 스스로 속으로 다짐했다.

'절대로 실망한 표정을 짓지 말자. 화내지 말고 침착하자. 그래도 칭찬해 주자. 용기가 얼마나 가상하냐!'

다윗은 양 옆으로 도열해 있는 신하와 장군들 사이로 뚜벅뚜벅 침착하게 걸어 들어갔다. 어지간한 군인이라면 왕 앞으로 나아갈 때 몹시 떨었을 것이다. 그러나 다윗은 간신히 표정 관리를 하고 있는 사울 왕에게 허리 굽혀 인사한 후, 당당하고 침착하고 담대하게 말했다.

다윗이 사울에게 말하였다. "누구든지 저자 때문에 사기를 잃어서는 안 됩니다. 임금님의 종인 제가 나가서, 저 블레셋 사람과 싸우겠습니다."

삼상 17:32 새번역

사울 왕은 침착하고 절제 있는 목소리로 다윗에게 부드럽게 말했다. "너의 용기는 가상하다. 그런데 너는 저 블레셋 사람과 싸울 수 없다. 너는 평범한 소년이 아니냐? 그런데 저 사람은 어려서부터 용사였다."

다윗은 사울 왕의 말에 조금도 기죽지 않았다. 그는 자신이 왜 골리앗을 죽일 수 있는지 자신이 겪은 경험을 들어 설명했다.

다윗이 사울에게 말하되, '주의 종이 아버지의 양을 지킬 때에 사자나 곰이 와서 양 떼에서 새끼를 물어가면, 내가 따라가서 그것을 치고 그 입에서 새끼를 건져내었고, 그것이 일어나 나를 해하고자 하면, 내가 그 수염을 잡고 그것을 쳐 죽였나이다. 주의 종이 사자와 곰도 쳤은즉 살아계시는 하나님의 군대를 모욕한 이 할례 받지 않은 블레셋 사람이리이까. 그가 그 짐승의 하나와 같이 되리이다.' 또 다윗이 이르되, '여호와께서 나를 사자의 발톱과 곰의 발톱에서 건져내셨은즉, 나를 이 블레셋 사람의 손에서도 건져내시리이다.' 사울이 다윗에게 이르되, '가라! 여호와께서 너와 함께 계시기를 원하노라.' 삼상 17:34-37

다윗의 중심

다윗의 말이 얼마나 놀라운가! 성경 전체에서 가장 감동적인 말 중 하나다. 감동 포인트는 다윗이 얼마나 용감한지에 있지 않다. 물론 그의 용기와 그가 겪은 일들은 참으로 놀랍다. 그러나 가장 감동적인 것은 다윗의 태도와 행동에서 나타나는 그의 중심이다. 하나님이 다윗을 이스라엘의 왕으로 선택하신 결정적 근거인, 그의 중심 말이다.

다윗의 행동이 왜 감동적인가?

먼저 다윗의 배경을 살펴보자. 사무엘이 이새의 아들 중에서 왕을 세우는 과정과 다윗의 경험에서 그의 중심이 보인다.

이새의 아들 일곱 명이 사무엘 앞을 지났지만, 여호와께서는 그들을 다 택하지 않으셨다. 이때 사무엘의 마음이 어땠을까? 당황하지 않았을까?

'내가 하나님의 음성을 잘못 들었나? 이 집이 맞는가?'

사무엘이 이새의 아들이 일곱 명뿐일 거라는 결론을 내렸다면, 더욱 그랬을 수 있다. 사실 그럴 만하다. 왜냐하면 애초에 이새에게 "네 아들을 다 데리고 제사에 참석하라"라고 명백히 말했기 때문이다. 아무리 급한 일이 있거나 멀리 떨어져 있어도 아들들을 다 불러왔을 거라고 예상했을 것이다. 그런데 사무엘은 역시 달랐다. 자신의 생각의 틀에 갇히지 않고, 하나님의 말씀에 확실한 근거를 두었다.

그의 남다른 질문을 들어보자.

또 사무엘이 이새에게 이르되, '네 아들들이 다 여기 있느냐?' 이새가 이르되, '아직 막내가 남았는데 그는 양을 지키나이다.' 사무엘이 이새에게 이르되, '사람을 보내어 그를 데려오라. 그가 여기 오기까지는 우리가 식사 자리에 앉지 아니하겠노라.' 삼상 16:11

"네 아들들이 다 여기 있느냐?"

이런 질문은 아무나 할 수 없다. 아들 일곱 명이 전부일 거라고 결론짓는다면, 절대로 할 수 없는 질문이다. 사무엘은 자기의 이성적 판단을 의지해 성급하게 결론을 내리지 않았다. 그는 전적으로 하나님의 말씀을 자기 생각과 감정, 판단의 근거로 삼았다.

사무엘의 질문에 이새가 놀라운 대답을 했다.

"아니요, 한 명이 더 있습니다."

이런 중요한 상황에 전부를 부르지 않았다니, 사무엘이 내심 놀라면서 또 물었다.

"더 있다고요? 누구입니까?"

이새가 말하기를, "막내가 남았습니다."

갈수록 놀라운 답변이다. 막내라고? 이에 사무엘이 물었다.

"그가 어디에서 무엇을 하고 있습니까?"

이새의 답변은 갈수록 더 놀랍다.

"집에서 멀리 떨어진 곳에서 양들을 지킵니다."

이는 몇 마리 양을 데리고 집 근처에서 풀을 먹이는 것을 말하지 않는다. 이새의 생업은 목축업이다. 그가 소유한 양은 수천 마리에 달했을 것이다. 그것은 막내아들이 집에서 멀리 떨어진 넓은 곳에 양의 우리를 짓고, 거기서 생활한다는 것을 의미한다.

일반적으로 막내에게는 그런 일을 시키지 않는다. 내리사랑은 예나 지금이나 어디나 같다. 야곱은 열한 번째 아들인 요셉을 특별히 사랑하고 아껴서 다른 아들과는 달리 채색옷을 입히고 집에 머물게 했다. 양 떼를 치는 궂은일을 주로 열 명의 아들에게 맡겼다. 그런데 이새의 경우는 정반대였다.

비행 청소년

다윗의 입장에서 살펴보자. 아버지의 양들을 돌보던 당시, 그는 몇 살이었을까? 충분히 나이를 짐작할 수 있다. 그의 형 일곱 명 중 세 명만 참전(參戰)했다. 위로 네 명의 형은 20세 미만으로 참전하지 않았다. 그들은 16-19세 정도였을 것이다. 그러면 다윗은 15세 혹은 바로 위 형과 몇 달 차이가 날 정도였을 것이다.

한창 청소년기였다. 친구도 그립고, 가족도 보고 싶었을 것이다.

특히 아버지의 격려와 칭찬, 사랑이 절실한 나이였다. 혹 그날 마침 다윗이 양을 돌보는 순서여서 멀리 떨어져 있던 게 아닐까 생각할 수 있다. 그러나 큰형 엘리압의 말을 통해 다윗이 그 일을 전담했음을 알 수 있다.

> 큰형 엘리압이 다윗이 사람들에게 하는 말을 들은지라. 그가 다윗에게 노를 발하여 이르되, '네가 어찌하여 이리로 내려왔느냐? 들에 있는 양들을 누구에게 맡겼느냐? 나는 네 교만과 네 마음의 완악함을 아노니 네가 전쟁을 구경하러 왔도다.' 삼상 17:28

왜 다윗은 막내이자 아직 청소년이었음에도 집을 떠나 양들을 돌보는 목동 생활을 해야 했을까?

시편 51편 5절에서 그 비밀을 엿볼 수 있다.

"내가 죄악 중에서 출생하였음이여, 어머니가 죄 중에서 나를 잉태하였나이다."

이 고백은 두 가지 가능성을 암시한다. 먼저는 모든 사람이 죄인임을 고백하는 것일 수 있다. 다른 하나는 정상적인 부부 관계에서 태어나지 않았다는 고백일 수 있다. 다른 형들과 배다른 형제일 수 있는 것이다. 그렇다면 집에서 형들과 함께 생활하는 것이 쉽지 않았을 수 있다. 이새가 다윗을 미워해서가 아니라 오히려 그를 보호하기 위해 집에서 멀리 떠나 양 치는 일을 맡겼을 수 있다.

다윗 가정의 식탁 구조

다윗 가정의 식탁 구조를 상상해 보았다.

평소에는 다윗의 자리가 식탁에 없다. 구석에 있는 보조 의자가 다윗의 것이다. 다윗이 가끔 집에 들러 식사할 때는 그

보조 의자를 당겨서 한쪽 귀퉁이에 앉았을 것이다. 모든 권리를 박탈당한 것 같고 무시 받는 듯한 상황에서 다윗의 마음이 어땠을까? 소외감, 배척감, 외로움, 서글픔, 자기 연민….

이쯤이면 **비행 청소년**이 될 가능성도 컸을 것이다. 다윗은 양들이 제일 미울 수 있었다. 양들을 돌보는 일이 짜증 날 수도 있었다. 화풀이나 분풀이를 양들에게 할 수도 있었다. 맡은 일에 게으르거나 무관심할 수 있었다. 마치 화산의 용암처럼 속으로 언제나 분을 품고 살 수 있었다. 불량배들과 어울려 다닐 수도 있었다.

다윗의 중심 : 충성

그런데 사울 왕에게 다윗이 자기가 겪은 일을 이야기하는 내용을 보면 그의 중심이 보인다. 그는 조금도 비뚤어지지 않았다. 곁길로 새지 않았다. 아버지를 원망하거나 형들을 미워하지 않았다. 자신을 불쌍히 여기지도 않았다. 오히려 그의 상황이 그의 믿음을 더 자라게 했다.

내가 날 때부터 주께 맡긴 바 되었고 모태에서 나올 때부터 주는 나의 하나님이 되셨나이다 시 22:10

내 부모는 나를 버렸으나 여호와는 나를 영접하시리이다 시 27:10

주 여호와여 주는 나의 소망이시요 내가 어릴 때부터 신뢰한 이시라. 내가 모태에서부터 주를 의지하였으며 나의 어머니의 배에서부터 주께서 나를 택하셨사오니, 나는 항상 주를 찬송하리이다 시 71:5,6

그가 아버지의 양들을 칠 때, 사자나 곰이 와서 새끼 양을 입에 물고 달아나면 그 뒤를 쫓아가 그 입에서 새끼 양을 건져냈다. 그는 자기 목숨을 돌보지 않았다. 아버지가 맡긴 양들을 한 마리도 잃지 않으려고 생명을 걸었다. 그는 자기가 맡은 일에 최선을 다했다. 누가 보든 안 보든, 알아주든 안 알아주든 상관하지 않고, 그저 맡은 일에 충실했다. 이런 다윗의 행동을 '**충성**'이라고 한다. 누가 보지 않아도, 알아주지 않아도 맡은 일에 최선을 다하는 것. 이것이 감동이다!

하나님이 사울을 버리시고 그를 대신하여 왕으로 세울 사람을 찾으셨다. 수도권 일류 대학에도 가셨다. 도서관, 교실, 식당, 잔디밭 등에서 관찰하셨다. 지방 대학도 살피셨다. 엘리트들이 즐비한 연구소에도 가셨다. 시장에서 물건 파는 사람, 카페에서 일하는 바리스타, 식당 종업원, 공사장에서 일하는 일용직 노동자까지 하나님께서는 모든 사람을 동일한 후보자로 두셨다. 선택의 기준이 중심이기 때문이다.

시편 101편 6절에서 하나님이 찾으시는 모습을 볼 수 있다.

"내 눈이 이 땅의 충성된 자를 살펴 나와 함께 살게 하리니, 완전한 길에 행하는 자가 나를 따르리로다."

하나님은 이 땅의 모든 곳을 살피시며 충성된 자를 찾으신다. 외모가 아니라 중심을 보신다.

어느 날, 하나님이 사람을 찾으러 가시는 길에 들판을 지나셨다. 양 떼가 한가롭게 풀을 뜯고 있었다. 하나님도 바위에 걸터앉아 양들을 보며 쉬셨다. 어디선가 목동의 노랫소리가 들려왔다.

그때 하나님의 눈이 커졌다. 저 멀리 웅크리고 있던 사자가 양 떼를 향해 쏜살같이 달려와서는 어리벙벙한 새끼 양을 입에 물고 달아났다. 그 뒤로 소년 목동이 손에 막대기를 들고 쫓기 시작했다! 오로지 아버지가 맡기신 양을 지키기 위해, 사자 입에 물린 새끼 양을 되찾기 위해 목숨 걸고 쫓아갔다. 그러고는 사자의 입에서 새끼 양을 빼내고 그 수염을 잡고 쳐 죽였다! 하나님은 제 목숨을 조금도 돌보지 않는 그 목동에게 크게 감동하셨다. 물론 그 순간 하나님이 조금 힘을 써서 도와주셨지만, 그 목동은 보통내기가 아니었다. 그 광경을 바라보시며 하나님께서는 몹시 감격하셨다. 그동안 수첩에 빽빽이 적어놓은 모든 후보의 이름을 지우고, 그 목동을 왕으로 삼기로 결정하셨다.

그는 우리의 앉고 일어섬을 아신다. 멀리서도 나의 생각을 밝히 아신다. 나의 길과 나의 눕는 것을 다 보셨다. 나의 혀의 말을 다 아신다.

시 139:2-4 저자 역

하나님은 가정환경 조사서가 필요 없으시다. 다윗이 어떻게 어려운 환경을 극복하고, 합력하여 선을 이루는지를 다 보시고 아셨다. 다윗은 자기가 처한 환경을 쓸데없는 것에 낭비하지 않았다. 그는 그 환경으로 인해 오히려 여러 방면의 전문가가 되었다. 시인, 가수, 악사로서 또한 말씀을 통독하고 묵상했으며, 날마다 기도하고, 물맷돌로 표적을 맞히기 위해 수없이 연습하며 최고의 용사로 성장해 나갔다.

하나님이 언제 다윗을 왕으로 택하셨는가?

또 그의 종 다윗을 택하시되 양의 우리에서 취하시며, 젖 양을 지키는 중에서 그를 이끌어 내사, 그의 백성인 야곱, 그의 소유인 이스라엘을 기르게 하셨더니, 이에 그가 그들을 자기 마음의 완전함으로 기르고 그의 손의 능숙함으로 그들을 지도하였도다. 시 78:70-72

하나님은 다윗이 양을 치고 있을 때, 처한 환경에서 그가 어떻게 반응하는지를 관찰하셨다. 특히 그가 사자나 곰에게서 양들을 어떻게 돌보는지를 보셨다. 바로 그곳에서 다윗을 왕으로 삼기로 하셨다.

폐하시고 다윗을 왕으로 세우시고 증언하여 이르시되, '내가 이새의 아들 다윗을 만나니 내 마음에 맞는 사람이라 내 뜻을 다 이루리라' 하시더니 행 13:22

하나님은 다윗을 만나셨다. 그리고 그의 충성됨을 보셨다. 하나님은 충성된 사람을 찾으신다. 다윗은 하나님의 마음에 맞는 사람이었다.

충성된 사람, 모세

이르시되, '내 말을 들으라. 너희 중에 선지자가 있으면 나 여호와가 환상으로 나를 그에게 알리기도 하고, 꿈으로 그와 말하기도 하거니와, 내 종 모세와는 그렇지 아니하니, 그는 내 온 집에 충성함이라. 그와는 내가 대면하여 명백히 말하고 은밀한 말로 하지 아니하며, 그는 또 여호와의 형상을 보거늘, 너희가 어찌하여 내 종 모세 비방하기를 두려워하지 아니하느냐?' 민 12:6-8

하나님이 그분의 백성을 약속의 땅으로 이끌고 가려 하실 때, 모세를 택하셔서 그 일을 맡기셨다. 그 일을 감당하려면 어떤 지도자가 필요했을까? 정치가, 경제전문가, 법률가, 교육자, 의사, 건축가, 설계가, 과학자 등의 전문가? 물론 이 모든 분야의 전문가는 중요하다. 바로의 강력한 통치에서 벗어나게 할 사람, 세계 최대의 난민을 이끌 수 있는 사람, 아무것도 없는 상태에서 국가를 형성할 능력이 필요했다. 모세는 이런 면에서 전문가였다.

그러나 이보다 더 중요한 건 '충성'이었다. 거칠고, 의심 많고, 부정적이고, 너무 똑똑한 사람들, 거역하기를 잘하고, 고집이 세고, 마음이 완악한 사람들을 데리고 약속의 땅으로 가는 데는 무엇보다 충성됨이 필요했다.

아무리 탁월한 전문가라도 일을 수행하다가 너무 힘들어서 중간에 포기하면, 그보다 큰 낭패가 없다. 하지만 충성된 사람은 자신의 감정과 기분, 다른 사람의 말이나 환경에 휘둘리지 않는다. 맡은 일에 끝까지 한결같은 마음으로 최선을 다한다. 제 목숨을 조금도 아까워하지 않는다. 하나님이 모세를 택하신 이유는 그가 그런 사람이었기 때문이다.

많은 사역자가 주어진 일을 하면서 모세의 충성을 묵상하고 그를 본받아 살아왔다. 이들은 중간에 너무 힘들어서 포기하고 싶을 때마다 모세를 묵상하며 새 힘과 용기를 얻었다.

충성된 사람, 아브라함

주는 하나님 여호와시라 옛적에 아브람을 택하시고 갈대아 우르에서 인도하여 내시고 아브라함이라는 이름을 주시고, **그의 마음이 주 앞에서 충성됨을 보시고, 그와 더불어 언약을 세우사**, 가나안 족속과 헷 족속과 아모리 족속과 브리스 족속과 여부스 족속과 기르가스 족속의 땅을 그의 씨에게 주리라 하시더니 그 말씀대로 이루셨사오매 주는 의로우심이로소이다. 느 9:7,8

하나님께서는 아브라함과 언약을 세우시기 전에 먼저 그가 충성된 사람인지를 살피셨다. "그의 마음이 주 앞에서 충성됨을 보시고" 언약을 세우셨다.

충성된 사람, 바울

나를 능하게 하신 그리스도 예수 우리 주께 내가 감사함은, 나를 충성되이 여겨 내게 직분을 맡기심이니 딤전 1:12

이 말씀에 충성의 중요한 원칙이 숨어 있다. 바울은 세 가지 사실을 고백했다.

1. 예수께서 나를 능하게 하셨다.
2. 예수께서 나를 충성되이 여기셨다.
3. 예수께서 내게 직분을 맡기셨다.

이 세 가지 항목에서 예수님은 어떤 순서로 일하시는가?
먼저 주님은 충성된 사람인지를 살피신다. 위 성구에서 '여기다'라는 말은 내가 하는 크고 작은 일들을 여러 번 관찰하여 충성된 사람인가를 보셨다는 뜻이다.
다음으로, 충성된 사람인 것이 증명되면 비로소 직분을 맡기신다.
마지막으로, 맡겨주신 일이 힘들든지 어렵든지 가리지 않고 최선을 다해 충성할 때, 주님은 그 일을 감당할 능력을 주셔서 충분히 감당하게 하신다.
이 순서는 세상이 일을 맡기는 방식과는 사뭇 다르다. 세상은 일할 능력이 있는지를 먼저 살피지만, 하나님은 충성된 사람인지를 먼저 보신다. 능력은 오직 하나님께 있다. 자기 능력으로 일하는 것과 하나님이 주시는 능력으로 일하는 것은 차원이 다르다.

> 충성된 사자는 그를 보낸 이에게 마치 추수하는 날에 얼음냉수 같아서 능히 그 주인의 마음을 시원하게 하느니라 잠 25:13

충성됨을 관찰할 수 있는 영역

> 지극히 작은 것에 충성된 자는 큰 것에도 충성되고, 지극히 작은 것에 불의한 자는 큰 것에도 불의하니라. 너희가 만일 불의한 재물에도 충성하지 아니하면 누가 참된 것으로 너희에게 맡기겠느냐? 너희가 만일 남의 것에 충성하지 아니하면 누가 너희의 것을 너희에게 주겠느냐?
> 눅 16:10-12

우리가 얼마나 충성된지를 살피는 '충성의 항목'이 있다.

첫째, 지극히 작은 것에 충성하는가?
지극히 작은 것에 충성할 줄 알아야 큰 것에도 충성할 수 있다. 절대 속지 말자. 작은 것에 충성하지 않으면서 큰 것에 충성할 수 있다는 것은 거짓말이다. 지극히 작은 것에 충성하지 않는 사람은 큰 것에도 충성하지 않는다. 리더는 큰 것을 맡기기 전에 먼저 작은 것, 그것도 지극히 작은 것을 맡기고 그 일에 얼마나 충성하는지를 관찰해야 한다. 우리의 일상은 지극히 작은 일들로 이루어져 있다(시간 지키기, 휴지와 전기 절약하기, 신발장 정리 등).

둘째, 재물에 충성하는가?

재물에 충성할 줄 알아야 참된 것에도 충성한다. 참된 것은 영적인 것, 하늘의 것이라고 해도 무방하다. 재물에 충성할 줄 모르는 사람은 하나님이 맡기신 것에도 충성하지 않는다. 하나님은 그분의 일을 맡기시기 전에 먼저 재물에 충성하는지를 살피신다.

셋째, 남의 것에 충성하는가?

'남의 것'이란 제 마음에 들지 않지만 지금 해야 하는 것, 내가 잘하지 못해도 해야 하는 것, 전세나 월세 등 남의 것을 빌려 사용하는 것, 나의 이익과는 무관하지만 해야 하는 것, 고용주가 아니라 고용인으로 사는 것 등을 말한다. 남의 것에 충성할 때, 하나님께서는 그에게 원래 맡기기로 계획하신 것을 맡기신다.

우리는 이 세 영역에서 충성됨을 훈련해야 한다. 놀랍게도 세 영역은 일상생활에 촘촘히 짜여 있다. 우리는 매일 자격시험을 치른다. 하나님이 날마다 우리를 살피신다. 마치 금전출납부를 적듯이 그분의 수첩에 꼼꼼히 적으신다. 다음 말씀을 심장에 크게 새기자.

> 내 눈이 이 땅의 충성된 자를 살펴 나와 함께 살게 하리니, 완전한 길에 행하는 자가 나를 따르리로다 시 101:6

다윗의 중심 : 겸손

CHAPTER 11

천천이요 만만이라

골리앗을 죽인 다윗은 한순간에 떠오르는 별이 되었다. 이스라엘 군대는 사기 백배하여 단숨에 블레셋 군대를 대파했다. 개선 행렬이 돌아올 때 여인들이 나와서 이들을 환영했다.

> 무리가 돌아올 때 곧 다윗이 블레셋 사람을 죽이고 돌아올 때에, 여인들이 이스라엘 모든 성읍에서 나와서 노래하며 춤추며 소고와 경쇠를 가지고 왕 사울을 환영하는데, 여인들이 뛰놀며 노래하여 이르되, '사울이 죽인 자는 천천이요, 다윗은 만만이로다' 한지라. 사울이 그 말에 불쾌하여 심히 노하여 이르되, '다윗에게는 만만을 돌리고 내게는 천천만 돌리니 그가 더 얻을 것이 나라 말고 무엇이냐' 하고, 그날 후로 사울이 다윗을 주목하였더라 삼상 18:6-9

온 이스라엘은 한 사람 다윗에게 집중했다. 소년 목동이었던 다윗은 모든 매스컴의 중심에 있었다. 사람들은 그를 사진 찍느라 정신이 없었고, 모든 방송국은 앞다투어 그를 인터뷰하려 했다. 그에게 광고 모델 섭외가 수없이 들어왔다. 그런데 무엇보다 주목해야 할 것은 여인들의 환영 노래 가사였다.

"사울이 죽인 자는 천천이요 다윗은 만만이로다."

이 노래를 들은 사울 왕은 몹시 불쾌했다. 왕인 자기보다 소년 목동 다윗이 더 칭찬받았기 때문이다. 자기는 덜 칭찬받고 다윗은 더 칭찬받은 것이 그의 마음을 몹시 힘들게 했다.

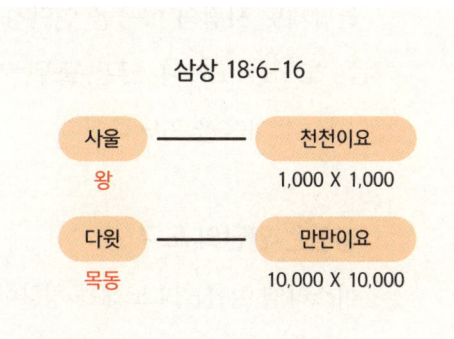

도가니는 은을, 풀무는 금을 연단하거니와 여호와는 마음을 연단하시느니라 잠 17:3

은과 금을 연단하는 기구는 도가니와 풀무다. 뜨거운 열을 가하면 은과 금에 섞인 찌꺼기들이 녹는다. 이것들을 걸러내어 순은과 순금을 추출하는 과정이 연단이다.

사람의 마음은 어떤가? 여러 가지 불순물이 우리 마음에 섞여 있다. 하나님은 우리 마음이 순수하기를 원하신다. 그래야 하나님이 쓰시기에 합당한 사람이 되기 때문이다. 그래서 사람의 마음을 연단하신다.

그렇다면 하나님은 어떻게 사람 마음에 섞여 있는 각종 불순물을 빼내어 순수한 마음만 추출하실까? 사람의 마음을 연단하시는 도구나 과정은 무엇일까?

도가니로 은을, 풀무로 금을, 칭찬으로 사람을 단련하느니라 잠 27:21

놀랍게도 사람의 마음을 연단하시는 도구는 '칭찬'이다. 은을 연단하는 도구는 도가니, 금은 풀무, 사람은 칭찬이다. 하나님은 칭찬으로 사람의 마음을 연단하신다.

칭찬은 연단의 도구

이스라엘 여인들의 노래는 칭찬이었다.
"사울이 죽인 자는 천천이요 다윗은 만만이로다."
'덜 칭찬'과 '더 칭찬'이 있다. "천천이요"는 덜 칭찬, "만만이로다"는 더 칭찬이다. 하나님은 이 칭찬으로 두 사람의 마음을 연단하셨다.
칭찬을 덜 받은 사울은 불쾌했다. 이 마음은 시기와 질투에서 비롯했다. 비교와 경쟁의식은 매우 위험하다. 시기와 질투는 뼈를 썩게 한다. 육신과 마음을 몹시 상하게 한다.

평온한 마음은 육신의 생명이나 시기는 뼈를 썩게 하느니라 잠 14:30

다른 사람이 잘되는 것을 보며 배 아파하고, 자기 처지를 한탄하고, 이를 가는 것이 시기하고 질투하는 모습이다.

악인은 이를 보고 한탄하여 **이를 갈면서 소멸되리니** 악인들의 욕망은 사라지리로다 시 112:10

"이를 갈면서 소멸되리니"는 시기와 질투가 결국 자신을 파멸의 길로 이끈다는 의미다. 시기와 질투, 비교와 경쟁의식은 교만에서 나온다. 하나님이 가장 싫어하시는 것이 교만한 마음이다. 하나님은 우리 마음에서 교만이 제거되고 겸손이 생성되기를 원하신다.

교만은 패망의 선봉이요 거만한 마음은 넘어짐의 앞잡이니라 잠 16:18

사람의 마음의 교만은 멸망의 선봉이요 겸손은 존귀의 길잡이니라 잠 18:12

교만과 겸손에 대해 이보다 더 강력한 말씀이 있을까! 교만한 마음은 멸망의 길로, 겸손한 마음은 존귀한 삶으로 우리를 인도한다.

그러나 더욱 큰 은혜를 주시나니 그러므로 일렀으되, '하나님이 교만한 자를 물리치시고 겸손한 자에게 은혜를 주신다' 하였느니라 약 4:6

하나님은 우리가 패망하기를 원하지 않으신다. 갈수록 더욱 존귀해지기를 원하신다. 그 비결은 교만을 물리치고 겸손한 마음을 갖는 것이다. 하나님은 우리 마음에서 교만이 사라지고 겸손이 가득하기를 원하신다. 그래서 우리 마음을 연단하신다. 칭찬은 연단의 가장 좋은 도구다.

'덜' 칭찬받게 함으로써 우리 마음을 연단하신다.
'더' 칭찬받게 함으로써 우리 마음을 연단하신다.

하나님은 날마다 우리를 "천천이요" 자리에 앉히신다.
하나님은 날마다 우리를 "만만이로다" 자리에 앉히신다.
날마다 우리를 "천천이요"와 "만만이로다" 자리에 번갈아 앉히신다. 우리는 "천천이요"에 앉을 때마다 시기와 질투, 비교와 경쟁의식을 깨뜨리는 기회로 삼아야 한다. "만만이요"에 앉을 때마다 우월감, 거만함, 교만을 깨뜨려야 한다.

'칭찬'의 용광로를 통과하며 더 칭찬받거나 덜 칭찬받을 때, 우리는 마음에 섞여 있는 교만의 불순물을 제거할 기회로 삼아야 한다.

'겸손'은 자기 분수를 아는 것이다.
겸손은 자기가 있어야 할 자리에 앉는 것이다. 교만은 자기 분수를 모르고 자기가 있어야 할 자리를 떠나는 것이다. 앤드류 머레이는 그의 걸작 《겸손》에서 "피조물의 제자리는 예배자의 자리"라고 했다. 창조주 하나님 앞에 무릎을 꿇고 감사와 경배와 찬송을 올려드리는 자리가 겸손의 자리다.

성경은 마귀에 대해서 "자기 지위를 지키지 아니하고 자기 처소를 떠난 천사들"(유 1:6)이라고 말씀하셨다.

느부갓네살의 간증

다니엘서 4장에는 바벨론 왕 느부갓네살의 간증문이 등장한다. 그가 많은 나라를 정복하여 제국을 형성한 어느 날, 꿈을 꾸었다.

땅의 중앙에 한 나무를 보았다. 나무가 자라서 견고해지고 그 높이가 하늘에 닿았다. 그리고 한 거룩한 자가 하늘에서 내려와 그 나무를 베고, 뿌리의 그루터기만 땅에 남겨두고, 쇠와 놋줄로 동이고, 들풀 가운데 두라고 명령했다. 이후 꿈의 내용이 그의 삶에 그대로 일어났다.

그런 꿈을 꾼 지 1년 후에 그가 왕궁 지붕을 거닐면서 말하기를, "이 큰 바벨론은 내가 나의 능력과 권세로 건설했다. 내 위엄의 영광을 보라"라고 했다(단 4:30). 그런데 그가 말을 마치기도 전에 하늘에서 소리가 났다.

"느부갓네살 왕아, 네게 말하노니 나라의 왕위가 네게서 떠났다. 네가 사람에게서 쫓겨나서 들짐승과 함께 살면서 소처럼 풀을 먹을 것이요, 이와 같이 7년을 지내며 지극히 높으신 이가 사  람의 나라를 다스리시며 자기 뜻대로 그것을 누구에게든지 주시는 줄을 알게 될 것이다"(단 4:31,32).

그리고 하늘에서 들려온 소리대로 되었다. 느부갓네살 왕은 쫓겨나서 7년간 소처럼 풀을 먹고, 그의 머리털은 독수리 털 같고, 손톱은 새 발톱같이 되었다. 7년 후 그가 하늘을 우러러보자, 그의 총명이 돌아왔고 다시 왕위를 회복했다. 그는 자기에게 일어난 일을 바벨론 127도에 조서를 내려 알렸다.

그는 결론 내리기를, "오직 하늘의 하나님께만 경배하라. 그의 권세는 영원하고, 그 나라는 대대에 이를 것이다"라고 했다(단 4:34). 그리고 "교만하게 행하는 자를 그가 능히 낮추심이라"라고 덧붙였다(단 4:37).

히스기야의 겸손과 교만

이사야서 36장-39장은 유다 왕 히스기야 때의 기록이다. 당시는 강력한 제국 앗수르가 열국을 정복하고 북이스라엘도 멸망시킨 때였다. 이제 예루살렘의 멸망은 경각에 달려 있었다.

앗수르 왕은 교만하게 말했다. 모든 나라마다 각각 자기 신을 의지했지만, 어느 신도 그들을 구원하지 못했으니 유다가 의지하는 여호와 하나님도 마찬가지일 거라고 말이다(사 36장).

히스기야는 앗수르 왕의 교만함으로 마음이 몹시 상했다. 성전에 들어가 그 교만한 편지를 펼쳐놓고 하나님께 기도했다. 그러자 하나님께서 이사야 선지자를 보내어 기도하는 히스기야에게 말씀하셨다.

"앗수르 군대는 이 성에 이르지 못하며 화살 하나도 쏘지 못하고 방패를 가지고 가까이 오지도 못하며 왔던 길로 되돌아갈 것이다"(사 37:33,34).

그리고 그날 밤, 하나님이 앗수르 진영의 군대 18만 5천 명을 몰살하셨다(사 37:36). 이후 앗수르 왕은 니느웨로 돌아가 자기 신전에서 경배할 때 그의 두 아들의 칼에 살해당했다(사 37:37,38).

히스기야는 그 일로 일약 세계적인 스타가 되었다. 더구나 그가 죽을병에 걸렸다가 하나님이 낫게 하신 일로 더 유명해졌다(사 38장). 그 후 세계 각국에서 축하 사절단이 귀한 선물을 들고 와서 히스기야 왕을 알현했다.

어느 날, 바벨론 왕이 사절단을 통해 히스기야에게 편지와 선물을 보내왔다. 히스기야는 그들에게 나라의 보물창고를 다 보여주었다. 히스기야의 자랑, 사절단의 감탄이 쏟아졌다. 그러자 하나님이 이사야 선지자를 히스기야에게 보내어 말씀하셨다.

"날이 이르면, 왕궁 안에 있는 모든 보물이 바벨론으로 옮겨갈 것이다. 그리고 너의 자손들은 바벨론으로 끌려갈 것이다"(사 39:6,7).

히스기야는 하나님이 행하신 놀라운 구원을 통해 더욱 겸손해져야 했다. 오직 하나님께만 영광을 돌려야 했다. 그러나 여러 나라가 그를 방문하고 칭찬하니 교만해졌다.

> 히스기야가 마음이 교만하여 그 받은 은혜를 보답하지 아니하므로
> 대하 32:25

그러나 바벨론 방백들이 히스기야에게 사신을 보내어 그 땅에서 나타난 이적을 물을 때에 하나님이 히스기야를 떠나시고 그의 심중에 있는

것을 다 알고자 하사 시험하셨더라 대하 32:31

하나님은 칭찬으로 사람의 마음을 연단하신다. 히스기야는 칭찬을 받자 마음이 교만해져 영광을 하나님께 돌리지 않았다.

히스기야가 마음의 교만함을 뉘우치고 예루살렘 주민들도 그와 같이 하였으므로 여호와의 진노가 히스기야의 생전에는 그들에게 내리지 아니하니라 대하 32:26

"사람의 마음의 교만은 멸망의 선봉이요 겸손은 존귀의 길잡이니라"(잠 18:12) 하신 말씀을 절대 잊지 말아야 한다. 심장에 또렷이 새겨 놓아야 한다.

서구 사회는 칭찬을 잘한다. 탁월한 리더를 소개할 때, "He is a great man of God"(그는 하나님의 위대한 사람이다)라고 소개하기를 즐겨 한다. 그러나 이는 옳지 않다. "He is a man of Great God"(그는 위대하신 하나님의 사람이다)라고 해야 옳다.

'그가 얼마나 놀라운 리더인가'가 아니라 '그를 사용하시는 하나님이 얼마나 위대하신가'에 초점을 두어야 한다. 리더의 업적과 능력이 아닌 그에게 능력과 지혜와 힘을 주신 하나님께 초점을 맞춰야 한다.

2023년에 NCMN의 몇몇 리더와 영국 런던에 갔을 때, 평소 방문하고 싶었던 찰스 스펄전이 시무하던 교회에 방문했다. 화재로 예배당이 불타서 작은 규모의 본당만 신축한 상태였고, 교회 규모를 짐작하게 할 만한 대문만이 덩그러니 남아 있었다. 그 교회 서점에서 스펄전을 소개하는 한 책을 읽다가 흥미로운 글을 발견했다.

스펄전이 시무할 당시, 미국 교회 지도자들이 영국 교회를 방문했다. 주일 오전에는 런던의 한 대형 교회 주일 예배에 참석했다. 그들은 교회 건물과 성가대의 규모에 놀라며, 담임목사님의 은혜로운 설교를 들었다. 그리고 그날 저녁에 스펄전이 시무하는 교회의 예배에 참석했다.

미국 교회 지도자들은 두 교회와 두 설교를 이렇게 비교했다. 오전에 갔던 교회는 교회의 규모, 성가대의 웅장함, 감명 깊게 설교하는 설교자가 인상에 깊이 남았다. 그런데 저녁 예배에 참석한 후에 그들에게 남은 것은, 교회의 규모나 영감이 넘치는 찬양이나 은혜로운 스펄전의 설교는 사라지고, 오직 '예수 그리스도의 영광'뿐이었다고 한다. 이들의 말은 지금도 내 심장을 울린다.

옆 그림은 참으로 흥미롭다. 내용은 이러하다. '영성 올림픽'에서 몰리는 '겸손' 종목에서 금메달을 땄다. 그러나 그녀가 가장 높은 시상대에 발을 올려놓는 순간, 금메달을 박탈당했다.

몰리는 영성 올림픽에서 **겸손** 부문 금메달을 획득했다. 그러나 그녀가 가장 높은 단에 올라섰을 때 즉시로 그 상은 박탈되었다.

KING's LEADERSHIP

PART 2

지도력이란 영향력이다

일상생활에서 지도력을 발휘하라
Proactive Field Leadership

CHAPTER 12

셀프 리더십

360도 전방위 리더십

지도력을 발휘할 때 동서남북 전방위를 살펴야 한다.

남쪽(South)

리더십 책임에 관한 질문을 받으면 흔히 남쪽만을 생각하기 쉽다. 이는 책임 아래의 사람이나 멘토 대상자를 가리킨다. 일반적으로 리더십 세미나나 콘퍼런스에서 배우는 내용은 어떻게 더 '효율적으로 지도하는가', '더 분명한 비전을 갖는가', '운영시스템과 팀 세우는 법을 개발하는가', '주어진 비전의 방향으로 가는가' 등이다. 하지만 리더십은 모든 방향에서 이끌 수 있는 능력을 의미한다.

북쪽(North)

당신은 당신 위에 있는 이들, 예를 들어 이사회, 리더십 팀, 직속 상사 등과 좋은 관계를 맺어야 한다.

그들의 명확한 비전을 이해하고 취해야 한다. 그들의 영향력을 내 것으로 삼고, 그들과 친밀한 관계를 맺는 법을 배워야 한다. 그렇다고 뇌물을 주거나 아첨하라는 것이 아니다. 그들의 지지를 이끌어 내야 한다.

동쪽과 서쪽(East & West)

함께 일하는 동료, 예를 들면 같은 수준의 책임을 지고, 같은 팀에서 일하는 다른 리더와의 관계에서 당신이 그들과 윈윈(win-win)하려면 많은 의사소통이 필요하다. 자신을 스스로 최고로 여기지 않으면서, 그의 소유권을 인정해 주고, 상호 신뢰와 큰 뜻을 공유해야 한다.

무관심과 이기주의로는 관계를 지속시키지 못한다. 내 일이 아니라고 해서 어렵고 힘든 일을 보면서도 방관하지 말아야 한다.

이같이 리더십은 남쪽만이 아니라 북쪽과 동서쪽으로도 향함을 기억해야 한다. 그러나 절대 잊지 말아야 할 것은 바로 동서남북보다 원 내부를 이끄는 리더십이다.

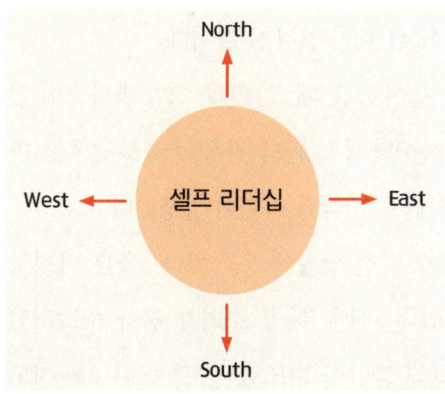

Inner circle(원 내부) :
자신을 리드하라!
이것이 당신에게 주어진 가장 힘든 리더십이다.
다윗은 원 내부에 집중했다.

다윗의 셀프 리더십

다윗과 그의 사람들이 사흘 만에 시글락에 이른 때에 아말렉 사람들이 이미 네겝과 시글락을 침노하였는데, 그들이 시글락을 쳐서 불사르고, 거기에 있는 젊거나 늙은 여인들은 한 사람도 죽이지 아니하고 다 사로잡아 끌고 자기 길을 갔더라. 다윗과 그의 사람들이 성읍에 이르러 본즉 성읍이 불탔고 자기들의 아내와 자녀들이 사로잡혔는지라. 다윗과 그와 함께한 백성이 울 기력이 없도록 소리를 높여 울었더라. (다윗의 두 아내 이스르엘 여인 아히노암과 갈멜 사람 나발의 아내였던 아비가일도 사로잡혔더라) 백성들이 자녀들 때문에 마음이 슬퍼서 다윗을 돌로 치자 하니 다윗이 크게 다급하였으나 그의 하나님 여호와를 힘입고 용기를 얻었더라.

삼상 30:1-6

다윗은 미래의 왕으로 예정된 떠오르는 젊은 지도자로, 군대를 이끄는 법을 배우고 있었다. 그는 대부분의 크고 작은 전투를 성공적으로 이끌었다. 적어도 어느 끔찍한 날이 오기 전까진 말이다.

하루는 그가 전투를 끝내고 돌아왔을 때, 다윗과 그의 병사들이 없는 틈을 타 아말렉 군사들이 들이닥쳐 그들의 진을 공격하고 여성과 어린이를 납치하고 소유물을 불태운 비극적 사건이 발생했다.

다윗의 모든 용사들이 이 기가 막힌 상황에 통곡했다. 물론 다윗도 붙잡혀 간 두 아내로 인해 울었다. 이후 통곡 소리가 점차 누그러졌고, 병사들은 지도자 다윗을 향해 불만을 터뜨렸다. 모두 다윗의 지도력을 비난하기 시작했다. 모든 원망을 그에게 돌렸다. 병사들의 눈은 슬픔과 절망으로 가득했고 마음에는 분노가 솟구쳤다.

분위기가 이상해서 다윗이 고개를 들었을 때, 그를 둘러싼 병사들은 손에 돌을 들고 있었다. 절체절명의 순간이었다. 다윗 리더십의 가장 큰 시험이었다.

이 순간, 누가 그를 도울 수 있는가? 그의 병사들인가? 그의 장교들인가? 불평불만을 터뜨리는 사람들인가? 혹 가장 가까이에 있는 참모들인가? 아니다! 바로 그 자신이다. 다윗 자신이 자기에게 닥친 위기 상황을 스스로 해결해야 한다. 이때야말로 리더십을 발휘할 때다. 위기에 처한 다윗을 도울 사람은 다윗 자신뿐이었다.

그는 타인을 이끌기 전에 먼저 자신을 이끌어야 했다.

백성들이 자녀들 때문에 마음이 슬퍼서 다윗을 돌로 치자 하니, 다윗이 크게 다급하였으나(: 상황은 더 악화되어) 그의 하나님 여호와를 힘입고 용기를 얻었더라. 삼상 30:6

David was greatly distressed … But David strengthened himself in the Lord his God. ESV

"누가 다윗이 당한 위기 상황을 도울 수 있는가?"라고 질문하면, 많은 경우 "하나님이요!"라고 대답한다. 아니다! 아무도 다윗을 도울 수 없었다. 스스로 낙담, 우울, 절망에 빠져 원망과 불평으로 가득 차

있으면서 누군가 와서 자신을 돕길 바라는 것은 어리석은 일이다. 더구나 그 순간에 하나님이 그분의 강한 팔로 자신을 도우실 거라는 기대도 하지 말아야 한다.

영이 축 늘어지고, 담대함이 흔들리고, 비전이 흐려지고, 열정이 식고, 낙심과 절망의 진흙탕에 빠져 허우적거리는 자신을 도울 사람은 아무도 없다. 먼저 내가 나를 이끌어야 한다. 스스로 위로하고 힘을 내야 한다. 용기를 내야 한다.

내가 나에게 말해야 한다.

"일어나! 힘을 내! 축 늘어져 있지 말고, 용기를 내!"

그러면서 고개를 들어 하나님을 바라보며 손들고 소리 내어 외쳐야 한다.

"주여, 나를 도우소서!!"

그때 하나님이 나를 도우신다.

내가 어릴 때부터 자주 들은 말이 있다.

"하늘은 스스로 돕는 자를 돕는다."

다윗이 아히멜렉의 아들 제사장 아비아달에게 이르되, '원하건대 에봇을 내게로 가져오라.' 아비아달이 에봇을 다윗에게로 가져가매, 다윗이 여호와께 묻자와 이르되, '내가 이 군대를 추격하면 따라잡겠나이까?' 하니, 여호와께서 그에게 대답하시되, '그를 쫓아가라! 네가 반드시 따라잡고 도로 찾으리라.' 삼상 30:7,8

다윗이 하나님께 나아가 여쭈었다.

"제가 이 군대를 추격하면 따라잡을 수 있겠습니까?"

하나님이 말씀하셨다.

"그들을 쫓아가라. 네가 반드시 따라잡고 도로 찾으리라."

하나님께 나아가 여쭤보는 일은 저절로 되지 않는다. 위기 상황에 파묻혀 있으면 일어나서 나아가 여쭤볼 힘도 없다. 먼저 약해진 나 자신을 이끌어야 가능하다. 내가 최선을 다할 때, 하나님이 그분의 능력으로 나를 도우신다.

'0×1억=0, 1×1억=1억' 이 공식을 잊지 말자.

하나님의 응답으로 용기를 얻은 다윗은, 이후 군사들을 이끌고 아말렉 사람들을 쳐서 빼앗긴 가족과 탈취당한 소유물을 되찾을 수 있었다.

당신은 이런 상황에서 무얼 택할 것인가? 원망하고 불평할 것인가, 자신의 연약함을 한탄하며 실패감과 자기 연민에 빠져 있을 것인가, 모든 비난의 화살을 리더에게 돌릴 것인가, 아니면 하나님을 원망할 것인가? 아무런 구체적인 행동도 하지 않은 채 말이다.

탁월한 지도자는 뛰어난 셀프 리더십을 갖춘다. 타인을 이끌기 전에 먼저 자신을 이끌 줄 안다.

셀프 리더십

각 방향에 리더십을 발휘할 때, 에너지를 어디에 얼마나 투입해야 할까?

남쪽(South) 당신이 이끄는 사람	[20퍼센트]
북쪽(North) 당신이 보고하는 사람	[15퍼센트]
동·서쪽(East & West) 당신의 동료	[15퍼센트]
원 내부(Inner circle) 당신 자신	[50퍼센트]

얼마나 놀라운가! 이는 투입해야 할 시간의 양이 아닌 '에너지의 크기'를 나타낸다. 놀랍게도, 많은 사람이 원 내부인 자신을 위한 리더십을 발휘하는 데 매우 인색하다.

자신을 이끄는 셀프 리더십을 발휘하는 사람들의 특징이 있다.

- 엄청난 반대와 낙담에도 끈기 있게 리더십을 유지한다.
- 쉽게 포기하거나 낙심하지 않는다(네가 만일 환난 날에 낙담하면 네 힘이 미약함을 보임이니라, 잠 24:10).
- 위기 상황에 흔들리지 않고 침착함을 유지한다.
- 자신을 궁지로 내몰지 않는다.
- 아무리 힘들어도 쉽게 극단적으로 가지 않는다.
- 분노를 표출하거나 소리를 지르지 않는다.
- 타인을 원망하거나 공격하지 않는다.
- 타인의 의제(agenda)에 마음을 빼앗기지 않고, 자신의 사명에 집중한다.

다음 다섯 가지는 지도자에게 다가오기 쉬운 어려움이다.
1. 두려움 2. 낙심 3. 교만 4. 정죄감 5. 실패감

이것은 원수가 사용하는 강력한 무기다. 우리는 '말씀'과 '성령의 능력'으로 자신을 무장해야 한다.

다윗은 셀프 리더십을 발휘하는 법을 끊임없이 배우고 훈련했다. 어떤 상황에서도 평상심을 유지하며 하나님 앞에 나아가 머무는 법을 익혔다.

시편 34편은 '다윗이 아비멜렉 앞에서 미친 체하다가 쫓겨나서 지은 시'다. 다윗은 셀프 리더십을 발휘했다.

> 내가 여호와를 항상 송축함이여, 내 입술로 항상 주를 찬양하리이다
> 시 34:1

시편 63편은 '다윗이 유다 광야에 있을 때 지은 시'다.

> 나의 영혼이 주를 가까이(: 담쟁이처럼) 따르니 주의 오른손이 나를 붙드시거니와 시 63:8

감정과 환경과 다른 사람의 말에 휘둘리는 자에게 하나님을 향한 찬송은 '항상'이 아니라 '때때로', '가끔'일 것이다.

예수님이 보여주신 셀프 리더십

예수님은 집중적인 사역 활동을 하시면서 동시에 묵상, 기도, 금식, 홀로 머물기 위한 시간을 따로 챙기셨다. 회복을 위해 조용한 장소를 찾으셨다. 자신이 누구이며, 아버지가 자신을 얼마나 사랑하시는지 상기하곤 하셨다.

예수님조차도 공동체가 표류하여 잘못 가는 것을 막고, 혼란과 유혹을 멀리하고, 소명을 분명히 하기 위해 정기적인 시간 투자가 필요하셨다.

아무도 이 일을 대신해 줄 수 없다. 힘든 일이기에 대부분이 이를 피한다. 그러나 예수님은 에너지원(Resourcer)이신 하나님 앞에 나아가 홀로 머물면서 힘을 얻으셨다. 판단력, 분별력, 통찰력을 얻으셨다. 함께하는 이들과 일상에서 만나는 사람들을 힘 있게 도우려면 아버지 앞에 나아가 머무셔야 했다.

여기에 장기적인 시간 투자를 하셨다. 맡겨진 일을 능히 감당하고, 관계된 사람들을 효과적으로 섬기기 위해 아버지 앞에 홀로 습관적으로 머무셨다.

그때 비로소 자신이 누구이며, 아버지의 사랑이 얼마나 놀라운지, 아버지가 자신을 얼마나 사랑하시는지를 이해하고 경험하셨다. 거기에서 하루에 필요한 에너지, 기쁨, 평안, 즐거움을 얻으셨다. 그로 인해 종일 여유를 갖고 살고, 영향력을 끼치며 주어진 일을 능히 감당할 수 있으셨다.

예수님의 일과표

마가복음은 예수님의 놀랍고도 역동적인 사역을 잘 보여준다. "곧"이라는 단어가 가장 많이, 무려 41번이나 나오고, "놀라다"는 19번 등장한다. 예수님의 사역은 언제나 역동적이며 놀라웠다. 그 비결은 무엇인가? 바로 예수님의 일상생활에서 발견할 수 있다.

마가복음 1장 21-37절이 이를 잘 보여준다.

- 안식일 오전 : 회당에서 말씀 전하심, 능력 있는 말씀, 귀신이 말씀에 순종함(21-28절)
- 점심 식사 때 : 베드로의 집에 가심, 그의 장모의 열병을 고치심(29-31절)
- 해 저물 때 : 치유하심, 가르치심, 자유하게 하심(32-34절)
- 새벽 미명 : 기도하심(35-37절)

이 말씀은 예수님의 일정 중 어느 하루가 아니라 매일 반복하신 일상을 보여준다. 예수님의 역동적이며 활기차고 능력 있는 삶의 비결은 '새벽 미명'에 있었다.

> 새벽 아직도 밝기 전에, 예수께서 **일어나, 나가,** 한적한 곳으로 **가사,** 거기서 **기도하시더니** 막 1:35

여기서 '일어나, 나가, 한적한 곳으로 가사, 기도하시다'에 쓰인 네 동사는 헬라어의 독특한 시제인 '미완료 현재시제'다. 이는 항상 있는,

계속 반복하는 습관적인 행동을 나타낸다. 예수님의 삶의 중심이 바로 여기 있었다. 누가복음 5장 15,16절도 동일한 패턴을 말씀하신다.

예수의 소문이 더욱 퍼지매, 수많은 무리가 말씀도 듣고 자기 병도 고침을 받고자 하여 모여 오되, (: 그러나) **예수는 물러가사 한적한 곳에서 기도하시니라.**

예수님은 바쁜 일정에 파묻혀 살거나 끌려다니지 않으셨다. 스스로 조절하셨다. "여기까지"(Closed)라고 과감하게 말씀하셨다. 몰려오는 인파와 무수한 일정 앞에서 습관적으로 물러나 한적한 곳에서 기도하셨다. 이것이 예수님의 사역 비결이었다.

두 종류의 기도가 있다.
- 서바이벌 기도(Survival Prayer) : 기도〈사역, 사역을 위해 기도하는 것
- 리바이벌 기도(Revival Prayer) : 기도〉사역, 기도를 통해 사역이 이루어지는 것

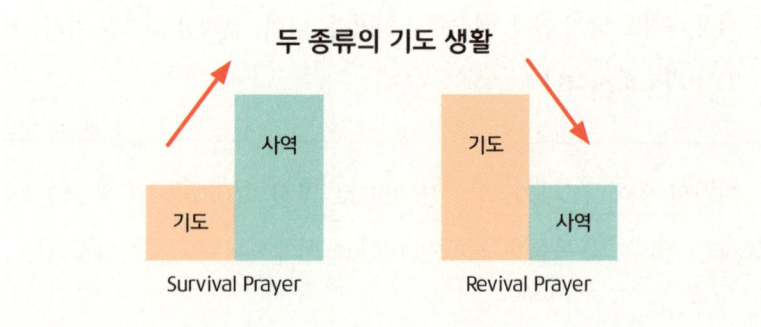

예수님의 기도는 '리바이벌 기도'였다.

앤드류 머레이는 히브리서 묵상록인 《지성소》에서 아래 말씀을 '지성소 안의 생활의 축복'으로 이름 붙이며 그 은혜의 축복을 설명했다.

그 길은 우리를 위하여 휘장 가운데로 열어 놓으신 새로운 살길이요 휘장은 곧 그의 육체니라 또 하나님의 집 다스리는 큰 제사장이 계시매 우리가 마음에 뿌림을 받아 악한 양심으로부터 벗어나고 몸은 맑은 물로 씻음을 받았으니 참 마음과 온전한 믿음으로 하나님께 나아가자
히 10:20-22

여기에서 우리는 아버지의 얼굴을 볼 것이요 그의 사랑을 맛볼 것이다. 여기에서 하나님 아버지는 그의 거룩함을 우리에게 나타내신다. 여기에서 사랑과 예배와 기도의 향연이 이루어진다. 여기에서 하나님과의 풍성한 교제가 이루어진다. 여기에서 중보기도자의 능력 있는 기도가 이루어진다. 여기에 하나님과 어린양의 보좌로부터 끊임없이 흐르고 넘치는 성령의 강이 있다. 여기에서 우리의 영혼이 독수리의 날개 치며 올라감같이 새 힘을 얻고, 또한 제사장으로서 세상에 축복을 줄 수 있는 힘과 사랑을 갖게 된다. 여기에서 우리는 매일 그분의 뜻을 이루는 통로가 되도록 신선한 기름부음을 받는 체험을 하게 된다. – 앤드류 머레이

셀프 리더십 : 시간 관리

CHAPTER 13

리더는 변화를 주는 사람이다. 변화를 주는 리더가 되려면, 주도적인 사람이 되어야 하고, 그러려면 주도적인 생각을 해야 한다.
 '나는 하나님의 형상이다', '나는 영향을 주는 사람이다.'
또한 주도적인 말을 해야 한다.
 '나는 온도계가 아니라 온도조절계다.'
그리고 주도적인 행동을 해야 한다. 시간에 끌려가지 말고 리드해야 한다. 영향력의 원을 확대해야 한다. 특히 '시간 관리 매트릭스'에 있어서 주도적인 사람이 되어야 한다.

시간 관리 매트릭스

중요함 : '결과'와 연관된 것. 중요한 일과 중요하지 않은 일로 구분.

긴급함 : '활동'과 연관된 것. 긴급한 일과 긴급하지 않은 일로 구분.

긴급한 일

- 지금 즉각적인 활동이 요구되는 것(걸려 오는 전화를 받는 일 등).
- 눈앞에 보이는 일. 활동을 요구하며 그로 인해 압박감을 받는다.

긴급하지 않으나 중요한 일

- 결심, 자발성, 주도성, 훈련을 요구한다.
- 셀프 리더십을 요구하는 영역이다.

	긴급함	긴급하지 않음
중요함	① 위기, 급박한 문제 기간이 정해진 프로젝트 보고서 작성 회의 전화	② 예방, 생산 능력 활동 하나님과의 지속적 관계 인간관계 구축 새로운 기회 발굴 중장기 계획, 오락
중요하지 않음	③ 일부 전화, 일부 우편물 일부 회의, 일부 보고서 잠깐의 급한 질문 눈앞의 급박한 상황 인기 있는 활동	④ 바쁜 일, 하찮은 일 일부 우편물, 일부 전화 시간 낭비거리 즐거운 활동

– 스티븐 코비 《성공하는 사람들의 7가지 습관》

1영역 : 긴급하며 중요한 일

주로 '위기 또는 문제'의 내용들로 구성되어 있다. 이것이 계속 존재하면 피로도가 높아지고 쉽게 지치며 탈진할 가능성이 높다. 이 영역에 주로 머무는 사람은 2영역, 3영역의 활동은 거의 못 한다. 그러나 1영역에서 4영역으로 발전하는 경향이 있다. 도피하려고 하기 때문이다.

또한 1영역에 속했다고 생각하나 실제로는 3영역에 속한 일이 많다. 그런데 시간을 여기에 쏟는다. 자신은 급하고 중요한 일에 시간을 쓴다고 생각하는데 자세히 보면 그렇지 않다.

3영역, 4영역에 대부분의 시간을 쓰는 사람은 책임감이 없는 사람이다. 여기에 시간 쓰기를 삼가야 한다. 2영역에 속한 일에 시간을 더 많이 투입하고, 1영역에 속한 활동을 줄여야 한다.

2영역 : 긴급하지 않으나 중요한 일

효과적인 시간 관리의 심장부다. 이 영역에 해당하는 일들은 다음과 같다. 하나님과의 지속적 관계 구축, 인간관계 구축, 사명 선언서 작성, 장기 계획 수립, 운동, 예방, 사전 준비 등.

다만, 2영역의 활동은 긴급하지 않기에 실천에 옮기지 않으려 하는 어려움이 있다. 뒤로 미루는 습관을 고쳐야 한다. 뒤로 미루게 되면 2영역이 성격상 1영역으로 바뀌게 된다.

해결 방안 1. 셀프 리더십 발휘

코앞에 당면한 문제만 해결하는 데서 '미래를 준비하는 사람'으로 바뀌어야 한다! 기회를 증가시키고 문제를 감소시키며, 예방하는 사람이 되어야 한다.

3,4영역 활동 대신 2영역 활동에 시간을 투자해야 한다. 그러려면 3,4영역 활동에 대해 "NO"라고 말할 수 있어야 한다. 사람을 기쁘게 하려 하지 말라. 나 자신을 이끌어야 한다.

해결 방안 2. 시간 계획 세우기, 시간표 작성법 훈련
1. 우선순위를 세우는 게 중요하다. 예수님의 일정이 롤모델이다.
2. 우선순위에 따라 준비하고 계획한다. 우선순위 실행계획을 수립하는 실천력과 자제력을 훈련한다.
3. 주도적인 사람이 된다. 시간 관리에 있어서 이끄는 삶과 이끌리는 삶은 에너지 소모량 차이가 엄청나다.

나침반인가, 시계인가?
- 시계형 지도력 : 긴급한 일에 매달린다. 일에 끌려간다.
- 나침반형 지도력 : 중요한 일에 초점을 맞춘다. 일을 끌어간다.

나침반형 지도력을 발휘하려면,
1. 일주일 단위의 일정이 필요하다.
   크로노스(: 시각)보다 카이로스(: 사건)가 중요하다. 이것은 미리미리 준비하여 일을 끌어가게 해준다.
2. 오전, 오후, 저녁으로 하루를 3등분한다.
   그중 3분의 1은 자기만의 시간을 갖는다. 일주일 중 1일, 또한 상하반기에 각 3일씩, 혹은 1년 중 일주일을 하나님 앞에 머무는 시간으로 떼어놓는다.
3. 인간관계와 사역 수행의 균형을 유지한다.
4. 융통성을 발휘한다.
5. 2영역에서 1영역으로, 1영역에서 4영역으로 흘러가지 않도록 주의한다.
6. 외부 세력의 영향으로 1영역이나 3영역으로 이동하기 쉽다.
7. '해적'(예정 없이 갑자기 쳐들어오는 사람)의 침입을 경계한다.
8. 하루에 정량 식사하듯 리듬을 탄다.
   일주일을 계획할 때, 에너지를 많이 쏟아야 하는 일을 몰아서 하지 않고 분산해서 해야 에너지도 분산된다.
9. 휴대 가능한 일정표를 갖고 다니며 자신의 일정을 항상 살핀다.

주일을 위한 토요일을 어떻게 보낼 것인가?

> 주일을 위한 전쟁은 대개 토요일 밤에 승패가 결정됩니다. 토요일 밤은 자기 성찰과 회개와 주일을 위한 기도의 시간으로 따로 빼두어야 합니다.
> - J. I. 패커
>
> The battle for our Sundays is usually won or lost on the foregoing Saturday night, when time should be set aside for self-examination, confession and prayer for the coming day.
> - J. I. Packer

영적 세계의 일은 매우 민감하다. 토요일을 조금만 산만하게 보내도 주일 예배에 집중하기가 힘들다. 주일 예배를 온전히 드리려면 토요일이 굉장히 중요하다. 주일 예배에 최상의 컨디션을 유지하기 위해 충분히 쉬고, 늦은 밤까지 TV 시청, 게임, 유흥을 피해야 한다.

그렇지 않으면 토요일에 시청했던 드라마, 게임의 잔상이 주일에도 이어져 예배에 집중할 수 없게 된다. 또한 주일 예배를 위해 마음을 준비해야 한다. 지난 한 주를 돌아보며 회개와 감사 제목을 생각하고, 주님 앞으로 우리의 영혼을 집중해야 한다.

주일 예배에 참석한다고 무조건 은혜를 받는 것이 아니다. 은혜는 토요일에 영적으로 깨어 준비한 사람의 몫이다.

한 주를 위해 주일을 어떻게 보낼 것인가?

한 주를 위한 전쟁은 주일에 승패가 결정된다. 주일을 교회 공동체와 함께 보내고, 가급적 봉사에 참여하며, 찬송, 기도, 말씀, 교제로 시간을 채우는 것이 매우 중요하다.

공예배를 마치면 개인적으로 주님과의 시간(: 늦은 저녁 시간)을 갖고 새로운 한 주를 맞는다. 다가올 주간은 세상에 영향을 주는 삶이다. 하나님의 나라가 임하고, 하나님의 뜻이 이루어지는 주간이 되려면 '주일을 위해 토요일을, 주간을 위해 주일을 어떻게 보내는가'가 매우 중요하다.

경건한 그리스도인, 세상에 영향을 주는 그리스도인은 주일을 한 주의 시작으로 여긴다. 대부분은 월요일을 시작일로 보기에 주말은 휴식 시간으로서 여가를 보내려 한다. 그러나 교회 공동체 중심이 아닌 레저 중심의 주말은 월요병을 유발할 뿐이다.

경건 훈련이 필요하다. 셀프 리더십을 발휘하여 자신을 훈련하자. 시간 관리 매트릭스를 활용해 시간을 지혜롭게 관리하자.

지치지 않는 비결, '건강한 나'로 살아가기

1. 짐을 여호와께 맡긴다. 문제를 주님 앞에 가져가는 법을 훈련한다.

날마다 우리 짐을 지시는 주 곧 우리의 구원이신 하나님을 찬송할지로다. (셀라) 시 68:19

네 짐을 여호와께 맡기라. 그가 너를 붙드시고 의인의 요동함을 영원히 허락하지 아니하시리로다. 시 55:22

아무것도 염려하지 말고 다만 모든 일에 기도와 간구로, 너희 구할 것을 감사함으로 하나님께 아뢰라. 그리하면 모든 지각에 뛰어난 하나님의 평강이 그리스도 예수 안에서 너희 마음과 생각을 지키시리라. 빌 4:6,7

너희 염려를 다 주께 맡기라 이는 그가 너희를 돌보심이라 벧전 5:7

2. 성령의 능력으로 산다. 자기 자신의 힘으로 살지 않는 법을 성령에게서 훈련한다.

내가 이르노니 너희는 성령을 따라 행하라. 그리하면 육체의 욕심을 이루지 아니하리라. 육체의 소욕은 성령을 거스르고 성령은 육체를 거스르나니 이 둘이 서로 대적함으로 너희가 원하는 것을 하지 못하게 하려 함이니라. 너희가 만일 성령의 인도하시는 바가 되면 율법 아래에 있지

아니하리라. 갈 5:16-18

자기 힘과 노력으로 살면, "육체의 일"을 낳는다. 그러나 성령의 능력과 인도하심으로 살면, "성령의 열매"가 맺힌다.

육체의 일은 분명하니 곧 음행과 더러운 것과 호색과 우상숭배와 주술과 원수 맺는 것과 분쟁과 시기와 분 냄과 당 짓는 것과 분열함과 이단과 투기와 술 취함과 방탕함과 또 그와 같은 것들이라 전에 너희에게 경계한 것같이 경계하노니 이런 일을 하는 자들은 하나님의 나라를 유업으로 받지 못할 것이요 오직 성령의 열매는 사랑과 희락과 화평과 오래 참음과 자비와 양선과 충성과 온유와 절제니 이 같은 것을 금지할 법이 없느니라 갈 5:19-23

날마다 성령의 충만함을 위해 기도한다.

술 취하지 말라 이는 방탕한 것이니 오직 성령으로 충만함을 받으라 엡 5:18

"충만함을 받으라"는 '충전하라'는 것이다.

3. 예수 그리스도의 시간 관리를 롤모델로 삼는다.

4. 나침반형 지도력을 연습한다.

순종

CHAPTER 14

우리의 부르심은 "순종하는 자식"이다

하나님은 우리를 하나님의 형상으로 창조하셔서 우리가 세상에 영향을 주며 그분의 뜻을 이루는 순종의 삶을 살기를 원하신다. 순종하는 아들과 딸이 우리를 향한 하나님의 뜻이다. 하나님은 우리가 순종의 자녀가 되기를 원하신다.

선악과는 우리가 순종의 자녀로 살아가는 기준점이자 시험대다. 요한복음 10장 10절이 이를 잘 보여준다.

> 도둑이 오는 것은 도둑질하고 죽이고 멸망시키려는 것뿐이요 내가 온 것은 양으로 생명을 얻게 하고 더 풍성히 얻게 하려는 것이라

도둑이 오는 목적은 명확하다. "도둑질하고 죽이고 멸망시키려는 것뿐" 다른 목적은 없다.

우리 주 예수님이 이 땅에 오신 목적도 명확했다. 우리에게 생명을

주고 더 풍성한 삶을 살게 하시려는 것이었다. 얼마나 대조적인 목적인가! 생명과 사망, 빛과 어둠, 소망과 절망, 자유와 노예, 기쁨과 슬픔, 복과 저주.

하나님은 선악과를 거절하는 순종의 삶을 통해 우리가 빛의 자녀로서 생명이 풍성한 삶을 살기를 원하셨다. 하나님의 말씀을 따라 순종하는 삶을 살면, 이런 복이 우리 것으로 주어진다.

그러나 마귀는 거짓말쟁이며 미혹하는 자다. 우리로 하나님이 주시는 복을 전혀 누리지 못하게 하려 한다. 더 나아가 저주와 사망에 이르도록 미혹한다. 하나님의 말씀을 따라 순종하는 삶을 살지 않고 마귀의 말을 따라 살면 그렇게 된다.

마귀는 우리가 불순종의 자녀가 되게 하려고 접근했다. 미혹하며 유혹했다.

> 너희 자신을 종으로 내주어 누구에게 순종하든지 그 순종함을 받는 자의 종이 되는 줄을 너희가 알지 못하느냐? 혹은 죄의 종으로 사망에 이르고 혹은 순종의 종으로 의에 이르느니라 롬 6:16

선악과를 먹지 말라는 주의 말씀을 따라 순종의 삶을 살면 우리는 하나님의 종이 된다. 그 결과로 생명과 풍성한 삶이 주어진다. 그러나 선악과를 먹으면 삶이 더 좋아질 거라고 유혹하는 마귀의 말을 따르면, 우리는 마귀의 종이 되어 사망과 저주의 삶을 살게 된다.

그런데 인간은 주의 말씀에 순종하지 않고 마귀의 말에 순종하여 안타깝게도 마귀의 종이 되었다. 그래서 예수님을 믿기 전의 우리는 "불순종의 아들들"이었다.

> 그는 허물과 죄로 죽었던 너희를 살리셨도다. 그때에 너희는 그 가운데서 행하여 이 세상 풍조를 따르고 공중의 권세 잡은 자를 따랐으니, 곧 지금 **불순종의 아들들** 가운데서 역사하는 영이라. 전에는 우리도 다 그 가운데서 우리 육체의 욕심을 따라 지내며 육체와 마음의 원하는 것을 하여 다른 이들과 같이 본질상 진노의 자녀이었더니 엡 2:1-3

우리가 전에는 이 세상 풍조와 공중의 권세 잡은 자를 따랐다. 육체의 욕심을 따라 지내며 육체와 마음의 원하는 것을 행했다.
그러나 우리를 사랑하시는 하나님은 우리가 순종의 자녀가 되도록 예수 그리스도를 보내셔서 우리를 대신하여 죽으심으로 우리 죄를 해결하셨다. 그리고 우리는 예수님을 믿음으로 하나님의 자녀가 되었다.

> 곧 하나님 아버지의 미리 아심을 따라 성령이 거룩하게 하심으로, 순종함과 예수 그리스도의 피 뿌림을 얻기 위하여 택하심을 받은 자들에게 편지하노니 은혜와 평강이 너희에게 더욱 많을지어다 벧전 1:2

이제 우리는 예수 그리스도 안에서 "순종하는 자식"이 되었다.

너희가 **순종하는 자식처럼** 전에 알지 못할 때에 따르던 너희 사욕을 본받지 말고 벧전 1:14

사울 왕의 불순종
하나님은 사울이 순종하는 삶을 살기 원하셨다. 그러나 그는 불순종했다. 결국 그에게 주어진 영광을 스스로 잃어버렸다. 지도력을 상실했다. 그의 3번의 불순종은 그를 점점 나락으로 떨어뜨렸다.

1. 사울의 불순종으로 그의 나라(kingdom)가 짧아졌다.

블레셋과의 전쟁에서 사울은 왕으로서 전쟁하기 전에 먼저 하나님께 번제를 드려야 했다. 그것이 하나님의 뜻이었다. 그리고 번제를 드리는 것은 왕의 일이 아닌 제사장 사무엘의 일이었다. 사울은 사무엘이 와서 하나님께 번제를 드린 후에 전쟁할 수 있었다.

그런데 사울은 사무엘을 기다리다가 초조해져서 결국 불순종했다. 사무엘을 끝까지 기다리지 않고 스스로 번제를 드렸다. 왜냐하면 군인들이 계속 탈영했기 때문이었다. 사울이 번제를 마치자, 사무엘이 도착했다. 사울은 "부득이하여"라는 말로 변명을 했다.

번제 드리기를 마치자 사무엘이 온지라. 사울이 나가 맞으며 문안하매, 사무엘이 이르되, '왕이 행하신 것이 무엇이냐?' 하니 사울이 이르되, '백성은 내게서 흩어지고 당신은 정한 날 안에 오지 아니하고 블레셋 사람은 믹마스에 모였음을 내가 보았으므로, 이에 내가 이르기를 블레셋 사람들이 나를 치러 길갈로 내려오겠거늘 내가 여호와께 은혜를 간구하지 못하였다 하고 **부득이하여** 번제를 드렸나이다' 하니라 삼상 13:10-12

사무엘은 정한 날 안, 즉 정한 날 마지막에 왔다. 하나님이 우리를 벼랑 끝에 서게 하실 때가 종종 있다. 이때 초점은 '얼마나 심한 압박을 받느냐'가 아니라 '얼마나 끝까지 순종하느냐'에 있다.

순종은 온전해야 한다. 벼랑 끝에 서는 용기가 필요하다. 나의 감정, 생각, 주변 상황에 따라 반응하지 말아야 한다. 사울 역시 상황에 반응하지 말고 끝까지 하나님의 말씀을 따라야 했다. 그러나 그의 불순종은 그의 나라가 길지 못하게 되는 결과를 초래했다.

사무엘이 사울에게 이르되, '왕이 망령되이 행하였도다. 왕이 왕의 하나님 여호와께서 왕에게 내리신 명령을 지키지 아니하였도다. 그리하였더라면 여호와께서 이스라엘 위에 왕의 나라를 영원히 세우셨을 것이거늘, 지금은 왕의 나라가 길지 못할 것이라. 여호와께서 왕에게 명령하신 바를 왕이 지키지 아니하였으므로, 여호와께서 그의 마음에 맞는 사람을 구하여 여호와께서 그를 그의 백성의 지도자로 삼으셨느니라' 하고 삼상 13:13,14

하나님의 마음에 맞는 사람은 온전히 순종하는 사람이다. 하나님은 불순종하는 사울을 버리고 순종하는 사람을 택하여 그의 일을 맡기실 것이다.

2. 사울의 불순종으로 그의 왕위(kingship)를 빼앗겼다.

하나님이 사울 왕에게 아말렉을 치라고 명하셨다.

'지금 가서 아말렉을 쳐서 그들의 모든 소유를 남기지 말고 진멸하되, 남녀와 소아와 젖 먹는 아이와 우양과 낙타와 나귀를 죽이라' 하셨나이다 하니 삼상 15:3

'아말렉의 모든 소유를 남기지 말고 진멸하라' 명하셨다. 그런데 사울은 아말렉 왕 아각을 사로잡고는 죽이지 않았다. 또한 양과 소의 가장 좋은 것을 남기고 진멸하지 않았다. 그러자 하나님께서는 불순종하는 사울을 버려 왕이 되지 못하게 하겠다고 말씀하셨다.

사무엘이 이르되, '여호와께서 번제와 다른 제사를 그의 목소리를 청종하는 것을 좋아하심같이 좋아하시겠나이까? 순종이 제사보다 낫고 듣는 것이 숫양의 기름보다 나으니, 이는 거역하는 것은 점치는 죄와 같고 완고한 것은 사신 우상에게 절하는 죄와 같음이라. 왕이 여호와의 말씀을 버렸으므로 여호와께서도 왕을 버려 왕이 되지 못하게 하셨나이다' 하니 삼상 15:22,23

사울은 좋은 양과 소를 남긴 이유가 하나님께 번제로 드리기 위한 것이라고 또 변명했다. 그러나 하나님은 "나는 번제보다 순종을 좋아한다. 순종이 제사보다 낫다. 거역하는 것은 우상숭배와 같다"라고 하셨다. 결국 하나님은 사울을 버려 그가 왕이 되지 못하게 하리라 결정하셨다.

또한 사울은 백성을 두려워하여 그들의 말을 청종했다. 그러나 순종은 자기의 이성적 판단이나 감정으로 하는 게 아니다. 오직 하나님의 말씀을 따라 행하는 것이다.

사울이 사무엘에게 이르되, '내가 범죄하였나이다. 내가 여호와의 명령과 당신의 말씀을 어긴 것은 내가 **백성을 두려워하여** 그들의 말을 청종하였음이니이다' 삼상 15:24

사람을 두려워하면 사람의 말을 청종하여 그 말을 따라 행하게 된다. 사람을 두려워하면 사람을 기쁘게 하려 하게 된다. 우리는 오직 하나님만 두려워하여 그분의 말씀에 순종해야 한다.

3. 사울의 불순종으로 왕의 생명(king's life)을 빼앗겼다.

블레셋과의 전쟁에서 사울은 블레셋 군대를 보고 두려워서 마음이 크게 떨렸다. 그가 하나님께 간구했으나 하나님은 응답하지 않으셨다. 마음이 몹시 다급해진 사울은 신접한 여인을 통해 하나님께 도움을 청했다.

사무엘이 사울에게 이르되, '네가 어찌하여 나를 불러올려서 나를 성가시게 하느냐?' 하니, 사울이 대답하되, '**나는 심히 다급하니이다**. 블레셋 사람들은 나를 향하여 군대를 일으켰고 하나님은 나를 떠나서 다시는 선지자로도, 꿈으로도 내게 대답하지 아니하시기로 내가 행할 일을 알아보려고 당신을 불러올렸나이다' 하더라 삼상 28:15

하나님은 결국 반복적으로 불순종하는 사울의 생명을 취하기로 결정하신다.

여호와께서 이스라엘을 너와 함께 블레셋 사람들의 손에 넘기시리니, 내일 너와 네 아들들이 나와 함께 있으리라. 여호와께서 또 이스라엘 군대를 블레셋 사람들의 손에 넘기시리라 하는지라 삼상 28:19

다음 날, 사울은 블레셋과의 전쟁에서 목숨을 잃는다. 그의 불순종의 패턴은 늘 비슷했다. "부득이하여"(삼상 13:12), "백성을 두려워하여"(삼상 15:24), "마음이 심히 다급하여"(삼상 28:15).

사울 왕의 불순종은 우리 모두의 이야기다. 그러니 반면교사로 삼아 불순종을 경계해야 한다.

다윗 왕의 순종

하나님은 솔로몬에게 아버지 다윗을 롤모델로 제시하셨다.

네가 만일 네 아버지 다윗이 행함같이 내 길로 행하며 내 법도와 명령을 지키면 내가 또 네 날을 길게 하리라 왕상 3:14

네가 만일 네 아버지 다윗이 행함같이 마음을 온전히 하고 바르게 하여 내 앞에서 행하며 내가 네게 명령한 대로 온갖 일에 순종하여 내 법도와 율례를 지키면, 내가 네 아버지 다윗에게 말하기를 이스라엘의 왕위에 오를 사람이 네게서 끊어지지 아니하리라 한 대로 네 이스라엘의 왕위를 영원히 견고하게 하려니와 왕상 9:4,5

하나님은 다윗의 순종을 모든 지도력의 롤모델로 삼으셨다.

요시야가 여호와 보시기에 정직히 행하여 그의 조상 **다윗의 모든 길로 행하고** 좌우로 치우치지 아니하였더라 왕하 22:2

다윗의 가장 큰 소원은 성전 건축이었다. 그러나 하나님은 이 일을 다윗이 아닌 그의 아들 솔로몬에게 허락하셨다. 그러자 다윗은 자기의 뜻과 생각을 내려놓고 온전히 하나님 뜻에 순종했다. 그는 솔로몬이 성전을 건축하도록 모든 것을 준비해 주었다. 이런 다윗의 순종이 하나님을 기쁘시게 했다.

어떤 사람은 하나님의 뜻과는 상관없이 자기가 원하는 때에 건축이나 사업을 무리하게 이루려고 한다. 욕심과 야망에 사로잡힌 자의 전형적인 불순종의 행동이다. 순종이 제사보다 나음을 마음 깊이 새겨야 한다.

순종의 롤모델이신 우리 주 예수 그리스도

사람의 모양으로 나타나사 자기를 낮추시고 죽기까지 복종하셨으니 곧 십자가에 죽으심이라 빌 2:8

우리는 예수 그리스도의 십자가를 바라볼 때마다 죽기까지 순종하신 예수님을 본다.

예수께서 신 포도주를 받으신 후에 이르시되, **'다 이루었다' 하시고 머리를 숙이니** 영혼이 떠나가시니라 요 19:30

예수님의 "다 이루었다!"는 중요한 임무를 완수한 후의 외침이다. "다 이루었다 하시고 머리를 숙이니"(he bowed his head, NIV)는 온전한 순종을 보여준다. 언제나 아버지의 뜻에 "예!"라고 대답하는 삶이 아름답다. 우리는 주 앞에 우리의 머리를 숙이는 법을 배워야 한다.

주께서 내 귀를 통하여 내게 들려주시기를, '제사와 예물을 기뻐하지 아니하시며 번제와 속죄제를 요구하지 아니하신다' 하신지라. 그때에 내가 말하기를, '내가 왔나이다. 나를 가리켜 기록한 것이 두루마리 책에 있나이다. 나의 하나님이여 내가 주의 뜻 행하기를 즐기오니 주의 법이 나의 심중에 있나이다' 하였나이다 시 40:6-8

이 말씀은 우리 주 예수님의 순종의 고백이다. 예수님은 철저히 하나님 아버지의 말씀에 순종하는 삶을 사셨다. 어디서 살지를 결정하실 때(마 4:13,14), 종려주일에 예루살렘에 왕으로 입성하실 때 볼품없는 나귀를 타신 것(마 21:4,5)과 감람산에서 결박당하여 끌려가실 때(마 26:53,54)도 전적으로 아버지의 뜻을 따르셨다.

예수님의 순종의 하이라이트는 감람산에서의 기도다.

조금 나아가사 얼굴을 땅에 대시고 엎드려 기도하여 이르시되, '내 아버지여! 만일 할 만하시거든 이 잔을 내게서 지나가게 하옵소서. 그러나 나의 원대로 마시옵고 아버지의 원대로 하옵소서' 하시고 마 26:39

"그러나 나의 원대로 마시옵고 아버지의 원대로 하옵소서."
이것이 날마다 우리의 기도가 되어야 한다.

순종을 배우신 예수님

그가 아들이시면서도 받으신 **고난**으로 **순종함을 배워서**, 온전하게 되셨은즉, 자기에게 순종하는 모든 자에게 영원한 구원의 근원이 되시고 히 5:8,9

예수님이 하나님의 아들이셔서 순종하기가 어렵지 않았을 것으로 생각하면 큰 오산이다. 예수님도 순종을 '배우셨다.'

배운다는 것은 저절로 되는 일이 아니라는 뜻이다. 순종은 자동으로 되는 것이 아니다. 순종의 삶은 안수기도로 단번에 받을 수 있는 것도 아니다. 순종은 훈련을 통해 배워야만 한다. 배우는 데 시간도 필요하다.

하루아침에 순종의 삶을 살게 되는 것이 아니다. 반복하며 연습해야 한다. 훈련은 실수와 실패를 포용한다. 힘들다고 포기하지 않는다.

예수님은 '고난'을 통해 순종을 배우셨다. 고난 없이 순종을 배울 수 있다면 얼마나 좋을까! 우리에게 다가오는 고난을, 순종을 배울 기회로 여겨 마음을 열고 환영해야 한다.

그래도 감사한 것은 "잠깐" 고난을 당한다(벧전 5:10). 오래 고난 당하는 것이 아니다. 그러니 인내해야 한다.

> 고난 당하기 전에는 내가 그릇 행하였더니 이제는 주의 말씀을 지키나이다 시 119:67

> 고난 당한 것이 내게 유익이라 이로 말미암아 내가 주의 율례들을 배우게 되었나이다 시 119:71

고난은 우리 얼굴을 주께로 향하게 한다. 무릎을 꿇게 한다. 손을 들고 전심으로 주를 향해 부르짖게 한다. 고난은 우리 마음을 주께로 향하게 한다. 죄를 회개하게 하고, 마음을 부드럽고 갈급하게 만든다. 주의 말씀에 순복하게 한다.

모든 은혜의 하나님, 곧 그리스도 안에서 너희를 부르사 자기의 영원한 영광에 들어가게 하신 이가, 잠깐 고난을 당한 너희를 친히 온전하게 하시며, 굳건하게 하시며, 강하게 하시며, 터를 견고하게 하시리라 벧전 5:10

얼마나 큰 힘이 되는 말씀인가! 우리를 온전하게 하는 것, 굳건하게 하는 것, 강하게 하는 것, 우리의 터를 견고하게 하는 비결은 잠깐 고난을 받아 순종함을 배우는 것이다.

감사하게도 우리로 고난 당하게 하시는 우리 하나님은 "모든 은혜의 하나님"이시다. 그분은 우리가 감당하지 못할 시험을 허락하지 않으신다. 감당할 만큼의 고난만 허락하신다. 그 하나님 아버지께서 우리에게 말씀하신다.

"네가 이 고난을 통과하면 너는 온전하게 되며, 더욱 굳건해지며, 더욱 강해질 것이다. 너의 터가 더 견고해질 것이다."

"나의 자녀들아, 이 고난은 잠깐이다! 결코 길지 않을 것이다. 내가 너를 붙들고 있단다."

"이 고난을 통과하면 순종을 배우게 될 거란다! 그리고 나는 순종하는 너를 통해 일할 것이다."

이처럼 고난은 그 자체로 목적이 아니다. 고난을 통해 순종을 배우는 게 목적이다. 그리고 궁극적인 목적은, 순종하는 우리를 통해 하나님께서 그분의 영광을 온 땅에 나타내시는 것이다.

주님 앞에 이렇게 외쳐보자.

"아버지 하나님, 우리가 순종을 배우겠습니다!"

설득력과 경청 : 커뮤니케이션

CHAPTER 15

커뮤니케이션은 지도력의 열쇠

지도력을 발휘하는 데 커뮤니케이션은 매우 중요하다. 커뮤니케이션의 주요소는 '듣는 것'과 '말하는 것'이다. 커뮤니케이션을 잘할 줄 모른다고 핑계 대면 안 된다. 이것은 훈련의 영역이기 때문이다.

커뮤니케이션이 원활할 때 효과적인 지도력을 발휘할 수 있을 뿐 아니라 팀원과의 관계가 원활해져 팀워크가 더욱 견고해진다. 더 나아가 팀원 모두가 리더로 성장한다. 결국 사역도 배가가 된다. 그러나 커뮤니케이션이 부족하면 전반적인 어려움이 발생한다.

다윗은 어린 목동임에도 이것을 할 줄 알았다. 전쟁터의 형들을 방문했다가 골리앗이 조롱하는 말을 듣고, 그는 주변 병사들에게 재차 물었다.

이 블레셋 사람을 죽여 이스라엘의 치욕을 제거하는 사람에게는 어떠한 대우를 하겠느냐? 이 할례 받지 않은 블레셋 사람이 누구이기에 살아계

시는 하나님의 군대를 모욕하겠느냐? 삼상 17:26

그래야 자기의 말이 사울 왕의 귀에 들어가 싸울 기회를 얻을 수 있었기 때문이다. 마침내 다윗은 사울 왕 앞에 나아갔고, 당당하고도 담대하게 말했다.

왕이시여, 저 블레셋 거인 때문에 두려워하실 필요는 없습니다. 내가 가서 저 녀석을 해치우겠습니다! 삼상 17:32 현대인의성경

사울 왕은 15세 정도 되어 보이는 소년 목동에게 애써 침착하고도 부드럽게 대답했다.

그건 안 된다. 너같이 어린 녀석이 어떻게 저 거인과 싸울 수 있겠느냐? 너는 소년에 불과하고 그는 어릴 때부터 군 생활을 해온 장군이다!
삼상 17:33 현대인의성경

사울 왕은 다윗의 제안을 한마디로 거절했다. 그의 거절은 지극히 객관적이며 정상적인 반응이었다. 반면에 다윗의 제안은 너무 무모했다. 누구라도 사울 왕과 같은 대답을 했을 것이다.

우리가 나누는 대화나 회의 가운데도 이런 일이 자주 발생한다. 회의 내용이나 분위기가 다윗과 사울 왕의 대화와 비슷할 때가 많다.

내 제안이 단번에 거절될 때, 나는 확신을 가지고 자신 있게 제안했지만, 리더가 부드럽게 혹은 조롱하듯 핀잔을 주며 거절할 때 어떻게 반응해야 할까? 회의석에 함께 있는 동료를 비롯한 다른 사람들까지도 반대한다면?

기분 나쁜 표정을 숨기지 못한 채, "왜 내 의견을 무시합니까?"라고 화낼 것인가, 아니면 속으로만 생각하고 침묵할 것인가? 회의를 마치고 나가서 리더에 대한 원망과 불평을 주변 사람들에게 나눌 것인가, 아니면 그 회의에 참여하지 않았던 사람들에게 불평불만을 늘어놓을 것인가? 혹 불굴의 의지로, "저를 믿어주십시오. 제가 한번 해보겠습니다!"라고 다시 말할 것인가?

그러나 결국 같은 대답을 또 듣게 될 것이다.

"너는 안 된다."

이렇게 커뮤니케이션하는 사람은 리더가 되기에는 역부족이다.

다윗의 커뮤니케이션 : 설득력

왜 다윗은 자신 있게 제안했는가? 왜 사울 왕은 단호히 거절했는가? 누가 잘못인가? 다윗인가, 사울 왕인가? 아니다. 아무도 잘못이 없다. 제안한 다윗이나 이를 거절한 사울이나 둘 다 옳다. 다만 다윗이 보고 있는 것을 사울 왕은 못 본 것뿐이다.

사울이 본 건, 거인 골리앗과 소년 다윗이었다. 그래서 다윗은 사울 왕에게 자신이 어떻게 싸워 골리앗을 죽일지를 설명했다. 그는 사울의 거절에 포기하거나, 낙심하거나, 위축되거나, 원망하거나 아니면 막무가내식으로 우기면서 밀고 나가지 않았다. 자신이 보는 것을 사울 왕도 객관적으로 볼 수 있도록 설명했다. 이것을 '**설득력**'이라 한다.

다윗이 사울에게 말하되, '주의 종이 아버지의 양을 지킬 때에, 사자나 곰이 와서 양 떼에서 새끼를 물어가면, 내가 따라가서 그것을 치고 그 입에서 새끼를 건져내었고, 그것이 일어나 나를 해하고자 하면 내가 그 수염을 잡고 그것을 쳐 죽였나이다. 주의 종이 사자와 곰도 쳤은즉 살아계시는 하나님의 군대를 모욕한 이 할례 받지 않은 블레셋 사람이리이까? 그가 그 짐승의 하나와 같이 되리이다.' 또 다윗이 이르되, '여호와께서 나를 사자의 발톱과 곰의 발톱에서 건져내셨은즉, 나를 이 블레셋 사람의 손에서도 건져내시리이다.' 삼상 17:34-37

다윗은 막무가내로 의견을 밀어붙이지 않았다. 사울 왕에게 자기 경험을 말하며 골리앗과 싸워 이길 수 있음을 설명했다. 자신이 죽인 사자와 곰을 골리앗과 대조하며, 그 맹수들을 죽였으니 골리앗도 죽일 수 있다고 했다. 또 하나님이 자신을 사자와 곰의 발톱에서 건져주셨으니, 골리앗의 손에서도 건져주실 것을 확신했다. 이것이 그가 골리앗을 죽일 수 있는 근거였다.

다윗은 커뮤니케이션할 줄 알았다. 자신이 알고 보는 것을 사울 왕도 똑같이 알고 보게 했다. 마침내 사울 왕은 다윗의 설명을 통해 충분히 이해했고, 다윗이 가서 싸울 것을 허락했다.

다윗은 설득할 줄 알았다.

사울이 다윗에게 이르되, '가라! 여호와께서 너와 함께 계시기를 원하노라.' 삼상 17:37

올바른 커뮤니케이션 : 조하리 창(Johari Window)

조하리 창

	자신이 아는 부분	자신이 모르는 부분
다른 사람이 아는 부분	열린 창 Open area	보이지 않는 창 Blind area
다른 사람이 모르는 부분	숨겨진 창 Hidden area	미지의 창 Unknown area

4개의 창이 있다.

1. 열린 창

나도 알고 다른 사람도 아는 창이다.

이런 경우는 대화하기가 쉽다. 서로 알고 있기 때문이다.

2. 보이지 않는 창

나는 모르고, 다른 사람은 아는 창이다.

이 영역을 맹점(盲點), '블라인드 스팟'(blind spot)이라 한다. 앞서 사울 왕의 경우다. 다윗은 보고 있지만, 사울 자신은 볼 수 없는 부분이 있었다. 사울은 이때 도움을 받아야 한다. 다윗의 설명을 경청해야 한다.

3. 숨겨진 창

나는 알고, 다른 사람은 모르는 창이다.

앞서 다윗의 경우다. 다윗은 알고 있지만, 사울은 몰랐다. 이때 다윗은 사울이 볼 수 있게 도와야 한다. 사울 왕을 설득해야 한다.

4. 미지의 창

나도 모르고, 다른 사람도 모르는 창이다.

이때는 제삼자의 도움이 필요하다. 무엇보다 하나님께 나아가 여쭈어야 한다. 모두 성령께 나아가 그분의 음성에 귀를 기울여야 한다.

올바른 커뮤니케이션은 열린 창을 점점 넓히는 데 있다. 맹점이 있는 사람은 맹점을 극복하여 열린 창을 확대해야 한다. 숨겨진 창이 있는 사람은 보이지 않는 창이 있는 사람을 도와서 열린 창을 확대해야 한다. 그러기 위해서는 경청과 설득력을 훈련해야 한다.

맹점 극복하기 : 경청

누구나 맹점이 있다. 남들은 보아도 내게는 보이지 않는 창. 특히 리더는 이 창을 극복해야 폭넓은 지도력을 발휘할 수 있다. 맹점을 극복하려면 백미러(후사경)를 사용해야 한다. 내가 볼 수 없는 부분을 다른 사람을 통해 보는 법을 훈련해야 한다.

가장 올바르지 않은 지도력은 자기 맹점을 모르거나 인정하지 않는 태도다. 맹점을 인정하지 않고 자기가 보는 것이 전부인 줄 아는 지도자는 성장하지 못한다. 안타깝게도 다른 사람도 성장시키지 못하고, 사역 역시 확장되지 못한다.

맹점이 많은 리더는 다른 의견을 내는 사람들이 자신을 무시한다고 생각한다. 또 자신을 거역하고 대적한다고 오해한다. 자기 생각으로 꽉 찬 사람은 타인의 의견에 귀를 기울이지 않는다. 그가 말을 마치기도 전에 말을 끊기 일쑤다.

경청

맹점을 극복하려면 타인의 의견에 귀를 기울여야 한다. 내가 볼 수 없는 부분을 그들의 말을 백미러 삼아서 보려고 해야 한다. 그러면 안 보이던 부분이 보인다. '보이지 않는 창'이 점차 '열린 창'으로 바뀌어 시야가 넓어진다. 겸손한 리더는 경청할 줄 안다. 자기 맹점을 인정하기 때문이다. 그래서 점차 맹점이 줄어든다.

사울 왕은 다윗의 말을 경청했다. 그래서 올바른 결정을 내릴 수 있었다. 그 결과, 이스라엘 군대가 대승을 거두었다.

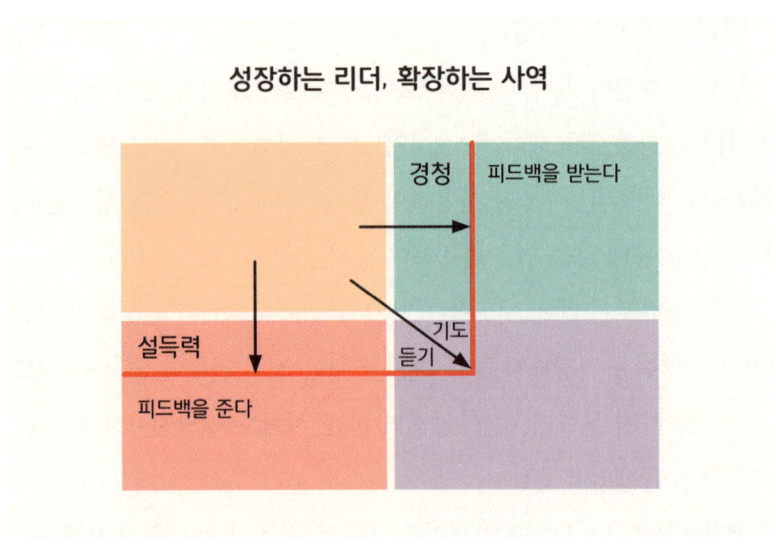

맹점 극복시키기 : 설득

다윗은 올바른 자세를 취했다. 사울 왕이 볼 수 없는 부분을 보게 해주었다. 그에게 백미러가 되어주었다. 맹점을 극복하도록 도와줄 때는 그를 핀잔주거나 공박하거나 비웃거나 조롱하지 말아야 한다. 그의 의견을 무시하기보다는 그가 못 보는 부분을 볼 수 있도록 친절하게 도와주어야 한다. 그에게 내 의견만 주장하는 것처럼 비춰져서는 안 된다.

설득력

상대가 맹점을 극복하도록 돕는 게 설득력이다. 친절하고 지혜롭게 말하는 법을 배워야 한다. 다윗은 사울에게 지혜롭게 설명하여 사울이 맹점을 극복하여 상황을 명확하게 볼 수 있게 도왔다.

회의할 때 다윗의 입장이 되어야 할 때가 많다. 특히, 아직 미숙한 리더나 젊은 리더의 경우가 그렇다. 그때는 설득을 통해 그들(: 맹점을 가진 사람들)의 시야를 넓혀주어야 한다. 단지 내 의견을 관철하는 데 목표를 두거나 의사 결정에만 집중하지 말아야 한다.

맹점이 있는 그들에게 백미러가 되어주어야 한다. 그러면 그들의 보이지 않는 창이 열린 창으로 바뀐다. 그들의 시야가 넓어진다.

피드백 주고받기

맹점을 극복하려면 겸손하게 피드백을 받아야 한다. 변명하기에 급급하지 말고, 경청하며 시야를 넓히고자 겸손하게 마음을 열어야 한다.

나이가 많고, 리더이고, 경험이 많다는 이유로 교만해지지 말자. 나이가 어려도, 경험이 부족해도, 나의 권위 아래 있어도, 내가 볼 수 없는 부분을 볼 수 있음을 인정하자. 내가 보지 못한 부분은 없는지 점검하며, 나와 다른 의견을 가진 사람들의 관점에서 듣고자 할 때, 기꺼이 피드백을 받고자 할 때 맹점이 극복된다.

반대로 타인이 맹점을 극복하게 하려면 온유하게 피드백을 주어야 한다. 친절하고 지혜롭게 온유한 심령으로 피드백을 주는 법을 훈련해야 한다. "너는 틀렸다"라고 단정 지어 말하지 말고 "나는 다른 의견이 있다"라고 겸손히 말함으로 상대의 마음이 다치지 않게 해야 한다.

자신이 리더의 위치에 있다면, 회의장의 활발한 커뮤니케이션을 독려해야 한다. 격려와 칭찬을 아끼지 말아야 한다. 경청과 설득의 분위기를 조성하며, 한두 사람이 회의를 독점하지 못하도록, 모두가 참여하는 분위기를 만들어야 한다.

혹 어리석은 말이나 의견이 있어도 허용하며 인내해야 한다. 회의하는 목적은 자기 생각이나 의견을 골고루 말하는 게 아니다. 서로 경청하고 설득하며 이해의 폭을 점점 넓혀가는 게 목적이다. 그래서 회의를 이끄는 리더(혹은 의장)의 역할이 중요하다.

또한 회의 시간이 짧으면 의제에 대해 결론 내리는 데만 급급해진다. 그러니 시간을 충분히 갖고, 모두가 보이지 않는 창(: 맹점)과 숨겨진 창을 줄이고, 열린 창을 넓히는 데 목표를 두어야 한다. 그러면 구성원들의 시야가 점점 넓어진다. 회의를 통해 경청과 설득력을 기르며 각 사람이 더 성장한다. 그로 인해 사역이 확장된다. 그런 공동체는 지도력이 배가된다.

커뮤니케이션 능력이 지도력의 열쇠다.

긍휼 그리고 공의

CHAPTER
16

아둘람 굴

다윗이 사울을 피해 주로 머문 곳은 유대 광야였다. 광야라고 해서 허허벌판이 아니다. 거기에는 석회동굴이 많다. 규모도 제법 크고 넓다. 어떤 곳은 여러 갈래로 나뉘어 크고 작은 공간들이 있다. 그중에서도 다윗이 주로 머문 곳을 '아둘람 굴'이라 했다.

> 그러므로 다윗이 그곳을 떠나 아둘람 굴로 도망하매, 그의 형제와 아버지의 온 집이 듣고 그리로 내려가서 그에게 이르렀고, **환난 당한 모든 자와 빚진 모든 자와 마음이 원통한** 자가 다 그에게로 모였고, 그는 그들의 우두머리가 되었는데, 그와 함께한 자가 사백 명가량이었더라.
> 삼상 22:1,2

다윗이 사울을 피해 유대 광야 아둘람 굴에 머물 때, 많은 사람이 그리로 모였다. 모인 사람은 세 부류였다. "환난 당한 모든 자", "빚진 모든 자", "마음이 원통한 자." 그 수가 사백 명에 달했으니 적지 않은 무리였다.

아둘람 굴은 분위기가 어땠을까? 오늘날 이런 사람들이 집중적으로 모여 지내는 곳이 어디인가? 교도소다. 그곳은 분위기가 밝지 않다. 어둡고 우울하다. 무질서하고 혼란스럽다. 웃음이 없다. 그곳에 모인 사람들은 대부분 부정적이고 비판적이다. 소극적이고 수동적이다. 피해의식이 많다. 자존감이 낮아서 사소한 일에도 자주 다툰다. 사람들의 말에 쉽게 휘둘린다.

동서양을 막론하고 이런 무리는 남의 것을 약탈하거나 횡포를 부리

❶ 동굴 안에서(2017년)
❷ 아둘람 굴을 연상케 하는 동굴 입구에서 찍은 사진(2019년)
❸ 동굴 안에서 예배와 말씀의 시간(2017년), NCMN 단기선교

는 도적 떼가 되기 십상이다. 산에 살면 산적이 되고, 바다에 살면 해적이 될 가능성이 크다.

그런데 다윗이 그들의 우두머리가 되었다. 그는 어떤 지도력을 발휘했을까?

다윗의 용사들

사무엘하 22장과 23장은 서로 연관이 있다. 둘 다 '다윗의 평생 결산서'라는 공통점이 있다. 22장은 '다윗의 승전가'로 매우 길다. 23장은 '다윗의 용사들'의 긴 목록이다.

하나님은 다윗이 전쟁에서 승리하게 하셨다. 주변 모든 나라를 평정시키셨다. 그렇다고 그 모든 나라를 편입시켜 큰 나라로 만들진 않았다. 이것이 다른 나라들의 역사와 다른 점이다.

다윗은 그 나라들을 굴복시켰지만, 정복하지 않았다. 하나님께서 이스라엘에게 줄로 재어주신 구역을 넘어가지 않았다. 세계사를 보면 다른 나라들을 복속시켜 국경을 확장한 왕국들은 전부 망했다. 그것이 하나님의 뜻이 아니기 때문이다. 탐욕은 언제나 패망으로 이끈다. 개인이든 나라든 그 원리는 같다.

다윗은 그의 승리 이유를 두 가지로 들었다. 첫 번째는 단연 하나님이시다(삼하 22장). 두 번째는 그의 용사들의 희생과 헌신이다(삼하 23장). 우리의 관심은 다윗의 용사들이다. 이들은 언제부터 다윗과 함께 전쟁에 참여하여 나라를 위해 용맹을 떨쳤을까?

몇 가지 가능성이 있다.

1) 유학파인가?

사울 왕국에 실망하여 해외로 나가 실력을 쌓으며 때를 기다리다가 다윗이 왕위에 오르자, 귀국하여 참여한 사람들.

2) 망명객인가?

사울에게 옳은 소리를 하다가 해외로 쫓겨나서 살다가 다윗 때에 귀국한 사람들.

3) 전향자인가?

사울 왕국에서 나라를 위해 일하다가 다윗 왕국에서도 발탁된 사람들.

다윗의 강한 용사들의 면면을 살펴보면, 위 세 그룹에 속한 사람이 거의 없다. 그러면 이들은 누구인가?

놀랍게도, 다윗의 용사들 대부분은 '아둘람 굴' 출신이다. 이전에는 쓸모가 없던 사람들, 자기 자신조차 제대로 지키지 못하던 오합지졸, 그런 이들이 다윗의 용사가 되었다. 영향을 받는 사람이 아니라 영향을 주는 사람, 높은 자존감을 가진 용맹스러운 사람이 되었다. 이들은 자신의 고귀함을 알고 사명을 깨달아 목숨을 아끼지 않고 다윗의 하나님을 위해 헌신했다. 이들에게 무슨 일이 일어났는가? 무엇이 이들을 이처럼 놀랍게 변화시켰는가?

다윗의 지도력

그 열쇠는 다윗의 지도력에 있다. 다윗이 이들 무리의 우두머리가 된 것은 무엇을 의미하는가? 이미 살펴본 것처럼 다윗은 자신의 불행한 환경에 빠져 허우적거리지 않았다. 원망과 불평불만으로 가득한 비행 청소년과는 거리가 먼 삶을 살았다. 다윗은 엠블레포의 눈으로 자신을 보았다.

시편 139편은 다윗의 그러한 면모를 발견할 수 있는 말씀이다. 나를 아시는 여호와 하나님, 나를 이해하시고 언제나 나와 함께하시는 여호와 하나님, 나를 그분의 형상으로 신묘막측하게 지으신 하나님, 크고 놀라운 사명을 주신 하나님, 이것이 시편 139편의 고백이다.

다윗은 자기 삶의 출발과 과정을 언제나 하나님의 경륜과 섭리에서 이해했다. 사람의 손을 바라보지 않고 오직 하나님의 손만 보았다.

주 여호와여, 주는 나의 소망이시요 내가 어릴 때부터 신뢰한 이시라. 내가 모태에서부터 주를 의지하였으며 나의 어머니의 배에서부터 주께서 나를 택하셨사오니 나는 항상 주를 찬송하리이다. 시 71:5,6

내 부모는 나를 버렸으나 여호와는 나를 영접하시리이다. 시 27:10

오직 주께서 나를 모태에서 나오게 하시고 내 어머니의 젖을 먹을 때에 의지하게 하셨나이다. 내가 날 때부터 주께 맡긴 바 되었고 모태에서 나올 때부터 주는 나의 하나님이 되셨나이다. 시 22:9,10

다윗은 아둘람 굴의 사람들을 엠블레포의 눈으로 바라보았다. 우리 주 예수님이 시몬을 '게바'라고 말씀하시듯, 아브람을 '아브라함'으로, 야곱을 '이스라엘'로 바꾸신 하나님을 다윗은 알았다. 그래서 그들에게 용기와 소망을 끊임없이 심어주었다. 문제는 있어도 문제아는 없다는 것을 다윗은 알았다. 시편 8편의 고백처럼 다윗은 그들을 능동적이고 긍정적이며 적극적인 사람들로 이끌었다. 격려와 용기를 북돋워 주었다. 이것이 다윗의 지도력이다.

긍휼

나는 아둘람 굴에 모인 사백 명을 마음에 그려보았다.

환난 당한 모든 자, 빚진 모든 자, 마음이 원통한 자들이 다윗을 중심으로 빙 둘러앉아 있다. 그들을 찬찬히 훑어보는데 낯익은 얼굴이 보인다. 자세히 보니 내가 거기에 앉아 있다.

그리고 그들 가운데 앉아서 수금을 타며 시편 23편으로 여호와 하나님을 찬양하는 다윗이 보인다. 가까이서 보니 우리 주 예수 그리스도시다.

20대 초, 나의 사역 초기에 예수님은 이사야서 49장 5,6절을 통해 나에게 자주 말씀하셨다.

이제 여호와께서 말씀하시나니, 그는 태에서부터 나를 그의 종으로 지으신 이시요, 야곱을 그에게로 돌아오게 하시는 이시니, 이스라엘이 그에게로 모이는도다. 그러므로 내가 여호와 보시기에 영화롭게 되었으며 나의 하나님은 나의 힘이 되셨도다. 그가 이르시되, '네가 나의 종이 되어 야곱의 지파들을 일으키며, 이스라엘 중에 보전된 자를 돌아오게 할

것은 매우 쉬운 일이라. 내가 또 너를 이방의 빛으로 삼아 나의 구원을 베풀어서 땅끝까지 이르게 하리라'

"너는 나의 종이다. 내가 너를 통해 나의 영광을 나타낼 것이다. 내가 너의 힘이 되어주겠다. 너는 나의 백성들을 일으키며 견고하게 무장시키는 일을 하게 될 것이다. 그리고 내가 너를 통해 열방이 내게로 돌아오게 할 것이다."

신명기 31장 8절을 통해서도 말씀하셨다.

"나는 너를 절대로 떠나지 않을 것이다. 절대로 너를 버리지 않을 것이다."

또 사사기 6장 12절을 통해, "너는 나의 용사다. 너는 큰 군대의 대장이다"라고 말씀하셨다.

그리고 폴 호킨스(Paul Hawkins), 제프 리틀튼(Jeff Littleton), 스티브 샴블린(Steve Shamblin), 잭 윈터(Jack Winter) 외에도 여러 경건한 주의 동역자들을 통해서 위 말씀과 연관된 주의 음성을 들었다. 이들은 나의 사역 초기에 하나님이 보내주신 사람들이었다.

사실 처음에는 이런 말을 받아들이기가 쉽지 않았다. 그러나 이 말씀들을 통해 엠블레포의 눈으로 나를 보는 법을 점차 익혔다. 또한 나와 함께하는 사람들을 엠블레포의 눈으로 보는 법도 배웠다. 그래서 나는 다윗이 아둘람 굴 사람들을 어떻게 대했을지 이해하게 되었다. 다윗은 그들을 하나님의 긍휼로 대했다.

긍휼과 은혜

긍휼은 무슨 뜻일까? 긍휼을 이해하려면 은혜를 이해해야 한다. '은혜'란 '받을 수 없는 중에 받는 것', '받을 만한 자격이 없지만, 거저 주어진 것'을 말한다.

가령 '구원', '영원한 생명', '하나님의 자녀', '거듭남', '하늘에 속한 모든 신령한 복'은 전적인 주의 은혜다. 이는 나의 행위나 의로 받는 것이 아니라 전적인 하나님의 은혜와 오직 믿음으로 받는다.

그렇다면 '긍휼'은 무엇일까? 이는 '마땅히 받아야 할 것을 받지 않는 것'이다. 가령 '하나님의 진노', '하나님의 심판', '사망', '저주' 등은 어떤 것으로도 피할 길이 없다. 그런데 하나님께서 이것들이 내게 이르지 않도록 하셨다. 이것이 하나님의 긍휼이다.

이같이 하나님의 은혜와 긍휼은 동전의 양면과 같다. 내용상 같지만, 형식상 정반대다. 하나님의 사랑이 그 원천이다.

긍휼과 심판

'심판'을 이해하면 긍휼을 더 명확히 이해할 수 있다. 심판이란 '옳고 그름에 대한 공정한 판단'이다. 심판은 '공의'에 기반을 둔다. 공의는 '옳고 그름'에 있다. 아래 야고보서 말씀에 "심판" 대신 "공의"를 넣어도 의미는 같다.

> 긍휼을 행하지 아니하는 자에게는 긍휼 없는 심판이 있으리라. 긍휼은 **심판**을 이기고 자랑하느니라. 약 2:13

이 말씀과 아래 시편 말씀은 그 의미가 같다.

의와 공의가 주의 보좌의 기초라. **인자함과 진실함**이 주 앞에 있나이다. 시 89:14

하나님 보좌의 기초는 "의와 공의"다. 그러나 하나님의 보좌 전체는 "인자함과 진실함"이다.

하나님과 우리가 만나는 곳이 지성소다. 거기에 속죄소가 있다. 이를 '시은좌'라고도 한다. 우리는 "은혜의 보좌"라고 번역한다. 그러나 영어로는 "mercy seat"(긍휼의 보좌)이라고 원래의 의미를 더 정확하게 전달했다(출 25:17-22).

야고보서 2장 13절, 시편 89편 14절, 출애굽기 25장 17절을 통해 하나님 보좌의 기초는 공의이지만 하나님의 보좌 전체는 긍휼임을 알 수 있다. 그래서 야고보서에 "긍휼은 심판(: 공의)을 이기고 자랑한다"라고 말씀하는 것이다.

이는 복음의 핵심이다. 우리는 죄를 지어서 죄인이다. 엄밀히 말하면 죄인이어서 죄를 짓는다. 죄의 삯은 사망이다. 하나님의 진노와 심판을 면할 수 없다. 그런데 하나님은 우리의 모든 죄를 그분의 아들 우리 주 예수 그리스도께 짊어지우셨다.

예수께서 우리의 죄를 대신 짊어지시고 골고다로 올라가 십자가에 달리셨다. 그분이 흘리신 피로 우리의 죄가 씻겼다. 죄인 된 우리는 예수님과 함께 십자가에서 죽었다. 그리고 하나님께서 우리를 예수님과 함께 다시 살리셔서 새사람이 되게 하셨다.

로마서 3장 23-26절의 "속량", "은혜", "칭의"가 바로 복음이다!

모든 사람이 죄를 범하였으매 하나님의 영광에 이르지 못하더니, 그리스도 예수 안에 있는 **속량**으로 말미암아 하나님의 **은혜**로 값없이 의롭다 하심을 얻은 자 되었느니라. 이 예수를 하나님이 그의 피로써 믿음으로 말미암는 화목제물로 세우셨으니, 이는 하나님께서 길이 참으시는 중에 전에 지은 죄를 간과하심으로 자기의 의로우심을 나타내려 하심이니, 곧 이때에 자기의 의로우심을 나타내사 자기도 의로우시며 또한 **예수 믿는 자를 의롭다 하려 하심이라.**

우리는 하나님의 긍휼로 이 은혜의 자리에 앉았다. 만일 하나님이 오직 공의로만 대하시면 우리는 모두 사망이다. 하나님의 심판을 면할 수 없다. 그러나 하나님의 공의로 시작하여 하나님의 긍휼로 마무리된다.

긍휼은 죽었던 우리를 살린다. 엠블레포는 하나님의 긍휼에서 시작한다. 다윗은 끊임없이 아둘람 굴에 모인 사람들을 하나님의 긍휼로 대했다. 그러자 그들은 죄인에서 '용서받은 죄인'으로 바뀌었다. 저주의 자리에서 축복의 자리로, 절망에서 소망으로 옮겨졌다. 하나님의 사랑과 은혜와 긍휼로 새사람이 되었다. 오네시모처럼 전에는 무익했으나 이제는 유익한 존재가 되었다(몬 1:11).

하나님의 사랑이 우리를 새롭게 했다. 십자가와 보혈이 우리를 용사로 만들었다. 우리를 밤낮 참소하던 자가 쫓겨났다(계 12:10,11). 더 이상 정죄함이 없다. 십자가로 승리했다. 사무엘상 22장의 아둘람 굴 출신들이 사무엘하 23장의 다윗의 용사들로 바뀌었다!

다윗의 지도력이 이들을 용사가 되게 했다. 바로 긍휼의 지도력이다. 긍휼은 소극적이지 않다. 용서하는 것을 넘어선다. 긍휼은 하나님의 엠블레포의 눈으로 보게 한다. 긍휼은 적극적이다. 격려와 지지, 후원과 응원, 용서와 용납, 인내와 기다림을 동반하며, 용기를 북돋워 주고, 위로와 소망의 말을 한다. 약점을 강점으로, 실패를 성공의 디딤돌로 만든다.

약점을 장점 되게 하시는 분

중국의 어느 비취 세공사가 큰 비취를 헐값으로 샀다. 그 비취 한가운데에 위로부터 아래로 큰 흠이 파여 있었기 때문이었다. 많은 사람이 그 깊게 파인 흠만 보고는 "이 흠 때문에 아무 쓸모가 없어"라고 말했다. 그러나 이 세공사는 그 비취를 사방으로 천천히 뜯어보고는 다시 다듬기 시작했다. 천천히, 아주 세밀하게. 그리고 완성하여 아주 비싼 값에 팔았다. 그 비취는 아주 정교하게 깎여서 영롱한 색을 따라 사방으로 빛을 발했다. 더 이상 흠을 발견할 수 없었다. 왜냐하면 그 깊게 파인 흠을 감추지 않고 오히려 그 흠을 기준 삼아 다시 깎았기 때문이었다.

이 비취 세공사의 이야기는 우리 주님의 모습을 연상케 한다. 그렇다! 성령 하나님이 바로 그런 분이시다. 우리의 심각한 약점을 오히려 크고 아름다운 장점으로 새롭게 하신다. 다윗이 그랬다. 하나님이 그를 대하신 것처럼, 그도 아둘람 굴 사람들을 대했다. 그 결과, 그들은 용사가 되었다.

> 우리가 알거니와 하나님을 사랑하는 자 곧 그의 뜻대로 부르심을 입은 자들에게는 모든 것이 합력하여 선을 이루느니라 롬 8:28

탕자를 어루만지는 두 손

누가복음 15장의 탕자 이야기는 우리 하나님 아버지의 긍휼의 이야기다. 그리고 나의 이야기다.

렘브란트의 걸작품 〈탕자의 귀환〉은 하나님의 긍휼을 잘 보여준다. 렘브란트는 돌아온 탕자의 등을 어루만지는 아버지의 손을 차이를 두고 표현했다. 하나님 아빠 아버지의 손과 하나님의 엄마와 같은 손으로 공의를 이기는 긍휼을 보여준다. 하나님 아빠 아버지가 말씀하신다.

"내 아들아, 너는 강한 척하지 말라. 너의 연약한 모습 그대로 내게 나아오라. 내 아들아, 너의 연약함을 내게 선물로 다오. 나는 너를 긍휼히 여기는 너의 아빠 아버지다. 내가 너에게 긍휼의 마음을 넣어주겠다."

공의를 넘어서는 긍휼의 피

히브리서 12장 18-24절은 우리의 구주소와 신주소를 알려준다.

너희는 만질 수 있고 불이 붙는 산과 침침함과 흑암과 폭풍과 나팔 소리와 말하는 소리가 있는 곳에 이른 것이 아니라 그 소리를 듣는 자들은 더 말씀하지 아니하시기를 구하였으니 이는 짐승이라도 그 산에 들어가면 돌로 침을 당하리라 하신 명령을 그들이 견디지 못함이라 그 보이는 바가 이렇듯 무섭기로 모세도 이르되 내가 심히 두렵고 떨린다 하였느니라 그러나 너희가 이른 곳은 시온 산과 살아계신 하나님의 도성인 하늘의 예루살렘과 천만 천사와 하늘에 기록된 장자들의 모임과 교회와 만민의 심판자이신 하나님과 및 온전하게 된 의인의 영들과 새 언약의 중보자이신 예수와 및 **아벨의 피보다 더 나은 것을 말하는 뿌린 피**니라

24절 하반절이 결론이다. "아벨의 피보다 더 나은 것을 말하는 뿌린 피"가 있는 곳이 우리의 현주소다.

아벨의 피가 하나님을 향해 호소한다. 하나님이 자기의 형제 아벨을 죽인 가인에게 "네 아우의 핏소리가 땅에서부터 내게 호소하느니라"(창 4:10) 말씀하셨다.

'호소하다'는 법정 용어다. 억울해서 재판관에게 호소하는 것과 같다. 아벨의 피가 하나님께 호소한다.

"하나님이여, 심판하여 주소서! 저는 억울하게 죽었습니다!"

그리고 "뿌린 피", 곧 십자가에 달려 흘리신 예수님의 피가 하나님께 호소한다.

"하나님이여, 저들의 죄를 용서하소서."

아벨의 피는 공의를 대표하는 자의 소리다. 예수님의 피는 긍휼을 대표하는 자의 소리다. 속죄소, 시은좌, 긍휼의 보좌에서 하나님은 우리를 만나신다. 우리는 오직 하나님의 무궁한 긍휼을 의지하여 그분의 보좌로 가까이 나아갈 수 있다.

다윗과 우리 주 예수님처럼 우리도 긍휼의 지도력을 나타내야 한다. 긍휼은 용서하고 용납하는 것이다. 이해하고 기다려주는 것이다. 단지 견디는 게 아니라 소망 중에 기다리는 것이다. 기회를 주며 신뢰하기로 선택하는 것이다. 격려와 위로와 용기를 주는 것이다. 후원하고 지지하는 것이다. 함께 싸워주는 것이다. 약점보다 장점을 찾는 것이다. 끝까지 포기하지 않는 것이다.

그렇다고 공의가 사라지는 게 아니다. 긍휼은 공의를 넘어선다. 더 넓은 품으로 품어준다. 엠블레포의 눈으로 바라보고, 말하고, 대한다.

'긍휼의 지도력'은 사람의 존귀함을 재발견하게 한다. 존귀한 사람은 존귀한 일을 계획한다. 그리고 항상 존귀한 뜻을 펼치며 살아간다.

존귀한 자는 존귀한 일을 계획하나니 그는 항상 존귀한 일에 서리라

사 32:8

하나 됨, 연합

CHAPTER 17

우리에게 필요한 것은 오직 주의 축복뿐 : 오병이어 사건

떡 5개와 물고기 2마리는 한 사람의 식사 분량이다. 그런데 그것으로 5,000명이 배불리 먹고도 열두 광주리가 남았다.

주님이 제자들에게 무리의 먹을 것을 "너희가 주어라"라고 말씀하시니 안드레는 순종하여 찾아 나섰다. 그리고 사람들 가운데서 한 소년을 데리고 주님께 왔다.

이 장면은 옛날 옛적의 놀라운 이야기가 아니다. 우리가 매일 맞닥뜨리는 오늘 우리 주변의 이야기다. 마치 오늘 우리에게 말씀하시는 것 같다. 아주 적은 무리인 우리에게, 아무것도 가진 것 없는 보잘것없는 우리에게 말씀하신다.

"너희는 지금 여기 앉아서 음식을 기다리는 배고픈 무리를 보느냐? 그들은 영적으로 굶주려 있다. 그들은 절박한 필요가 있는 사람들이다. 너희가 그들의 필요를 채우라."

위로가 필요한 사람, 소망이 필요한 사람, 병든 사람, 각종 암에 걸린 사람, 마음의 병에 시달리는 사람, 갈급한 사람, 목마른 사람, 여러 가지로 매여 있어서 자유를 갈망하는 사람, 말씀의 능력으로 회복이 필요한 사람, 새 힘이 필요한 사람, 부흥을 갈망하는 사람, 이들의 눈을 본다. 간절한 얼굴을 본다. 절박한 모습을 본다.

"주여, 우리가 가진 것은 아무것도 없습니다. 우리의 손은 비어 있습니다. 아주 작은 떡 2개, 작은 물고기 5마리가 우리가 가진 전부입니다."

주님은 "그것을 내게 가져오라" 말씀하셨다.

이르시되, '그것을 내게 가져오라' 하시고, 무리를 명하여 잔디 위에 앉히시고, 떡 다섯 개와 물고기 두 마리를 가지사, 하늘을 우러러 축사하시고, 떡을 떼어 제자들에게 주시매 제자들이 무리에게 주니, 다 배불리 먹고 남은 조각을 열두 바구니에 차게 거두었으며, 먹은 사람은 여자와 어린이 외에 오천 명이나 되었더라. 마 14:18-21

우리는 이 놀라운 장면에서 한 가지 중요한 원칙을 발견한다.

주님은 그 작은 것을 축사하시고, 떼어 제자들에게 주셨다. 여기서 중요한 것은, 그 작은 것을 주님이 손에 가지시고, 축복하신 후에, 떼어 제자들에게 주셨다는 점이다.

이 장면을 볼 때마다 가슴이 벅차오른다. 우리 주님이 그것을 가지고 축복하시니 모든 사람이 배불리 먹고도 남았다. 열쇠는 '**주님의 축복**'이다. 주님이 축복하시면 모든 사람의 필요가 넉넉히 채워진다. 주님은 연약하고 아무것도 아닌 우리를 통해 우리 앞에 있는 모든 사람의 필요를 채우길 원하신다. 오직 주님의 복을 받으면 된다. 어떻게 하면 우리가 주님의 복을 받은 오병이어가 될 수 있는가?

다윗은 그 비밀을 알고 있었다

시편 133편은 다윗의 시다.

보라! 형제가 연합하여 동거함이 어찌 그리 선하고 아름다운고! 머리에 있는 보배로운 기름이 수염 곧 아론의 수염에 흘러서 그의 옷깃까지 내림 같고, 헐몬의 이슬이 시온의 산들에 내림 같도다. **거기서** 여호와께서 **복을 명령하셨나니** 곧 영생이로다.

"거기서"라는 단어가 눈에 크게 들어온다. "거기서 여호와께서 복을 명령하셨다." 하나님이 복을 명령하시면 복이 임한다. 하나님이 "빛이 있으라" 말씀하시니 빛이 있었다.

우리 주 예수님이 복을 명령하시니 아주 적은 것으로도 모든 사람의 필요가 다 채워졌다. 그분이 연약하고 보잘것없는 적은 무리인 우리에게 복을 명령하시면, 주의 복을 받은 우리를 통해 수많은 사람의 필요를 채우실 것이다. 주께서 우리에게 "복이 있을지어다"라고 명령만 하시면 된다.

그렇다면 하나님이 복을 명령하신 "거기서"는 어디인가? 바로 믿는 자들이 하나 된 자리다. 형제가 서로 연합하는 곳에 주님이 복을 명령하신다. 하나님의 복을 받는 비결은 우리의 연합이다.

우리나라는 어느 도시에 가든지 '기독교 연합회'가 있다. 교파와 교단을 초월하여 연합회가 구성되었다는 건 크나큰 자랑거리다. 그런데 상당수의 연합회 회장이, "우리 도시의 교회들이 가장 연합이 안 되고 있다"라고 말한다. 우리 주님이 형제가 연합하는 "거기서" 복을 명령하시는 원칙을 아는 나로서는 마음이 정말 아프다.

마귀는 믿는 자들의 연합을 두려워한다. 교회 부서와 지도부, 도시의 교회들, 국가적인 연합을 가장 두려워한다. 다만 연합만 하지 않으면 마귀는 안심한다. 제각기 열심히 수고하는 '따로국밥 수고'를 두려워하지 않는다. 우리의 능력을 두려워하지 않는다.

마귀는 오직 우리가 연합하는 것을 두려워한다. 거기서 하나님이 복을 명령하시기 때문이다. 시편 133편은 연합의 아름다운 모습을 보여준다. "거기서 여호와께서 복을 명령하셨나니 곧 영생이로다"(3절 하반절). "거기서"는 우리 믿는 자가 하나 되어 서로 연합하는 곳이다. 하나님이 명령하신 복은 무엇인가? "곧 영생이로다." 영생의 복이다.

영생은 여권이 아니다. 평소에는 서랍에 넣어두었다가 해외에 나갈 때만 사용하는 여권처럼, 영생은 하나님나라에 들어갈 때만 사용하는 증명서가 아니다.

바로 지금, 여기서부터 하나님나라가 임하는 것이다. 하나님의 다스리심, 주권의 결과가 영생이다. 이 놀라운 영생이 무엇인지를 2절과 3절 상반절이 잘 묘사하고 있다.

넘치는 기름부음, 충만함

머리에 있는 보배로운 기름이 수염 곧 아론의 수염에 흘러서 그의 옷깃까지 내림 같고 시 133:2

하나님은 대제사장 아론의 머리에 기름을 넘치게 부으셔서 그의 사명을 이루게 하신다. 그런데 아론의 머리에 있는 기름이 흘러내린다. 수염으로 흘러내리고, 그의 옷깃까지 흘러내린다. 이처럼 우리가 하나가 되면 머리 되신 예수님의 충만하심이 그분의 몸 된 교회로 흘러내린다. "교회는 그의 몸이니 만물 안에서 만물을 충만하게 하시는 이의 충만함이니라"(엡 1:23)라고 하셨다. 예수님의 풍성하심이 교회에 흘러내린다. 그 능력이, 그 영광이 교회에 흘러내린다.

우리가 하나가 되면 머리이신 예수님에게 속한 모든 것이 그분의 몸 된 교회의 것이 된다. 그분의 충만함과 풍성함, 능력과 이적과 표적이 교회의 것이 된다. 예수님의 아름다우심, 역동적인 모습이 교회에 그대로 드러난다. 세상이 교회를 보며 예수 그리스도를 본다.

헐몬의 이슬이 시온의 산들에 내림 같도다 시 133:3

이슬이 내린 산과 언덕을 보면 마치 흰 옷을 입은 듯 아름답다. 군데군데 내리면 얼룩덜룩해 보일 것이다. 그러나 골고루 편만하게 내린다. 이처럼 하나님이 주시는 복은 한두 사람에게 내리지 않는다. 하나

된 공동체 전체에 남녀노소를 막론하고 내린다.

오순절에 성령이 임하실 때, 거기에 모인 각 사람 위에 임하셨다(행 2:3). 하나님은 "내가 내 영을 모든 육체에 부어주리라" 약속하시고, "내가 내 영을 내 남종과 여종들에게 부어주리니" 약속하셨다. 그 결과, "어린아이들은 예언하고, 청년들은 환상을 보고, 아비들은 꿈을 꾸리라"(행 2:17,18) 하셨다. 이것이 바로 영생의 복이다.

하나 되게 하소서

요한복음 17장은 예수님의 대제사장적 기도다. 지금도 우리 주 예수 그리스도께서 하늘 아버지의 보좌 우편에서 우리를 위해 기도하시는 내용이기도 하다(롬 8:34, 히 7:25).

> 아버지여, 아버지께서 내 안에, 내가 아버지 안에 있는 것같이 그들도 다 하나가 되어 우리 안에 있게 하사, 세상으로 아버지께서 나를 보내신 것을 믿게 하옵소서. 내게 주신 영광을 내가 그들에게 주었사오니, 이는 우리가 하나가 된 것같이 그들도 하나가 되게 하려 함이니이다. 곧 내가 그들 안에 있고 아버지께서 내 안에 계시어 그들로 온전함을 이루어 하나가 되게 하려 함은, 아버지께서 나를 보내신 것과 또 나를 사랑하심같이 그들도 사랑하신 것을 세상으로 알게 하려 함이로소이다.
> 요 17:21-23

'하나 되게 하소서', 이것이 예수님의 기도다. 예수님은 무엇보다 먼저 그분의 제자들을 위해 기도하셨다. 예수님의 공생애 당시의 제자뿐만 아니라 역사 전체에 걸쳐 그분을 따르는 사람들, 곧 그분의 교회와 성도를 위해서. 더 놀라운 것은 우리 믿는 사람들이 하나 될 때 주어지는 엄청난 복이 무엇인지 보여주셨다. 예수님은 두 가지 복을 명령하셨다.

첫째, 우리가 하나 될 때 대규모 전도의 문을 열어주신다. 하나님 아버지가 그분의 아들 우리 주 예수님을 보내신 것을 세상이 믿게 된다. 세상이 예수 그리스도를 믿게 되는 일은 먼저 우리가 하나 될 때 이루어진다. 전도의 문은 우리가 세상에 "예수님 믿으세요"라고 말할 때 열리는 것이 아니라 하나 될 때 열린다.

오래전에 두 선교팀을 동시에 인도네시아로 보낸 적이 있다. 한 팀이 전도할 때는 현지인들이 냉랭했다. 몇 사람 외에는 모두가 자기 길을 갔다. 그런데 또 다른 팀이 전도하자, 사람들이 구름떼처럼 둘러쌌다. 찬양을 부르거나 스킷 드라마를 선보일 때 사람들이 무릎을 꿇고 울었다. 어떻게 이토록 반응이 판이하게 달랐을까?

앞 팀은 팀원들의 스펙이 쟁쟁했다. 그것이 오히려 팀의 하나 됨을 방해했다. 서로 잘난척하느라 팀워크를 이루지 못했다. 반면에 다른 팀은 오합지졸만 모였다. 파송할 때부터 걱정이 될 정도였다. 그러나 그랬기에 전도하기 전에 더욱 예배드리며 서로 용서하고 용서를 구하고, 부둥켜안고 마음을 깨트렸다. 팀이 하나가 되었다. 성령님은 우리가 하나 될 때, 사람들의 마음을 움직이신다.

둘째, 우리가 하나 될 때 사랑의 혁명이 일어나며, 세상은 하나님의 사랑을 경험한다. 놀랍게도 믿는 사람들끼리 하나가 되었을 뿐인데, 믿지 않는 세상이 하나님 아버지의 놀라운 사랑을 경험한다. 그 놀라운 사랑의 강물이 도시로, 농촌으로, 산골로, 섬들로 흘러간다.

세상은 진정한 사랑에 목말라 있다. 예수님을 믿어 구원에 이르기를 갈망한다. 그 일은 우리 믿는 사람들이 서로 하나 될 때 일어난다.

하나 됨의 놀라운 결과

NCMN은 1년 내내 여러 스쿨과 세미나를 진행한다. 많은 사람이 훈련받으러 몰려온다. 성령 하나님은 이들에게 말할 수 없는 은혜를 부어주신다. 누구도 안수기도를 한 적이 없는데 찬송 중에 질병이 낫고 묶인 것이 풀어진다. 말씀의 은혜가 부어지며 절망에 처했던 사람들이 소망으로 가득해진다. 소그룹으로 모일 때 진정한 기쁨과 사랑을 경험한다.

그 열쇠는 간사들의 연합이다. 간사들이 연합하면 하나님께서 모인 학생들에게 복을 명령하신다. 시편 133편을 이루시며 오병이어 사건을 경험케 하신다. 간사들이 그 오병이어와 같다. 그 작은 무리에게 예수님이 복을 명령하시니 모인 무리가 배불리 먹고도 열두 광주리가 남는다!

하나 됨, 연합은 하나님나라를 경험하는 비결, 강력한 비밀병기다.

하나 되게 하신 것을 힘써 지키라

그러므로 주 안에서 갇힌 내가 너희를 권하노니, 너희가 부르심을 받은 일에 합당하게 행하여, 모든 겸손과 온유로 하고 오래 참음으로 사랑 가운데서 서로 용납하고, 평안의 매는 줄로 성령이 하나 되게 하신 것을 힘써 지키라. 엡 4:1-3

우리의 부르심은 하나 됨, 연합이다. 우리는 이미 예수 그리스도 안에서 하나가 되었다. 에베소서 4장 4-6절에서 말씀하신다. 우리는 한 몸이다. 한 분 예수님이 머리시고, 예수 그리스도를 믿는 우리는 교파와 교단을 초월해서 한 몸이 되었다. 한 분 성령님 안에 있다. 예수님의 다시 오심의 '재림 소망'도 하나다. 주도 한 분, 믿음도 하나, 세례도 하나다. 한 분 하나님이 믿는 모든 자의 아버지시다.

이 일곱 가지 사실로 우리는 이미 하나가 되었다. 우리는 하나가 되려고 힘쓰는 게 아니라, 이미 하나 되게 하신 것을 힘써 지켜야 한다. 그 길은 다섯 가지다. 겸손과 온유, 오래 참음과 사랑, 그리고 서로 용납하는 것이다.

사소한 것에 목숨 걸지 말자. 이미 하나 되게 하신 일곱 가지 기반 위에 사랑의 원을 넓게 그리자. 이미 우리는 그 원 안에 있다. 서로 사랑하고 용납하고 용서하며 오래 참을 수 있는 예수님의 가족이다. 의견 차이, 생각 차이, 형식 차이에 목숨을 걸지 말자. 자기의 유익이 아닌 공동체의 유익을 먼저 구하자. 희생을 아끼지 말자.

작은 팀이든, 대형 교회 공동체든, 지역 교회 공동체든 하나 됨, 연합을 위해 힘쓰자. 냉랭함, 무관심, 이기주의, 개인주의, 시기, 질투, 비교 의식, 경쟁, 서로 헐뜯고 비방하는 것이 하나 됨을 방해한다.

이것들이 우리의 포도원을 허는 작은 여우들이다(아 2:15). 이것들을 마음에서 몰아내자. 오직 날마다 성령님을 환영하자. 거기에 하나님이 복을 명령하신다. 거기에 부흥이 있다.

조정(漕艇)은 하나 됨, 연합을 이루는 경기 종목이다. 여덟 명이 하나가 되어야 한다.

금문교

샌프란시스코의 상징이자 미국 개척정신의 표상인 금문교(Golden Gate Bridge)에 갈 때마다 '하나 됨, 연합'을 늘 묵상한다. 이 다리가 불가능을 가능으로 바꾸었기 때문이다. 어떤 난관도 돌파하는 올바른 지도력의 행동과 태도를 엿볼 수 있다.

20세기 초 건축학자들은, 금문교가 세워진 바다가 빠른 조류와 짙은 안개 그리고 복잡한 수면 아래 지형 때문에 교각을 세우는 게 불가능하다고 결론을 내렸었다. 하지만 1937년, 조셉 스트라우스(Joseph Strauss)가 설계하여 완공하자, 미국 토목학회는 금문교를 현대 토목건축물 7대 불가사의 중 하나로 선정했다.

다리 길이는 약 2,740미터다. 군함이 통과해야 하기에 다리 중앙의 높이는 수면에서 67미터나 된다. 바다 한가운데는 기둥을 세울 수 없어서 긴 차도는 2개의 케이블에 매달려 있는 형태다. 2개의 타워를 통과하며 각 끝부분을 타워에 콘크리트로 고정했다. 매년 4,000만 대가 넘는 차량이 오가고 있는데, 이 엄청난 무게와 길이를 지탱하는 힘이 바로 2개의 케이블에 있다.

각 케이블은 27,572개의 강철 와이어가 꼬인 형태로 이루어져 있다. 와이어의 총길이는 130,000킬로미터로 지구를 한 바퀴 돌고도 남으며 여기에 약 1,200,000개의 대갈못이 박혀 있다.

이것이 바로 연합의 힘이다. 개인이나 각각의 교회, 단체는 미약할지 모르나 서로 힘을 합치면 도시와 지역과 나라를 바꿀 수 있다.

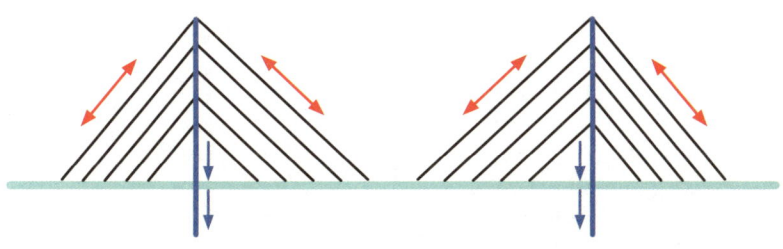

2012년 2월 28일, 샌프란시스코 금문교를 지나며 하단에서 찍은 사진과 건너서 언덕 위에서 찍은 사진들

크고 굵은 1개의 와이어는 다리를 지탱할 힘이 없다. 오직 아주 작은 27,572개의 강철 와이어들이 서로 뭉칠 때, 엄청난 힘으로 다리가 지탱된다.

훈련

CHAPTER 18

Time-line

우리는 저마다 다른 시공간에서 자기만의 역사를 써 내려간다. 그러나 기간의 차이는 있어도 근본적인 틀은 여섯 가지 공통점을 지닌다.

❶ 하나님의 주권적 섭리 가운데 이 세상에 태어남

우리는 하나님이 지으시고 이 세상에 보내셨다. 우연히 온 사람, 실수로 태어난 사람은 없다. 간혹 실수하는 부모님은 있으나, 나를 지으시고 이 땅에 보내신 하나님은 결코 실수하지 않으신다. 더구나 우리는 진화된 존재도 아니다. 하나님이 정하신 때, 하나님이 정하신 부모에 의해 태어났다.

요한복음 1장 6절은 세례 요한뿐 아니라 우리에게도 해당한다.

하나님께로부터 보내심을 받은 사람이 있으니 그의 이름은 요한이라

주께서 내 내장을 지으시며 나의 모태에서 나를 만드셨나이다. 내가 주

께 감사하오음은 나를 지으심이 심히 기묘하심이라. 주께서 하시는 일이 기이함을 내 영혼이 잘 아나이다. 시 139:13,14

오직 주께서 나를 모태에서 나오게 하시고, 내 어머니의 젖을 먹을 때에 의지하게 하셨나이다. 내가 날 때부터 주께 맡긴 바 되었고, 모태에서 나올 때부터 주는 나의 하나님이 되셨나이다. 시 22:9,10

우리는 하나님의 주권적인 섭리로 이 세상에 태어났다.

❷ 거듭나서 하나님의 자녀가 됨

예수님을 구주로 영접할 때, 우리는 거듭나서 하나님의 자녀가 되었다. 그날을 기억하든 못하든 예수님을 믿어 구원받았다.

영접하는 자 곧 그 이름을 믿는 자들에게는 하나님의 자녀가 되는 권세를 주셨으니, 이는 혈통으로나 육정으로나 사람의 뜻으로 나지 아니하고 오직 하나님께로부터 난 자들이니라. 요 1:12,13

우리를 구원하시되 우리가 행한 바 의로운 행위로 말미암지 아니하고, 오직 그의 긍휼하심을 따라 중생의 씻음과 성령의 새롭게 하심으로 하셨나니 딛 3:5

❸ 하나님께 삶을 드려 헌신함

우리는 하나님께서 나를 통해 일하길 원하신다는 것을 알았을 때, 즐거이 삶을 주께 드렸다.

그러므로 형제들아! 내가 하나님의 모든 자비하심으로 너희를 권하노니, 너희 몸을 하나님이 기뻐하시는 거룩한 산 제물로 드리라. 이는 너희가 드릴 영적 예배니라. 너희는 이 세대를 본받지 말고, 오직 마음을 새롭게 함으로 변화를 받아, 하나님의 선하시고 기뻐하시고 온전하신 뜻이 무엇인지 분별하도록 하라. **롬 12:1,2**

"그러므로"가 열쇠다. 우리를 향한 하나님의 사랑으로 우리는 구원받았다. 이것을 알면 벅찬 가슴으로 자신을 하나님께 거룩한 산 제물로 드릴 수 있다. 기꺼이 자원하여 하나님의 종이 된다.

❹ 하나님께 훈련받음

우리를 그분의 종으로 받아주신 하나님은 우리가 합당한 종이 되도록 훈련하신다. 주께 쓰임 받는 종이 되려면 훈련해야 한다. 물론 태어나면서부터 평생 훈련받지만, 주께 헌신한 시점부터 본격적으로 훈련받는다.

❺ 하나님이 나를 통해 일하심

자원하여 종이 되면 하나님이 우리를 통해 일하신다. 훈련을 마친 후에 쓰시는 게 아니라 우리로 훈련받으면서 사역하게 하신다. 그러나 훈련된 종에게 가장 많은 열매가 맺힌다.

❻ 의의 면류관을 받음

사도 바울의 고백이 우리의 고백이다.

> 나는 선한 싸움을 싸우고 나의 달려갈 길을 마치고 믿음을 지켰으니, 이제 후로는 나를 위하여 의의 면류관이 예비되었으므로, 주 곧 의로우신 재판장이 그날에 내게 주실 것이며, 내게만 아니라 주의 나타나심을 사모하는 모든 자에게도니라. 딤후 4:7,8

모든 사역을 마치고 주께 가는 날, 하나님은 우리 앞에 영광의 카펫을 깔고 하늘의 군악대를 동원하여 팡파르를 울리며 우리를 환영하실 것이다.

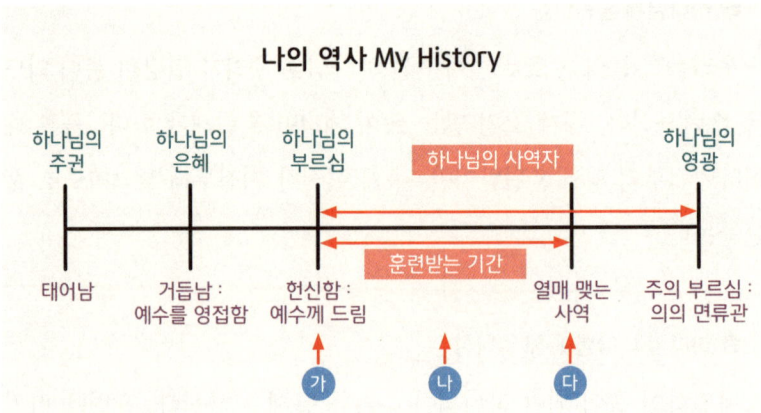

S.O.C. : School of Christ(그리스도의 학교)

하나님은 그분이 부르사 일을 맡기시는 모든 종을 훈련하신다. 그분은 우리가 왕이신 예수 그리스도의 뜻을 따라 훈련된 사역자로 서기를 원하신다. 그래서 각 사람을 훈련학교에서 성령에 의해 훈련받게 하신다. 그 학교가 바로 S.O.C.(School of Christ, 그리스도의 학교)다. 모세, 요셉, 다윗도 여기서 훈련받았다. 여호수아, 다니엘, 바울, 베드로를 비롯한 사도들, 디모데도 S.O.C. 출신이다!

특히 리더는 그리스도의 학교에서 훈련을 통해 담금질 된다. 성령께서는 개인 맞춤 훈련을 하신다. 저마다 훈련 시기와 방법, 훈련 과목이 다르다. 그러나 큰 틀에서 보면, 두 가지 공통 훈련이 있다. 바로 '성품 훈련'과 '사역 훈련'이다.

성품 훈련은 우리의 삶을 다루는 훈련이고, 사역 훈련은 사역자 혹은 리더로서 갖추어야 할 영역을 다루는 훈련이다. 이는 예수 그리스도의

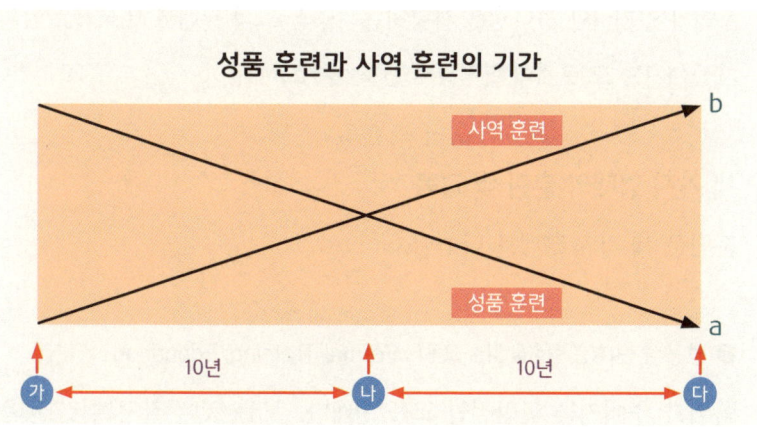

훈련이다. 어린양이자 유다 지파의 사자이신 예수 그리스도의 지도력 훈련이다. 앞 장의 도표에서 '가, 나, 다'의 시점이 집중 훈련 기간이다.

'가'에서 '나'까지 기간은 '성품 훈련'에 더 집중하게 하신다. '나'에서 '다'까지 기간은 '사역 훈련'에 더 집중하게 하신다. 각 기간은 대체로 10년씩이다. 잊지 말 것은, 성품 훈련 기간에 사역하지 않는 게 아니다. 처음(가)부터 사역에 참여하게 된다. 사역하는 동안에도 성품 훈련이 있다는 점을 때로 간과하는 경우가 많다.

성품 훈련에 가장 많이 사용되는 도구는 '사람'과 '환경'과 '사건'이다. 그 예로, 성령님은 다윗을 사무엘을 통해 훈련하기도 하셨지만, 사울 왕을 통해 더 많은 훈련을 시키셨다. 만일 다윗이 사무엘을 통한 훈련은 받아들이면서 사울 왕은 훈련의 방해꾼이나 걸림돌로 여겼다면, 하나님의 손길을 크게 놓쳤을 것이다.

로마서 8장 28절을 마음에 새겨야 한다.

우리가 알거니와 하나님을 사랑하는 자, 곧 그의 뜻대로 부르심을 입은 자들에게는 모든 것이 합력하여 선을 이루느니라.

세 가지 형태의 훈련 및 교육

훈련은 세 가지 형태로 나뉜다.

❶ **정규 훈련(혹은 형식을 갖춘 교육)** : Formal Training/Education

학위가 주어지는 일반적인 교육 형태다. 모든 것이 잘 갖춰진 교육이다. 교육 기간, 교실, 선생, 과목 등이 정해져 있기에 어디서, 누가, 무엇을, 얼마 동안 교육받는지를 알 수 있다. 훈련을 마치면 학위를 받는다.

❷ 비정규 훈련(혹은 비형식적 교육) : Informal Training/Education
겉으로는 정규 훈련과 유사하다. 교육받는 교실과 가르치는 선생, 배우는 과목과 기간도 정해져 있다. 그런데 정규 훈련과 크게 다른 것은 학위를 강조하지 않는다는 점이다. 훈련과 배움이 초점이다. 학교 외에도 세미나, 수련회, 콘퍼런스 등을 통해 주어지기도 한다.

❸ 부정규 훈련(혹은 무형식적 교육) : Nonformal Training/Education
아무것도 갖추어진 것이 없는 훈련 형태다. 정해진 교실, 선생, 과목, 교육 기간이 없다. 물론 학위도 없다. 오직 성령이 스승이시다. 현재 처한 환경이 교실이고, 현재 겪는 사건들이 교과목이며, 현재 만나는 사람들이 선생이다. 학교도 없고 세미나나 수련회도 없다.

그러면 사역자나 지도자로서 주어진 사역을 감당하기 위해 이런 훈련들은 얼마나 영향을 줄까?
다음 장의 도표는 앞서 살펴본 세 가지 형태의 훈련(교육)이 주께서 맡기신 사역을 감당하는 데 어느 정도 공헌했는지를 보여준다.
정규 훈련은 5-10퍼센트를, 비정규 훈련은 45-50퍼센트를, 부정규 훈련은 45-55퍼센트를 차지한다. 놀랍게도 정규 훈련이 차지하는 비

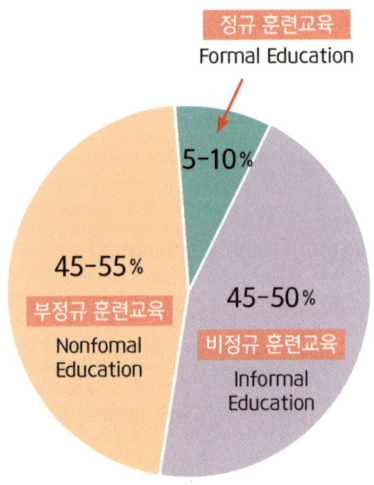

하나님의 뜻을 따라 세상에 영향을 미치는 사람들의 삶을 살펴보고, 이 같은 삶을 살도록 영향을 준 훈련을 통계 내어 도표화한 것이다.

중이 매우 적다. 그렇다고 무용(無用)한 건 아니다. 더 놀라운 건, 비정규와 부정규 훈련 비중이 절대적이라는 점이다.

그렇다면 생각에 변화가 일어나야 한다. 대부분은 정규 훈련이 삶에 결정적인 영향을 줄 것으로 생각하여 거기에 에너지와 재정과 시간을 쏟는다. 게다가 비정규 훈련을 과소평가하며 부정규 훈련을 상당히 무시하거나 관심을 두지 않는다. 하지만 사역자로서 지도력을 더 높이려면, 비정규와 부정규 훈련에 더 많은 관심을 집중해야 한다.

온 세계가 나의 교실이다

코리 텐 붐은 그의 사역 말년에 집필한 《주님 위해 걷는 사람》의 서문 제목을 "온 세계가 나의 교실이다"라고 썼다. 이는 특히 부정규 훈련에 집중할 때 적용하는 말이다. 우리가 만나는 무수히 많은 사람,

그중 사무엘뿐 아니라 사울까지도 우리의 스승이다. 내가 처한 환경이 교실이며, 내가 겪는 크고 작은 사건이 훈련 과목이다. 이것을 인식할 때 부정규 훈련이 가능하다.

일정한 형식을 갖춤 ←————————————————————→ 일정한 형식이 없음

정규 훈련교육	비정규 훈련교육	부정규 훈련교육
정해진 교실 정해진 교육기간 정해진 교과과목 정해진 선생 학위가 있음	정해진 교실 정해진 교육기간 정해진 교과과목 정해진 선생 학위가 있음	정해진 것이 없음 정해진 교실이 없음 정해진 교육기간이 없음 정해진 교과과목이 없음 정해진 선생이 없음 학위가 없음
일반 정규 교육 : 항상 형식을 갖춘 틀 속에서 교육을 받음	중간 형태 : 형식을 갖춘 정규 교육의 틀이지만 배움은 부정규 훈련교육과 같음 세미나, 수련회, 워크숍, 독서 등을 통한 배움	일상적으로 만나는 사람, 주어진 환경, 겪는 사건을 통하여 배움

백만 불짜리 질문

"성령님, 이것을 통하여 제게 무엇을 가르치기를 원하십니까?"

이 질문은 우리를 성령의 가르침으로 이끌어준다. 이를 가장 중요하고 값진 질문, '백만 불짜리 질문'이라 한다. 이 질문을 던지는 훈련을 할 때, 자칫 놓치기 쉬운 부정규 훈련을 효과적으로 받을 수 있다.

우리는 성령께 백만 불짜리 질문을 수시로 해야 한다. 그러면 즉시 성령께서 나의 훈련 상황을 이해시켜 주신다.

다윗의 S.O.C.

하나님은 그분이 기뻐하시는 지도자의 롤모델로 다윗을 소개하신다. 다윗이 역사에 끼친 영향력은 놀랍다. 그가 받은 훈련 형태는 대부분 부정규 훈련이었다.

- 다윗의 교실

가정, 들판, 양의 우리, 사울의 궁전, 라마나욧, 유대 광야, 아둘람 굴, 블레셋, 크고 작은 전쟁들

- 다윗의 선생

그의 형들, 부모, 양들, 사자와 곰들, 사울 왕(가장 큰 선생), 사무엘, 그에게 몰려온 사람들(환난 당한 자, 빚진 자, 마음이 원통한 자), 블레셋, 나단 선지자, 그의 신하들, 그의 아들들(특히 압살롬)

- 다윗의 훈련 과목

온유, 겸손, 충성, 순종, 긍휼, 거룩, 믿음, 경청, 설득, 권위, 절제, 인내, 기쁨, 섬김, 책임, 열정, 헌신, 희생, 양보, 분별, 만족, 감사, 찬양, 기도, 담대함, 관대함, 주도권, 진실함 등

요셉의 S.O.C.

요셉이 형들에 의해 노예로 팔려 보디발의 집에서 종노릇하고, 누명을 써 감옥에서 지내고, 끝내 애굽의 총리가 될 때까지가 가장 많은 훈련을 받은 기간이었다.

- 요셉의 교실

가정, 웅덩이, 사막, 노예시장, 보디발의 집, 감옥, 이집트 궁전

- 요셉의 선생

부모, 열 명의 형들, 노예 상인들, 보디발, 보디발의 아내, 바로의 두 신하, 감옥의 전옥, 바로

- 요셉의 훈련 과목

용서, 하나님의 주권을 믿음, 신뢰, 권리포기, 범사에 감사, 충성, 부지런함, 거룩함, 순종, 기도, 하나님과의 교제, 오래 참음, 온유, 겸손, 하나 됨(연합), 권위, 희생, 하나님을 경외함, 요셉이 하마터면 취할 뻔한 태도와 행동들(원망, 쓴 뿌리, 불평, 두려움, 절망, 낙심, 분노, 자기 연민, 불성실, 거역, 분쟁, 원수 맺음, 술 취함, 방탕함, 쾌락, 게으름)

다윗은 언제나 주님의 주권적 섭리를 믿고 의지했다.

> 나의 앞날이 **주의 손**에 있사오니, 내 원수들과 **나를 핍박하는 자들의 손**에서 나를 건져주소서. 시 31:15

두 손이 있다. '주의 손'과 '핍박자의 손'이다. 다윗이 만일 하나님의 손을 보지 못하고 핍박자의 손만 보았다면 어찌 되었을까? 그러나 다윗은 자신을 언제나 주의 손에 맡겼다.

요셉도 마찬가지다.

> 하나님이 큰 구원으로 당신들의 생명을 보존하고 당신들의 후손을 세상에 두시려고 나를 **당신들보다 먼저 보내셨나니**, 그런즉 **나를 이리로 보낸 이는 당신들이 아니요 하나님이시라**. 하나님이 나를 바로에게 아버지로 삼으시고, 그 온 집의 주로 삼으시며 애굽 온 땅의 통치자로 삼으셨나이다. 창 45:7,8

얼마나 놀라운 고백인가! 요셉은 원망과 원한이 가득하여 큰 소리로 "당신들이 나를 보내셨나이다", "당신들 때문에 내가 이 모양 이 꼴이 되었나이다"라고 말하지 않았다. "당신들이 아니요, 하나님이 나를 보내셨나이다"라고 말했다. 요셉은 언제나 자신을 이끄시는 하나님의 손을 의지했다.

당신의 S.O.C.

- 이 학교의 교육 형태

비형식과 무형식적 교육, '온 세상이 나의 교실이다.'

- 이 학교의 목표

나라를 변화시키는 사람(A Nations-Changer) 및 지도자를 배출하는 학교, 성령님이 교장으로 계시는 학교, 온 세계를 교실로 삼는 그리스도의 학교

당신을 이 놀라운 학교에 초청한다!
세상에 영향력을 끼치는 하나님의 사람이 되기를 바란다.

반대 정신

CHAPTER 19

창을 던지는 사울, 창을 피하는 다윗

그 이튿날 **하나님께서 부리시는 악령**이 사울에게 **힘 있게 내리매**, 그가 집 안에서 정신없이 떠들어대므로, 다윗이 평일과 같이 손으로 수금을 타는데, 그때에 사울의 손에 창이 있는지라. 그가 스스로 이르기를, '내가 다윗을 벽에 박으리라' 하고 사울이 그 창을 던졌으나, 다윗이 그의 앞에서 두 번 피하였더라. **삼상 18:10,11**

음악은 사람의 마음을 안정시킨다. 음악을 통한 심리 치료법은 예전부터 있었다. 그날도 다윗이 사울을 위해 수금을 타고 있었다. 그런데 사울이 곁에 놓인 창을 다윗에게 던졌다. 창은 공격 무기다. 인간관계에는 창 던지는 일이 빈번하게 일어난다. 상대에게 상처를 입히거나, 심지어 죽이려 하는 게 창 던지는 행동이다. 대부분 '말의 창'을 던진다. 말로 상대에게 심하게 상처 입힌다. 욕하고, 무시하고, 중상모략하고, 비방하며 화를 낸다. 또한 사울처럼 폭력이나 위협을 가하며 '행동의 창'을 던지기도 한다.

만일 그 창을 되돌려 던진다면, '같은 정신'으로 대항하는 것이다. 나를 모욕하면 나도 모욕하고, 나를 무시하면 나도 무시하고, 나를 비방하면 나도 비방하는 것이 같은 정신으로 대하는 것이다.

그러나 다윗은 사울 왕이 던지는 창을 되돌려 던지지 않고 두 번이나 피하기만 했다. 이것이 '반대 정신'이다. 상대가 자신을 무시하거나 비방하거나 욕할 때, 일절 반응하지 않고 잠잠히 있는 것! 다윗은 사울의 공격에 같은 정신으로 대항하지 않았다.

그는 예수 그리스도의 학교(S.O.C.)에서 반대 정신으로 행동하는 것만 배웠다. 그 학교에는 '투창'(投槍)이라는 과목 자체가 없다. 오직 깨뜨림, 깨어짐, 순종 과목만 있다.

반대 정신이야말로 하나님나라의 길이다. 우리는 반대 정신으로 행하는 법을 배워야 한다. 어둠을 물리치려고 어둠에 집중하면 부담만 커질 뿐 해결되지 않는다. 어둠을 물리치려면 빛을 비추면 된다. 불을 끄기 위해 물을 붓듯이 말이다. 그러면 큰 힘 들이지 않고도 힘센 어둠이 즉시 사라진다.

"하나님께서 부리시는 악령"이란, 악령이 하나님께 속했다는 뜻이 아니다. 악령은 근본적으로 마귀에게 속하여 사람의 정신과 마음을 짓누르고 파괴한다. 단, 하나님이 허락하지 않으시면 활동할 수 없다.

사울이 시기와 질투와 마귀적인 행동을 택한 것은 악한 영에게 활동할 틈을 스스로 열어준 것이다(엡 4:27). 사울처럼 하나님의 뜻을 따라 행하지 않고 세상적이며 육신적인 생각과 행동을 선택하면, 악령이 쉽게 사람을 점령할 수 있다.

"악령이 … 힘 있게 내리매"라는 건 악한 영이 강력하게 다가와 사로잡는 것을 말한다. 사람이 악을 선택하면, 하나님께서는 악령이 활동하는 것을 엄숙하게 허락하신다.

반대 정신으로 행하라

보라 내가 너희를 보냄이 양을 이리 가운데 보냄과 같도다. 그러므로 너희는 **뱀같이 지혜롭고 비둘기같이 순결하라.** 마 10:16

예수님은 제자들에게 '이리 떼 가운데에 있는 양'이 취할 행동은 '뱀같이 지혜롭고 비둘기같이 순결한 것'이라고 말씀하셨다.

이 말씀은 전후 문맥도 살펴야 한다. 마태복음 10장 5-15절은 예수님이 열두 제자를 파송하며 주신 '전도 지침서'다. 그리고 17-23절은 열두 제자가 전도할 때 일어날 핍박에 대한 '예방 지침서'다. 전도는 단지 말로 하는 것이 아니다. 말과 함께 행동으로 살아가는 것이다. '전도'는 세상에 영향을 주는 삶이다.

어떻게 그런 삶을 살아갈 수 있는가? 마태복음 10장 16절이 그 비결을 말씀하고 있다. '반대 정신'이 그 비결이다.

"이리"는 예수님을 영접하지 않고 그들을 핍박하는 세상을 가리킨다. 그 가운데서 하나님나라를 전파하는 제자들은 "양"과 같다. 험악한 세상으로 나아가는 순한 양이 전도는커녕 과연 생존할 수나 있을까? 영향을 주기는커녕 영향을 받기 십상일 것이다.

속이고, 빼앗고, 죽이길 즐겨하는 세상, 강퍅하고, 하나님을 인정하지 않고, 하나님의 말씀을 도무지 들으려 하지 않는 세상에서 우리의 목표는 살아남는 것이 아니다. 변화를 일으키는 것이다. 기독교 문명개혁을 이루는 것이다.

그것이 가능할까? 이리 가운데서 생존하려 하다가 이리가 되어버린 양도 있다.

'이리 떼'는 이 세상, '양'은 이 세상을 변화시켜야 하는 우리를 가리킨다. 심각한 상황이다. 주님이 아신다. '뱀과 비둘기'는 지혜와 순결의 표상이다. 이는 우리가 세상의 영향을 받지 않고, 되려 영향을 주며 승리할 비결을 나타낸다.

승리의 비결 두 가지

첫째, 반대 정신으로 행하라.

어둠을 이기려면 어둠에 집중하지 말고 빛을 비추어야 한다. 교만한 자에게 똑같이 교만으로 행하면 이길 수 없다. 상대가 나를 깔보고 짓뭉개려 할 때, 스스로 더 강하게 보이려 애쓰며 나를 만만히 보지 못하게 하려 하면 절대 이길 수 없다. 상대가 논쟁하며 공격해 올 때, 똑같이 논쟁으로 이기려 하면 상대의 코는 납작하게 할 수 있을지 모르나 목표한 바를 이루지 못한다.

우리의 목표는 상대를 꺾는 게 아니다. 납작하게 만드는 게 아니다. 넘어뜨리고 목을 밟아 승리를 외치는 게 아니다. 창을 던진 자에게 더 세고 정확하게 던져서 그를 무너뜨리는 게 아니다. 우리의 목표는 '영향'과 '변화'다. 자기 경험과 지식을 자랑하는 사람에게 같은 정신으로 대하는 건 진정한 승리가 아니다.

둘째, 지혜와 순결로 행하라.

지혜는 그 상황에 가장 적절한 행동을 하는 힘이다. 순결은 순수함, 착함, 정직, 진실한 태도를 말한다. 지혜는 올바른 행동이요, 순결은 올바른 태도다. 무작정 당하는 게 아니라 지혜롭게 행해야 한다. 단, 동기가 늘 순결해야 한다. 지혜롭게 행동하되 정직, 진실, 순수, 착함, 깨끗함의 태도를 가져야 한다. 이것이 리더십의 하모니다.

우리는 다윗의 태도와 행동을 통해서 이것들을 배울 수 있다.

아무에게도 악을 악으로 갚지 말고 모든 사람 앞에서 선한 일을 도모하라 **롬** 12:17

S.O.C.에는 '투창' 과목이 없다

만일 다윗이 날아오는 창을 받아 되돌려 던진다면, 어떤 결과가 나올까? 다음과 같은 사실이 증명될 것이다.

1) 그는 용맹스러운 사람이다.
2) 그는 정의로운 사람이다.
3) 그는 불의에 대항할 줄 아는 사람이다.
4) 그는 강하여 함부로 대할 수 없는, 만만하지 않은 사람이다.

그러나 또한 다음과 같은 결과가 나올 것이다.

1) 20년쯤 후에는 창을 가장 잘 던지는 투창 선수가 될 것이다.
2) 그러나 또한 미쳐 있을 것이다.
3) 그리고 '또 다른 사울'이 되어 있을 것이다.

그러나 다윗은 창을 되돌려 던지지 않았다. 왜냐하면 그가 다니는 성령 학교에는 '투창' 과목이 없기 때문이다.

다윗은 그 학교에서 무엇을 배웠는가?

1) 날아오는 창을 보고도 못 본 체하는 법을 배웠다.
2) 날아오는 창을 보고 재빨리 몸을 피하는 법만 배웠다.
3) 날아온 창을 절대 되돌려 던지지 않는 법을 배웠다.

4) 이 모든 일이 있고도 아무 일도 없었던 것처럼 태연하게 행하는 법을 배웠다. 기도 제목으로도 내놓지 않았다. 오직 그의 사정을 신원하시는 하나님께만 말하는 법을 배웠다.

그렇다면 창이 우리의 심장을 꿰뚫지 못하도록 보호하는 방법은 무엇인가?

1) 창 던지는 법을 절대로 배우지 않는다. 물론 날아온 창을 되돌려 던지지도 않는다.
2) 창 던지는 사람과 함께 있지 않는다. 친구로 사귀지 않는다.
3) 창을 피한 후에 아무 일도 일어나지 않은 것처럼 행한다. 입을 다문다. 오직 하나님께만 말한다. 이것이 가장 어려운 과목이다. 그러나 다른 길이 없다.

S.O.C.에서 배우는 지도자 수업 아홉 가지

1) 이기는 것이 아니라 지는 법을 배운다.
2) **빼앗는** 것이 아니라 주는 법을 배운다.
3) 사는 것이 아니라 죽는 법(자신을 깨뜨리는 법)을 배운다.
4) 자신의 권위를 거듭 내세우지 않는다.
   - 진정한 권위를 가진 사람은, 자신이 권위를 가졌다고 생각하지 않는다. 권위를 독점하지 않고 나눌 줄 안다.

5) 순종을 강요하지 않는다.
   - 순종을 강요하는 것은, 자신이 하나님이 세우신 지도자임을 확신하지 못하기에 자신에게 대항하고 반역하는 세력이 두려워서 하는 행동이다.
   - 반역을 두려워하지 않는다.
   - 규칙이나 규율을 많이 세우지 않는다.
6) 지도자가 겪는 불편이 무엇인지를 배우며, 삶으로 보여준다.
   - 남들이 잘 때 깨어서 기도한다.
   - 하고 싶은 것(입고 싶고, 먹고 싶고, 누리고 싶은 것)을 다 하지 않는다.
   - 일은 똑같이 하고, 남들이 쉴 때 방으로 들어가 앞으로 할 일(강의, 회의 안건 등)을 준비한다.
7) 잘 우는, 별 볼 일 없는 지도자가 되는 법을 배운다.
8) 포복하는 법, 땅에 납작 엎드리는 법을 배운다.
9) 실수할 때 웃는 법을 배운다.
   - 실수할 때 정죄감, 죄책감, 죄의식에 빠져 후회하고 자책하는 것은 위험하다. 자신의 연약함을 있는 그대로 인정하고 먼저 웃어라. 그리고 주 앞에서 교훈으로 삼아 배워라.

CHAPTER
20

거룩함

치산치수 : 물을 잘 다스리고 나무를 심고 잘 가꾸어야 한다

중국은 예로부터 치산치수(治山治水)가 국가경영의 열쇠였다. 중국의 양쯔강은 길이가 약 6,000킬로미터, 황허강은 약 5,000킬로미터나 된다. 두 강 유역에서 가뭄과 홍수가 빈발했다. 홍수로 강둑이 무너지면 그 피해가 상상을 초월했다.

고대도시는 주로 강을 따라 발달했다. 그래서 홍수가 나면 한두 마을이 물에 잠기는 것이 아니라 수십, 수백 개 도시가 물에 잠겨 수십만에서 수백만의 수재민이 발생했다. 가옥과 전토를 잃은 백성은 도적떼가 되었고 나라가 큰 혼란에 빠져 급기야 왕국이 멸망하기도 했다. 이에 대비하기 위해 부지런히 하천을 준설하고 하폭을 넓혀 운하를 만들었다.

이집트 문명의 중심인 나일강 하류는 물길을 이용하여 거대한 농토를 만들고 수목을 가꾸었다. 고대로부터 수학과 공학이 발달한 것도 이 때문이었다.

치산치수 정책이 성공적으로 이루어지면 농업이 발달했고, 수상 교통로가 확보되어 나라 경제가 활발해졌다. 물길을 잘못 가게 하면 나라가 망했고, 물길을 올바른 길로 이끌면 나라가 융성했다.

하나님이 우리에게 선물로 주신 성(性), 남성과 여성도 이와 마찬가지다. 올바르게 사용하면 우리 삶이 생명과 기쁨을 누리며 성장하고 견고해진다. 반대로 올바르게 사용하지 않으면 고통과 실패, 후퇴와 파괴에 이른다. 거룩함은 올바르게 성을 사용하도록 이끈다.

거룩한 길 vs 거룩함을 상실한 길

이사야서 35장은 '거룩한 길이 무엇인가'를 잘 나타낸다. 거룩한 삶과 거룩함을 상실한 삶을 대조하여 보여준다.

광야와 메마른 땅이 기뻐하며 사막이 백합화같이 피어 즐거워하며, 무성하게 피어 기쁜 노래로 즐거워하며 레바논의 영광과 갈멜과 사론의 아름다움을 얻을 것이라. 그것들이 여호와의 영광 곧 우리 하나님의 아름다움을 보리로다. 사 35:1,2

얼마나 놀라운 대조적인 삶인가! 거룩함을 상실한 삶은 광야와 메마른 땅, 그리고 사막과 같다. 거룩한 삶은 기쁨과 즐거움, 기쁜 노래, 무성하게 핀 백합화, 레바논의 영광과 갈멜과 사론의 아름다움, 여호와의 영광, 하나님의 아름다움을 보는 삶이다.

너희는 약한 손을 강하게 하며 떨리는 무릎을 굳게 하며, 겁내는 자들에게 이르기를, '굳세어라, 두려워하지 말라, 보라! 너희 하나님이 오사 보복하시며 갚아주실 것이라. 하나님이 오사 너희를 구하시리라' 하라.
사 35:3,4

'약한 손'과 '강한 손', '떨리는 무릎'과 '굳센 무릎', '겁내는 자, 두려워하는 자'와 '보복하시고 갚아주시며 구원하시는 하나님으로 인해 담대한 자'의 대조를 보라!

그때에 맹인의 눈이 밝을 것이며, 못 듣는 사람의 귀가 열릴 것이며, 그때에 저는 자는 사슴같이 뛸 것이며, 말 못 하는 자의 혀는 노래하리니, 이는 광야에서 물이 솟겠고 사막에서 시내가 흐를 것임이라. 사 35:5,6

'맹인의 눈'과 '밝은 눈', '못 듣는 사람의 귀'와 '열린 귀', '저는 자'와 '사슴같이 뛰는 자', '말 못 하는 자의 혀'와 '노래하는 혀', '광야'와 '솟는 물', '사막'과 '흐르는 시내', 얼마나 대조적인가!

거기에 대로가 있어 그 길을 **거룩한 길**이라 일컫는 바 되리니 사 35:8a

이 말씀은 모든 대조를 이루는 분수령이 무엇인지를 말씀한다.
'거룩한 길'이라는 대로가 분수령이다.
그 길을 걷는 사람들의 모습을 보라!

깨끗하지 못한 자는 지나가지 못하겠고, 오직 구속함을 입은 자들을 위하여 있게 될 것이라. 우매한 행인은 그 길로 다니지 못할 것이며, 거기에는 사자가 없고 사나운 짐승이 그리로 올라가지 아니하므로 그것을 만나지 못하겠고, 오직 구속함을 받은 자만 그리로 행할 것이며, 여호와의 속량함을 받은 자들이 돌아오되 노래하며 시온에 이르러 그들의 머리 위에 영영한 희락을 띠고 기쁨과 즐거움을 얻으리니 슬픔과 탄식이 사라지리로다. 사 35:8b-10

거룩한 길은 깨끗하지 못한 자나 하나님의 말씀을 무시하는 우매한 행인은 지나가지 못한다. 그 길에는 사자가 없고 사나운 짐승도 올라가지 못한다. 그 길은 오직 구속함을 입은 자들을 위한 길이며 가장 안전한 길이다.

거룩한 삶은 마치 빛과 같아서 어둠이 조금도 틈타지 못한다. 악한 영이 건드리지도 못한다(요일 5:18). 거룩함을 상실한 자의 삶은 슬픔과 탄식, 노예처럼 얽매임이 있지만, 거룩함을 회복한 사람에게는 평강과 기쁨과 자유, 노래와 춤, 그리고 즐거움이 있다.

요셉에게 넘어간 르우벤의 장자권

야곱은 죽기 전에 열두 아들을 불러 그들의 앞날을 예언했다. 그중 장자인 르우벤에 대한 말씀은 충격적이다.

르우벤아, 너는 내 장자요 내 능력이요 내 기력의 시작이라. 위풍이 월등하고 권능이 탁월하다마는, 물의 끓음 같았은즉 너는 탁월하지 못하리니, 네가 아버지의 침상에 올라 더럽혔음이로다. 그가 내 침상에 올랐었도다. **창 49:3,4**

르우벤은 다른 형제들보다 위풍이 월등하고 권능이 탁월했다. 그러나 더 이상 탁월하지 못하게 되었다. 왜냐하면 그의 성적 정욕이 물의 끓음 같았기 때문이다. 그는 청년의 정욕을 제어하지 못했다. 강물이 높은 둑을 따라 올바른 길로 흘러 운하가 되듯이 그의 정욕을 다스렸다면, 그는 더 풍성하고 충만한 삶을 살았을 것이다. 그러나 그 물이 둑을 넘어 범람하여 주변을 황폐하게 만들었다. 하지만 요셉은 그렇지 않았다. 그는 청년의 정욕을 다스려 거룩함의 길로 걸어갔다.

그 후에 그의 주인의 아내가 요셉에게 눈짓하다가 동침하기를 청하니, 요셉이 거절하며 자기 주인의 아내에게 이르되, '내 주인이 집안의 모든 소유를 간섭하지 아니하고 다 내 손에 위탁하였으니, 이 집에는 나보다 큰 이가 없으며 주인이 아무것도 내게 금하지 아니하였어도 금한 것은 당신뿐이니 당신은 그의 아내임이라. 그런즉 내가 어찌 이 큰 악을 행하여 하나님께 죄를 지으리이까?' 여인이 날마다 요셉에게 청하였으나 요셉이 듣지 아니하여 동침하지 아니할뿐더러 함께 있지도 아니하니라. **창 39:7-10**

요셉의 탁월함은 그의 거룩함에 있었다. 그는 누가 보지 않아도, 무슨 일을 하든 하나님 앞에서 행했다. 그는 "내가 어찌 이 큰 악을 행하여 하나님께 죄를 지으리이까?"라며 유혹을 단호히 물리쳤다. 그는 '코람데오'의 삶을 살았다. D. L. 무디는 "아무도 없을 때 갖는 생각과 행동이 그 사람의 경건함을 보여준다"라고 했다.

결국 하나님은 르우벤의 장자권을 요셉에게 넘겨주셨다.

이스라엘의 장자 르우벤의 아들들은 이러하니라. (르우벤은 장자라도 그의 아버지의 침상을 더럽혔으므로 장자의 명분이 이스라엘의 아들 요셉의 자손에게로 돌아가서 족보에 장자의 명분대로 기록되지 못하였느니라) 대상 5:1

거룩함은 우리의 부르심이다.

곧 창세 전에 그리스도 안에서 우리를 택하사, 우리로 사랑 안에서 그 앞에 거룩하고 흠이 없게 하시려고, 그 기쁘신 뜻대로 우리를 예정하사 예수 그리스도로 말미암아 자기의 아들들이 되게 하셨으니 엡 1:4,5

우리를 거룩함으로 부르신 하나님이 성령으로 우리를 거룩하게 하신다.

곧 하나님 아버지의 미리 아심을 따라 성령이 거룩하게 하심으로 순종함과 예수 그리스도의 피 뿌림을 얻기 위하여 택하심을 받은 자들에게 편지하노니 벧전 1:2

우리는 스스로 거룩함에 이를 수 없다. 오직 예수 그리스도의 피 뿌림과 성령의 거룩하게 하심으로 거룩하게 되었다. 이제 우리는 부르심을 따라 거룩한 삶을 믿음으로 살아간다.

너희가 순종하는 자식처럼 전에 알지 못할 때에 따르던 너희 사욕을 본받지 말고, 오직 너희를 부르신 거룩한 이처럼 너희도 모든 행실에 거룩한 자가 되라. 기록되었으되, '내가 거룩하니 너희도 거룩할지어다' 하셨느니라. 벧전 1:14-16

우리는 날마다 거룩한 삶을 순종함으로 살아간다. 모든 행실에 거룩한 자로 살기로 결심하고 순종의 발걸음을 옮긴다. 우리가 거룩함을 선택하여 한 발을 내디딜 때, 성령이 우리를 도와 거룩하게 살게 하신다. 성령을 의지해야 한다.

거룩함 : 승리하는 하늘 군대의 특징

다윗은 새벽이슬 같은 주의 청년들이 주께 나오는 것을 보았다.

주의 권능의 날에 주의 백성이 거룩한 옷을 입고 즐거이 헌신하니, 새벽이슬 같은 주의 청년들이 주께 나오는도다 시 110:3

이들은 성령으로 충만하고 목숨까지 즐거이 헌신하며, 거룩한 옷을 입었다. 다윗의 때보다 1,000년 후에 사도 요한도 밧모 섬에서 보았다. 그는 주께 나오는 청년들이 드디어 하늘 군대가 되어 대장이신 예수님을 따르는 감격스러운 장면을 보았다.

> 하늘에 있는 군대들이 희고 깨끗한 세마포 옷을 입고 백마를 타고 그를 따르더라 계 19:14

이들 하늘 군대는 "희고 깨끗한 세마포 옷"을 입고 "백마"를 탔다. 그리고 대장이신 예수님을 따른다. 여기서 백마는 '성령'이시고, 희고 깨끗한 세마포 옷은 '거룩한 옷'이다. 하늘 군대는 즐거이 헌신하여 목숨을 아끼지 않고 전쟁의 날에 주를 따르고 있다.

다윗은 주께 나오는 주의 청년들의 모습을 보았고, 사도 요한은 이들이 주를 따르는 하늘 군대가 된 모습을 보았다. 물론 이들은 같은 사람들이다.

거룩함은 주의 청년, 곧 하늘 군대의 무장이다. 그 청년들, 그 군대들 가운데 우리가 있다!

거룩함의 길

대제사장 아론의 복장에 특이한 점이 있다.

너는 또 순금으로 패를 만들어 도장을 새기는 법으로 그 위에 새기되

'**여호와께 성결**'이라 하고, 그 패를 청색 끈으로 관 위에 매되 곧 관 전면에 있게 하라. 이 패를 아론의 이마에 두어 그가 이스라엘 자손이 거룩하게 드리는 성물과 관련된 죄책을 담당하게 하라. 그 패가 아론의 이마에 늘 있으므로 그 성물을 여호와께서 받으시게 되리라. 출 28:36-38

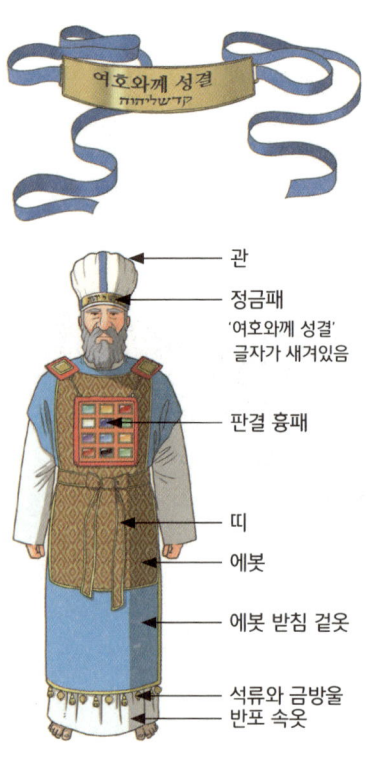

- 관
- 정금패
  '여호와께 성결' 글자가 새겨있음
- 판결 흉패
- 띠
- 에봇
- 에봇 받침 겉옷
- 석류와 금방울
- 반포 속옷

제사장 아론은 그 이마에 "여호와께 성결"이라는 정금패를 달고 하나님께 나아가야 했다. 그것은 계급장처럼 어깨에 달거나 훈장처럼 가슴에 달지 않고 오직 이마에 두었다. 왜 이마인가? 그것은 이마가 생각의 영역을 나타내기 때문이다. 생각에 거룩함이 머무를 때, 비로소 거룩함에 이르고 거룩함을 유지할 수 있다.

너희는 이 세대를 본받지 말고,
오직 마음을 새롭게 함으로 변화를 받아,
하나님의 선하시고 기뻐하시고
온전하신 뜻이 무엇인지 분별하도록 하라.
롬 12:2

변화를 받는 길은 "오직 마음을 새롭게 함으로" 이루어진다.

너희는 유혹의 욕심을 따라 썩어져 가는 구습을 따르는 옛 사람을 벗어 버리고, **오직 너희의 심령이 새롭게 되어**, 하나님을 따라 의와 진리의 거룩함으로 지으심을 받은 새 사람을 입으라. 엡 4:22-24

옛 습관을 따르는 옛 사람을 벗어버리고 새 사람을 입는 비결은 "오직 심령이 새롭게" 되는 것이다. 로마서의 "마음"과 에베소서의 "심령"은 원어가 같다. 같은 영역이다. mind, 곧 생각의 영역이다.

거룩함으로 사는 비결은 생각을 새롭게 하는 것이다. 생각의 기능은 어떤 지식이나 정보를 입력한 컴퓨터 본체처럼 우리가 보고 들은 것을 입력하여 저장하는 것이다. 출력은 우리의 행동이다. 거룩하지 못한 것을 입력하여 생각에 저장하면 거룩하지 못한 행동만 나온다.

원하는 출력을 얻으려면 잘못 입력한 것을 버리고 새롭게 입력해야 하듯이, 행동을 바꾸려면 먼저 생각을 바꾸어야 한다. 이전에 입력한 잘못된 생각을 버리고 새로이 입력해야 한다. 죄를 낱낱이 자백하여 죄 사함을 받는 것, 이것이 새롭게 하는 길이다.

생각이 열쇠다. 생각에 무엇을 저장하느냐에 따라 행동이 달라진다.

대저 그 마음의 생각이 어떠하면 그 위인도 그러한즉 잠 23:7a

생각이 거룩할 때 행동도 거룩하다. 삶이 거룩해진다. 그러므로 생각의 방이 거룩함으로만 채워지도록 해야 한다.

끝으로 형제들아, 무엇에든지 참되며 무엇에든지 경건하며 무엇에든지 옳으며 무엇에든지 정결하며 무엇에든지 사랑받을 만하며 무엇에든지 칭찬받을 만하며 무슨 덕이 있든지 무슨 기림이 있든지 이것들을 생각하라. 빌 4:8

이 말씀은 한마디로 "형제들아, 이것들을 생각하라"이다. "이것들을 생각에 채운다면 곧 너의 삶이 될 것이다"라고 말씀한다. '이것들'이 무엇일까? 다음 여덟 가지다. 참된 것, 경건한 것, 옳은 것, 정결한 것, 사랑받을 만한 것, 칭찬받을 만한 것, 덕이 되는 것, 기림이 되는 것.

생각의 방 입구에 파수꾼을 세워 여덟 가지 영역에 해당하는 것들만 들어가게 하라는 것이다. 생각의 방 입구에 깔때기를 두라는 것이다.

잠언 4장 20-27절은 이에 대해 구체적인 해결책을 말씀한다.

내 아들아 내 말에 주의하며 내가 말하는 것에 **네 귀**를 기울이라
그것을 **네 눈**에서 떠나게 하지 말며 **네 마음속**에 지키라
그것은 얻는 자에게 생명이 되며 그의 온 육체의 건강이 됨이니라
모든 지킬 만한 것 중에 더욱 네 마음을 지키라
생명의 근원이 이에서 남이니라
구부러진 말을 **네 입**에서 버리며 비뚤어진 말을 **네 입술**에서 멀리하라
네 눈은 바로 보며 **네 눈꺼풀**은 네 앞을 곧게 살펴
네 발이 행할 길을 평탄하게 하며 **네 모든 길**을 든든히 하라
좌로나 우로나 치우치지 말고 **네 발**을 악에서 떠나게 하라

생각의 방과 연결된 것이 마음의 방이다. 거기서부터 생명이 시작된다. 생각의 방으로 들어오는 입구는 '눈'과 '귀'다. 그래서 보는 것과 듣는 것이 중요하다. 눈으로 보고, 귀로 듣는 모든 것을 생각의 방에 들이기 전에, 파수꾼의 검열을 받게 해야 한다. '여호와께 성결' 깔때기에 통과시켜야 한다. 통과 기준은 앞서 말한 여덟 가지 항목이다.

1) 참된 것 2) 경건한 것 3) 옳은 것 4) 정결한 것
5) 사랑받을 만한 것 6) 칭찬받을 만한 것
7) 덕이 되는 것 8) 기림이 되는 것

제사장 아론의 이마에 달린 "여호와께 성결"이라는 정금패는 이를 두고 하시는 말씀이다. 이 여덟 가지가 한꺼번에 들어 있는 종합세트가 바로 '하나님의 말씀, 성경'이다.

날마다 그 말씀을 읽고 묵상하고 지켜 행할 때, 내 생각에 그 말씀이 들어와 살게 된다. 우리의 눈, 귀, 입, 발이 그 말씀에 젖게 된다.

생각과 마음에 그 말씀이 풍성하게 거할 때, 비로소 우리는 그리스도의 향기(고후 2:15), 그리스도의 편지(고후 3:3), 그리스도의 일꾼(고후 3:6), 그리스도의 대사(고후 5:20)가 된다.

M.S.A. Factor

CHAPTER
21

아브라함을 영접한 두 왕

아브라함 당시 가나안은 9개의 도시국가로 이루어져 있었다. 그중 북방에 있는 엘람 왕 그돌라오멜이 맹주(盟州) 역할을 했다. 나머지 8개국은 그돌라오멜을 섬기며 매년 조공을 바쳤다.

그런데 12년간 섬기다가 소돔을 비롯한 남방 5개국이 배반했다. 이에 그돌라오멜은 주변 북방 3개국과 연합하여 남방 5개국과 전쟁을 벌였다. 결국 남방 연합군이 패함으로 북방 연합군은 남방의 모든 재물과 양식을 탈취했고, 사람들을 포로로 끌고 갔다. 이때 소돔에 살던 아브라함의 조카 롯도 잡혀갔다.

이 소식을 들은 아브라함은 동맹한 아넬, 에스골, 마므레, 그리고 자기 집에서 기르고 훈련한 318명을 거느리고 단까지 쫓아가 승리에 도취한 북방 연합군을 쳐부수고 빼앗긴 재물과 사람들, 그리고 조카 롯을 구출했다. 마치 다윗이 사자와 곰들에게 사로잡힌 어린 양을 죽음에서 구했듯이 아브라함은 목숨을 아끼지 않고 롯을 구했다.

하나님은 우리에게 곤경에 처한 형제들을 돌보라고 하셨다. '희생'과 '헌신'은 지도력의 중요한 요소다.

하나님의 놀라우신 도움으로 극적인 승리를 취한 아브라함 일행이 돌아올 때, 두 왕이 사웨 골짜기(: 왕의 골짜기)에서 이들을 영접했다.

아브람이 그돌라오멜과 그와 함께한 왕들을 쳐부수고 돌아올 때에, 소돔 왕이 사웨 골짜기 곧 왕의 골짜기로 나와 그를 영접하였고, 살렘 왕 멜기세덱이 떡과 포도주를 가지고 나왔으니, 그는 지극히 높으신 하나님의 제사장이었더라. 창 14:17,18

남방 연합군의 리더이자 전쟁의 최대 참패국인 소돔 왕이 아브라함을 영접했다. 동시에 살렘 왕 멜기세덱도 나와 영접했다.

우리가 전쟁에 승리하여 사웨 골짜기에 도달하면 이같이 두 왕이 우리를 영접한다. 더 나아가 매일 아침과 저녁에도 이 두 왕이 우리를 영접한다. 이 두 왕에 대해 살펴보자.

소돔 왕과 살렘 왕 멜기세덱

멜기세덱에 관해서는 자세한 기록이 없다. 다만 히브리서에서는 그를 예수 그리스도의 전형적인 모습으로 비교 설명했다. 하나님은 창세기 14장에서 그를 명확하게 소개하셨다. 그는 "지극히 높으신 하나님(엘 엘리온 El-Elyon, God Most High)의 제사장"이다(창 14:18). 그가 믿고 섬기는 하나님과 아브라함이 믿고 섬기는 하나님은 동일하다. "천지의 주재이시요 지극히 높으신 하나님"이시다. 다만 차이가 있는 것은, 아브라함의 하나님은 "천지의 주재이시요 지극히 높으신 하나님 여호와"시다(창 14:19,22).

- 살렘 왕 멜기세덱 : 천지의 주재이시요 지극히 높으신 하나님
- 아브라함 : 천지의 주재이시요 지극히 높으신 하나님 여호와

"여호와"는 하나님의 이름이다. 하나님이 모세에게 사명을 주실 때 명함을 주셨다. 그러면서 이스라엘 백성이 모세에게 "누가 너를 보내었느냐?" 물을 때 건네주라고 하셨다(출 3:13,14).

여호와의 뜻은 '스스로 있는 자' 혹은 '나는 나다'(I AM WHO I AM)이다. 이보다 더 강력한 자기소개가 있을까!

멜기세덱이 하나님을 어떻게 알았는지는 모르나 분명히 그는 하나님을 알고 섬겼다. 그러면 아브라함은 하나님을 어떻게 알았을까? 하나님께서 아브라함에게 직접 오셔서 자신을 소개하며 말씀하셔서 알았다. 인격적으로 만났다. 그래서 알았다.

멜기세덱을 보면 **'이미 거기 계시는 하나님'**을 알 수 있다.

그분은 천지의 주재이시다.

그분은 지극히 높으신 하나님이시다.

그분은 우리의 대적을 우리 손에 붙이시는 하나님이시다.

놀랍게도 어느 문명이든, 지역이든, 도시든, 족속에게서든 '멜기세덱'을 만난다. 그들이 이미 알고 섬기는 '멜기세덱의 하나님'을 본다.

그러나 소돔 왕은 다르다. 그는 언제나 진리를 구부리고 왜곡시킨다. 굴절된 하나님의 모습을 보여준다. 거짓으로 사람들을 속인다. 마찬가지로 어느 문명이나 지역이나 도시나 족속에서도 '소돔 왕'을 볼 수 있다.

받을 것과 거절할 것

멜기세덱은 아브라함을 축복했다. 그리고 가져온 떡과 포도주를 주었다. 아브라함은 이를 기쁘게 받았다. 그리고 그중 10분의 1을 멜기세덱에게 주었다.

> 그가 아브람에게 축복하여 이르되, '천지의 주재이시요, 지극히 높으신 하나님이여! 아브람에게 복을 주옵소서. 너희 대적을 네 손에 붙이신 지극히 높으신 하나님을 찬송할지로다' 하매, 아브람이 그 얻은 것에서 십분의 일을 멜기세덱에게 주었더라. **창 14:19,20**

소돔 왕도 아브라함에게 주었다. 그러나 아브라함은 그가 주는 것을 전부 거절하며 그 어떤 것도 받지 않았다.

> 소돔 왕이 아브람에게 이르되, '사람은 내게 보내고 물품은 네가 가지라' 아브람이 소돔 왕에게 이르되, '천지의 주재이시요, 지극히 높으신 하나님 여호와께 내가 손을 들어 맹세하노니, 네 말이 내가 아브람으로 치부하게 하였다 할까 하여 네게 속한 것은 실 한 오라기나 들메끈 한

가닥도 내가 가지지 아니하리라. 오직 젊은이들이 먹은 것과 나와 동행한 아넬과 에스골과 마므레의 분깃을 제할지니, 그들이 그 분깃을 가질 것이니라' 창 14:21-24

소돔 왕은 아브라함이 빼앗아 온 소돔 왕국의 모든 재물을 아브라함에게 주려 했다. 그러나 아브라함은 소돔 왕이 주는 것은 단 한 푼도 받지 않고 거절했다. 그는 소돔 왕이 주는 것으로 부요해지길 원하지 않았다. 반면에 멜기세덱이 주는 모든 것, 그의 축복과 떡과 포도주는 받았다. 그 선택과 결정은 아브라함이 한 것이었다.

M.S.A. Factor

아브라함의 이런 선택적 행동을 통해 하나님은 우리에게 중요한 원칙을 알려주신다. 이를 'M.S.A. Factor'라고 한다.

M : 멜기세덱 'Melchizedek'의 약자

S : 소돔 'Sodom'의 약자

A : 아브라함 'Abraham'의 약자

어느 문명, 나라, 지역을 가든지 '멜기세덱적 요소'를 발견한다. 동시에 '소돔적 요소'도 발견한다. 멜기세덱적 요소는 '이미 거기 계시는 하나님, 진리의 요소'다. 소돔적 요소는 '하나님을 오해하도록 왜곡하고 변형시키는 요소'다.

'아브라함적 요소'는 '우리가 만난 하나님, 우리에게 말씀하시고 우리를 이끄시는 하나님'이다. 하나님은 우리에게 그분의 말씀, 곧 성경을 주셨다. 또한 성령을 보내셔서 그 말씀을 보고, 듣고, 이해하게 하신다. 성령은 우리에게 성경을 가르치시며 우리를 진리 가운데로 인도하신다.

아브라함적 요소는 이같이 인격적으로 만난 하나님과 성경, 성령을 통해 '무엇이 멜기세덱적 요소이고, 무엇이 소돔적 요소인지' 분별하여 알게 한다.

일본 동화

사람이 어떻게 생겨났는지를 이야기하는 일본의 한 전래동화가 이 세 소요를 잘 보여준다.

> 옛날 옛적에 이 세상이 시작될 때 조물주가 사람을 창조했다. 조물주는 흙으로 사람을 만들기로 했다. 조물주가 흙으로 사람을 빚어서 가마니에 넣어 굽는 동안에 깜빡 졸았다. 부리나케 도가니에서 사람을 꺼냈으나 이를 어쩌나, 그만 까맣게 타버렸다. 실패작이었다.

조물주는 다시 흙으로 사람을 빚어서 도가니에 넣고 굽기 시작했다. 이번에는 실수하지 않으려고 긴장한 나머지 예정 시간보다 일찍 꺼냈다. 이번에는 덜 구워져서 그만 하얗게 되고 말았다. 또 실패작이었다.

조물주는 다시 흙으로 사람을 빚어서 도가니에 넣고 굽기 시작했다. 그는 또다시 실수하지 않으려고 세심하게 신경을 썼다. 이번에 사람을 꺼냈을 때는 너무 타지도 않고, 덜 구워지지도 않은 노랗게 잘 익은 사람이 나왔다. 성공작이었다. 그래서 이 세상에는 까만 사람, 하얀 사람, 노란 사람이 있게 되었다.

이 이야기에는 멜기세덱적 요소(성경이 말씀하는 진리)와 소돔적 요소(하나님을 오해하게 만드는 요소)가 섞여 있다. 우리는 이 둘을 오직 하나님의 말씀, 성경을 통해 구분한다. 그것을 분별하는 능력이 아브라함적 요소다. 우리는 성경을 통해 옳고 그름을 명확하게 분별할 수 있다.

이 같은 이야기는 어느 나라, 어느 민족에나 있다. 인류의 시작, 홍수에 관한 것, 더구나 일상생활 속 무수한 일에도 나타난다. 많은 경우, 신화와 전설의 형태를 가진다. 이것들을 볼 때마다 창세기 3장의 사건이 떠오른다. 모든 이야기와 역사, 전설과 신화를 보면, 그 근원이 창세기 3장과 연결된다. 사건 속에 진리의 말씀과 그 말씀을 왜곡하여 전하는 요소가 교묘하게 섞여 있다.

그때나 지금이나 근본적인 원칙은 변함이 없다. 진리를 구부리고 거짓으로 접근하여 미혹하는 거짓의 아비, 마귀의 수단이 보인다.

한국 개신교 선교 역사

1800년대 말, 조선에 온 개신교 선교사들의 선교활동에서 가장 주목할 점이 두 가지 있다. 바로 아브라함의 하나님을 소개한 것과 이미 사용되던 우리 글인 '한글'로 성경을 번역한 것이다.

아브라함은 멜기세덱과 하나님에 대해 말하는 것에 아무 어려움이 없었을 것이다. 다만 멜기세덱이 놀란 것은 아브라함이 믿고 섬기는 하나님이 그와 개인적이고 인격적인 관계를 맺고 있다는 점이었다.

마찬가지로 개신교 선교사들이 성경에 나타나는 하나님을 소개할 때, 조선인들이 이미 성경의 하나님을 알고 섬기고 있다는 점에서 놀랐다. "천지의 주재이신 하나님", "지극히 높으신 하나님"을 조선인들은 이미 '하늘님'이라 불렀다. 그리고 세월이 흐르며 'ㄹ'이 탈락하여 '하느님'으로 부르며 섬기고 있었다.

그랬기에 '하나님'으로 부르기로 한 건 전혀 새로운 것이 아니었다. 우리는 본래 믿던 하나님을 버리고 서양의 하나님을 섬기는 것이 아니다. 이것이 개신교 선교사들이 잘한 점이다. 그들은 조선인들에게 그 하나님과 인격적으로 교제하는 법을 가르쳐주었다.

이같이 M.S.A. Factor를 잘 이해하면 유익이 크다.

화해 아이(Peace Child)

나는 윌리엄캐리대학에서 돈 리처드슨 교수의 선교학 강의를 들으면서 M.S.A. Factor에 대해 분명한 이해를 갖게 되었다.

리처드슨은 자신이 파푸아뉴기니에서 사위 부족을 선교했을 때 이야기를 들려주었다. 당시 그는 샤위 부족에게서 한 풍습을 발견했는데, '화해 아이'(Peace Child)라는 풍습이었다. 이는 두 부족이 전쟁을 그치고 화해하려 할 때, 서로 한 아이씩 '화해 아이'로 교환하는 것이었다. 각 부족은 상대 부족에서 온 아이를 잘 보살피며 화해를 유지했다.

리처드슨은 이것을 보며 화해 아이로 오신 하나님의 아들 예수 그리스도의 복음을 전했고, 샤위 부족은 주께로 돌아왔다. 이는 M.S.A. Factor를 잘 이해하고 적용한 결과였다.

두 극단을 주의하라

문화와 일상생활 가운데서 두 극단적 행동과 태도를 경계해야 한다. 하나는 '전적 배격'이고, 다른 하나는 '전적 수용'이다.

만일 아브라함이 자기가 알고 믿는 하나님 외에 나머지는 모두 마귀적이고 세상적인 것으로 여겨 멜기세덱이 주는 것을 거절했다면, 그는 크나큰 진리를 놓쳤을 것이다. 그것은 하나님의 원리 원칙을 모르는 것이다.

과거에 남미로 간 스페인 선교사들은 거대한 마야 문명과 잉카 문명을 접하고는, 이들 문명을 마귀적이라 단정하고 모든 걸 파괴하고 불태워 버렸다. 훗날 몇 개 남지 않은 문서에서 이들 문명 가운데서도 멜기세덱적 요소가 있었음이 발견되었다. 안타깝게도 이 같은 극단적인 선교활동이 세계 여러 나라에서 일어났다.

만일 개신교 선교사들이 한국에 복음을 제시할 때, 우리가 이미 알고 믿고 있는 하나님을 '마귀'로 단정했다면 오늘과 같은 한국교회의 부흥이 일어났을까!

반대로 아브라함이 멜기세덱과 소돔 왕을 모두 존중한다는 명목으로 소돔 왕이 주는 것도 다 받았다면, 이 또한 하나님의 원칙을 모르는 데서 비롯된 행동일 것이다. 마치 진리와 거짓의 경계선을 무너뜨리고, 빛과 어둠을 한 공간에 두려는 것과 같다.

선교 역사를 보면, 여러 나라에서 이 같은 실수 때문에 오늘날까지 큰 어려움을 겪고 있다. 인도나 필리핀이 대표적이다. 그 나라의 종교 사상과 문화, 신토불이(身土不二) 정신을 존중한다는 이유로 모든 것을 허용한 결과, 거대한 혼합주의가 이루어지고 말았다. 복음이 흐려지고, 교회는 활발하지 못하며 겨우 명목만 유지하고 있다. 이는 선교사들이 M.S.A. Factor를 이해하지 못한 결과다.

받아들일 것과 버려야 할 것

M.S.A. Factor는 크게 문화와 가치관, 세계관을 분별하는 지혜를 준다. 놀랍게도 우리의 일상생활에는 두 가지 요소(멜기세덱적 요소와 소돔적 요소)가 섞여 있다. 그래서 신중함과 분별력이 매우 필요하다. 이는 말씀에 대한 이해, 성령의 민감함이 있어야 가능하다.

어릴 때 명절이 되면, 나는 엄마의 심부름으로 정육점에 가서 명절에 먹을 고기를 사 왔다. 정육점 주인이 소고기 두 근을 저울에 달아주었다. 나는 포장하기 전에 "아저씨, 기름은 떼고 주세요"라고 말했다. 그리고 아저씨가 손에 든 날카로운 칼에 주목했다. 아저씨는 기름을 떼어 내고 살코기만 포장해 주었다.

우리는 '말씀과 성령'의 날카로운 칼을 사용하여 멜기세덱적 요소와 소돔적 요소를 구분해야 한다. 그리고 당연히 소돔적 요소를 버려야 한다. 일상적인 대화에서도, 무언가를 듣거나 볼 때도 M.S.A. Factor로 분별해야 한다. 신토불이를 주의해야 한다.

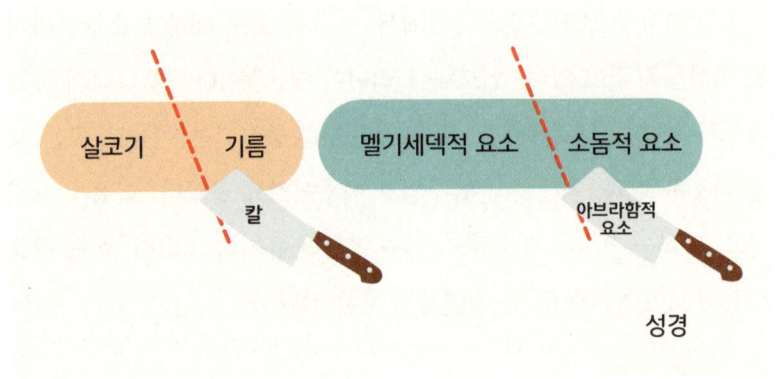

우리는 나와 다른 것을 존중해야 한다. 그렇다고 모든 행동양식과 가치관을 무조건 수용해서는 안 된다. 몸속 암세포는 존중할 부분이 아닌 것처럼 말이다.

일본 속담에 이런 말이 있다.

"욕조에 물을 담고 갓난아이를 목욕시킨 후에 욕조에서 아이를 먼저 건져낸 후에 욕조 물을 버려라. 물과 통에 있는 아이를 함께 버리지 말아야 한다."

나의 사웨 골짜기

우리는 날마다 사웨 골짜기에서 멜기세덱과 소돔 왕을 만난다.

도둑이 오는 것은 도둑질하고 죽이고 멸망시키려는 것뿐이요, 내가 온 것은 양으로 생명을 얻게 하고 더 풍성히 얻게 하려는 것이라 요 10:10

도둑은 소돔 왕처럼 우리의 믿음을 죽이고, 열정을 훔쳐가며, 헌신을 약화시키려는 목적으로 접근한다. 하지만 우리 주 예수 그리스도는 멜기세덱처럼, 피곤한 우리에게 용기와 소망을 주고, 생명과 풍성한 삶을 주고자 찾아오신다.

잠언 9장도 마찬가지다. 날마다 두 여인의 초대장이 동시에 날아온다. 그들은 이 초청의 메시지를 오늘의 사웨 골짜기 사거리에 있는 큰 LED 전광판에 싣는다. 지혜의 여인은 멜기세덱처럼 우리에게 지혜와 명철, 생명과 진정한 자유를 주고자 큰 잔치를 열고 초대한다. 하지만 미련한 여인은 소돔 왕처럼 화려한 거짓과 속임수로 우리를 사망과 파멸로 몰아가려고 초대한다. 온갖 아양을 떨며 화려한 옷을 입고 화장을 하고 달콤한 말로 유혹한다. 미련한 여인의 초대를 단호히 거절해야 한다. 지혜의 여인의 초대에 언제나 기꺼이 응해야 한다.

M.S.A. Factor가 이 둘을 분별할 열쇠다.

날마다 성경과 성령으로 시작하고 마치라.

정직 : 영향력 있는 지도력의 열쇠

CHAPTER 22

정직한 사람, 다윗

하나님께서 다윗을 통해 일하신 중요한 조건은 정직이었다.

> 솔로몬이 이르되, '주의 종 내 아버지 다윗이 성실과 공의와 정직한 마음으로 주와 함께 주 앞에서 행하므로, 주께서 그에게 큰 은혜를 베푸셨고, 주께서 또 그를 위하여 이 큰 은혜를 항상 주사 오늘과 같이 그의 자리에 앉을 아들을 그에게 주셨나이다' 왕상 3:6

다윗은 왕으로서 하나님 앞에서 성실과 공의와 정직으로 행했다. 하나님께서 이를 보시고 그에게 큰 은혜를 베푸셨다. 또한 정직한 다윗을 통해 그분의 뜻을 다 이루셨다(행 13:22).

정직은 하나님께서 그분의 일을 맡기셨을 때, 우리가 취해야 할 올바른 행동이다.

정직한 사람, 욥

하나님께서 욥의 정직을 세 차례 칭찬하셨다. '그는 정직한 사람이다'(욥 1:1), '욥과 같이 정직한 사람은 세상에 없다'(욥 1:8, 2:3). 얼마나 놀라운 칭찬인가! 욥만큼 정직에 대해 하나님께 칭찬받은 사람이 없다.

우리는 사람이 보기에 정직한 게 아니라 하나님이 보시기에 정직하게 행해야 한다. 정직의 기준은 '하나님이 보시기에'다.

> 요시야가 **여호와 보시기에 정직히 행하여** 그의 조상 다윗의 모든 길로 행하고 좌우로 치우치지 아니하였더라 왕하 22:2

> 히스기야가 그의 조상 다윗의 모든 행위와 같이 **여호와께서 보시기에 정직하게 행하여** 왕하 18:3

유다 왕국에서 다윗을 가장 닮은 왕은 히스기야와 요시야였다. 이들의 정직한 행위의 공통점은 우상을 제거하고 하나님 말씀에 전적으로 순종한 것이었다. 온전히 하나님 중심의 삶을 살았다. 개인의 삶뿐 아니라 사회 모든 영역에서 정직하게 행했다.

정직한 사람은 하나님의 마음을 크게 기쁘시게 한다. 하나님은 정직한 사람을 보면 "내 속이 다 후련하다"라고 말씀하신다.

> 만일 네 입술이 정직을 말하면 내 속이 유쾌하리라 잠 23:16

정직하신 하나님

하나님이 정직한 사람을 보면 몹시 기뻐하시는 이유는, 하나님이 정직하시기 때문이다.

> 그는 반석이시니 그가 하신 일이 완전하고 그의 모든 길이 정의롭고 진실하고 거짓이 없으신 하나님이시니 공의로우시고 바르시도다. 신 32:4

> 그는 반석이시요, 그의 일은 안전하며 그가 하는 모든 일이 공정하니 그는 진실하고 정직한 분이시다. 신 32:4 현대인의성경

> 여호와는 선하시고 정직하시니 그러므로 그의 도로 죄인들을 교훈하시리로다 시 25:8

> 여호와의 정직하심과 나의 바위 되심과 그에게는 불의가 없음이 선포되리로다 시 92:15

하나님은 거짓이 없으시고 거짓을 미워하신다. 그러나 마귀는 거짓말쟁이요 거짓의 아비다(요 8:44). 에덴동산에서 마귀는 거짓말을 그럴 듯하게 해서 사람을 미혹했다.

마귀의 거짓말 수법은 그때부터 지금까지 계속되고 있다. 하나님은 우리가 거짓을 미워하고 정직을 사랑하기를 원하신다.

여호와께서 미워하시는 것 곧 그의 마음에 싫어하시는 것이 예닐곱 가지이니, 곧 교만한 눈과 거짓된 혀와 무죄한 자의 피를 흘리는 손과 악한 계교를 꾀하는 마음과 빨리 악으로 달려가는 발과 거짓을 말하는 망령된 증인과 및 형제 사이를 이간하는 자이니라. 잠 6:16-19

하나님의 말씀도 정직하다

기록된 하나님의 말씀, 성경은 정직하다. 연대, 사람, 장소, 사건을 기록한 성경은 그 어느 것도 거짓이 없고, 단 한 구절도 바르지 않은 것이 없다. 과장하거나 축소하거나 왜곡한 것이 하나도 없다. 정직하신 하나님의 말씀이기 때문이다.

누가 지혜가 있어 이런 일을 깨달으며 누가 총명이 있어 이런 일을 알겠느냐! 여호와의 도는 정직하니 의인은 그 길로 다니거니와 그러나 죄인은 그 길에 걸려 넘어지리라. 호 14:9

여호와의 말씀은 정직하며 그가 행하시는 일은 다 진실하시도다. 시 33:4

정직하신 하나님의 말씀은 당연히 정직하다. 그래서 하나님이 행하시는 일도 다 진실하다. 성경을 통해 수많은 사람이 역사적, 과학적 사실을 발견하여 인류 역사에 크게 공헌했다.

정직한 사람을 향한 약속 일곱 가지

하나님은 정직하게 행하는 사람에게 엄청난 약속을 하셨다.

❶ 정직한 사람의 집은 번창할 것이다.

악한 자의 집은 망하겠고 정직한 자의 장막은 흥하리라 잠 14:11

대저 정직한 자는 **땅에 거하며** 완전한 자는 땅에 남아 있으리라 잠 2:21

"땅에 거하며"는 세상에서 잘되고 형통한 삶을 사는 것을 말한다.

게으른 자의 길은 가시울타리 같으나 정직한 자의 길은 **대로니라** 잠 15:19

의인의 길은 정직함이여, 정직하신 주께서 의인의 첩경을 평탄하게 하시도다 사 26:7

"대로"는 넓고 평탄한 길, 고속도로와 같은 길이다. 정직한 자에게는 하나님이 복을 주셔서 평탄한 길로 이끄시고, 하는 일이 성공하고 번창하게 하실 것이다.

❷ 정직한 사람에게는 완전한 지혜를 주시며, 방패가 되어주신다. 이보다 더 안전한 길이 있을까!

하나님은 정직한 자의 방패가 되신다. 악한 자로부터, 위험으로부터 보호하신다.

> 그는 정직한 자를 위하여 완전한 지혜를 예비하시며 행실이 온전한 자에게 방패가 되시나니 잠 2:7

> 악을 떠나는 것은 정직한 사람의 대로이니, 자기의 길을 지키는 자는 자기의 영혼을 보전하느니라 잠 16:17

> 정직한 사람의 길은 악을 피하므로 그 길을 걷는 자가 안전하다.
> 잠 16:17 현대인의성경

> 나의 방패는 하나님이시다. 그는 마음이 정직한 자를 구원하신다.
> 시 7:10 현대인의성경

❸ 정직한 자에게 좋은 것을 아끼지 않으신다.

정직한 자의 집은 늘 풍성하다. 하나님의 선물로 가득하다.

> 여호와 하나님은 해요 방패이시라. 여호와께서 은혜와 영화를 주시며, 정직하게 행하는 자에게 좋은 것을 아끼지 아니하실 것임이이다 시 84:11

여호와여 선한 자들과 마음이 정직한 자들에게 선대하소서 시 125:4

하나님은 마음이 정직한 자에게 선대하신다. 은혜를 베푸신다.

❹ 정직하게 행하면 자신뿐 아니라 후손에게도 복을 주신다. 그 후손이 대대로 땅에서 강성할 것이며, 부와 재물이 그 집에 있을 것이다.

그의 후손이 땅에서 강성함이여, 정직한 자들의 후손에게 복이 있으리로다. 부와 재물이 그의 집에 있음이여, 그의 공의가 영구히 서 있으리로다. 시 112:2,3

❺ 정직한 사람에게는 흑암 중에 빛이 일어난다. 어둠 가운데도 빛이 비친다. 마치 애굽 전역에 어둠이 덮여도 이스라엘 백성이 머무는 땅에는 빛이 비쳤듯이, 정직한 자는 온갖 역경 가운데서도 항상 빛 가운데 행한다. 정직한 욥에게 심한 고난이 닥쳤지만, 하나님께서 결국 그의 삶의 모든 영역을 회복시켜 주셨다.

정직한 자들에게는 흑암 중에 빛이 일어나나니 그는 자비롭고 긍휼이 많으며 의로운 이로다. 시 112:4

❻ 정직한 자를 반드시 돌보시고 모든 상황에서 도와주신다.

또 청결하고 정직하면 반드시 너를 돌보시고 네 의로운 처소를 평안하게 하실 것이라 욥 8:6

그리스도인의 사업장에서 흔히 볼 수 있는, "네 시작은 미약하였으나 네 나중은 심히 창대하리라"(욥 8:7)라는 말씀은 정직하게 행하는 사람에게 그 결과로 주어지는 하나님의 약속의 말씀이다. 아주 작은 겨자씨가 새들이 깃드는 나무로 자라나듯, 하나님께서 정직한 자를 축복하셔서 단기간이 아니라 서서히 창대하게 하실 것이다.

❼ 모든 것의 주인이신 하나님이 정직한 자가 하는 일이 성공하도록 재능과 지혜, 총명과 지식, 함께 일할 사람, 필요한 재물 등 모든 것을 주신다.

나는 내 큰 능력과 나의 쳐든 팔로 땅과 지상에 있는 사람과 짐승들을 만들고 내가 보기에 옳은 사람에게 그것을 주었노라. 렘 27:5

"옳은"으로 번역된 히브리어 '야샤르'(yashar)는 '곧은, 바른, 정직한'을 의미한다. 하나님은 그분이 보시기에 정직한 사람(다윗이 바로 그런 사람이었다)에게 그의 삶에 필요한 모든 걸 주신다.

정직함을 이룰 관계 세 가지

정직한 삶을 사는 데 있어서 세 가지 관계가 있다. 하나님 앞에, 나 자신에게, 그리고 다른 사람 앞에 정직해야 한다.

첫째, 하나님 앞에서 정직해야 한다.

하나님께는 어떤 것도 숨기지 말아야 한다. 모든 것을 솔직하게 털어놓아야 한다. 우리의 마음과 감정 상태, 분노, 절망, 낙심, 두려움을 다 나누어야 한다. 하나님은 우리를 위해 그분의 외아들까지 내놓으신 사랑의 아빠 아버지시다. 그분은 우리를 정죄하거나 판단하지 않고, 넓은 품에 안아주신다.

용서가 필요한 죄가 있다면 성령의 조명하심을 따라 숨기지 말고 다 드러내야 한다. 그럴 때 하나님께서 우리를 기쁘게 도우시며 용서와 회복과 위로를 주신다. 우리 하나님은 모든 위로의 아버지시다(고후 1:3).

> 자기의 죄를 숨기는 자는 형통하지 못하나, 죄를 자복하고 버리는 자는 불쌍히 여김을 받으리라 잠 28:13

하나님은 빛이시다. 그분께는 어둠이 조금도 없다(요일 1:5). 빛이신 하나님은 그분의 자녀인 우리가 빛 가운데 행하길 원하신다. 우리는 빛의 자녀이기 때문이다. 우리가 빛 가운데 행할 때 예수님의 피가 우리를 죄에서 깨끗하게 하고, 하나님과 친밀하게 교제하게 해준다.

> 그가 빛 가운데 계신 것같이 우리도 빛 가운데 행하면, 우리가 서로 사귐이 있고, 그 아들 예수의 피가 우리를 모든 죄에서 깨끗하게 하실 것이요 요일 1:7

빛 가운데 행하는 것은 하나님 앞에서 정직하게 사는 것을 말한다. 어둠 가운데 살지 않는 비결은 간단하다. 그저 빛 가운데 행하면 된다. 우리의 발을 어둠에서 뻗어 빛 가운데 내디딜 때, 어둠은 사라지고 빛이 비친다. 내 마음을 하나님 앞에 전부 열 때, 그분의 놀라운 용서와 사랑을 경험한다. 이것이 빛 가운데 행하는 길이다.

시편 32편 1-6절은 하나님 앞에서 정직한 게 무엇인지를 알려준다.

> 허물의 사함을 받고 자신의 죄가 가려진 자는 복이 있도다
> 마음에 간사함이 없고 여호와께 정죄를 당하지 아니하는 자는 복이 있도다
> 내가 입을 열지 아니할 때에 종일 신음하므로 내 뼈가 쇠하였도다
> 주의 손이 주야로 나를 누르시오니 내 진액이 빠져서 여름 가뭄에 마름 같이 되었나이다 (셀라)
> 내가 이르기를 내 허물을 여호와께 자복하리라 하고 주께 내 죄를 아뢰고 내 죄악을 숨기지 아니하였더니 곧 주께서 내 죄악을 사하셨나이다 (셀라)
> 이로 말미암아 모든 경건한 자는 주를 만날 기회를 얻어서 주께 기도할지라 진실로 홍수가 범람할지라도 그에게 미치지 못하리이다

시편 51편을 통해, 하나님 앞에서 정직하게 빛 가운데 행할 때 얻는 큰 용서와 회복의 은혜가 무엇인지 배운다.

보소서 주께서는 중심이 진실함을 원하시오니 내게 지혜를 은밀히 가르치시리이다 시 51:6

주 앞에 중심에서부터 진실하고 정직하게 나아가며, 나의 은밀한 곳, 나만 아는 비밀 장소에 주님을 초대할 때, 거기서부터 지혜를 배운다.

아래 말씀은 시편 51편 6절과 같은 내용, 다른 표현이다.

나 여호와는 **심장**을 살피며 **폐부**를 시험하고 각각 그의 행위와 그의 행실대로 보응하나니 렘 17:10

"심장"은 몸 중심에 있고, "폐부"는 몸의 가장 먼 곳에 있는 장기다. '나의 심장을 살피시는 하나님', 곧 나의 중심을 보시는 하나님이시다. 마음 중심에서부터 정직해야 한다. 또한 '나의 폐부를 시험하시는 하나님'을 나만 아는 비밀 장소에 초청할 때, 그분이 내게 지혜를 주신다.

다윗은 성령으로 우리를 권면한다.

백성들아, 시시로 그를 의지하고 그의 앞에 마음을 토하라 하나님은 우리의 피난처시로다 (셀라) 시 62:8

우리의 피난처이신 하나님 앞에 나아가야 한다. 그 앞에선 어떤 것도 숨기지 말아야 한다. 모든 것을 열어야 한다. 정직해야 한다. 시시로 그분을 의지하고 물을 쏟아붓듯 우리의 마음을 쏟아부어야 한다. 그럴 때 하나님은 우리를 가장 안전한 곳으로 이끄실 것이다.

둘째, 나 자신에게 정직해야 한다.

내면에 있는 것을 덮어두지 말아야 한다. 가면을 벗어야 한다. 어떤 경우에는 나조차도 자신을 모를 때가 있다. 그때는 성령의 도우심을 구하라.

> 자기 허물을 능히 깨달을 자 누구리요 나를 숨은 허물에서 벗어나게 하소서 시 19:12

"숨은"은 '덮다, 감추다, 숨기다'라는 뜻이다.

> 하나님이여, 나를 살피사 내 마음을 아시며, 나를 시험하사 내 뜻을 아옵소서. 내게 무슨 악한 행위가 있나 보시고 나를 영원한 길로 인도하소서. 시 139:23,24

누구나 자신에 대해 자신도 못 보는 맹점이 있다. 때로는 자기 말과 행동이 잘못된 것을 깨닫지 못한다. 그래서 정기적으로 하나님 앞에 나아가 겸손히 엎드려 조명해 주시길 요청해야 한다. 그러면 사랑과 은혜의 하나님께서 백미러를 통해 우리로 보게 하신다. 우리를 의의 길로 인도하신다.

셋째, 다른 사람 앞에서 정직해야 한다.

빛 가운데 행한다는 것은, 하나님 앞에서만이 아니라 다른 사람과의 관계에도 적용된다. 그렇다고 아무에게나 무슨 말이든지 하라는 것이 아니다. 타인과 정직하게 대화하려면 지혜가 필요하다. 성령의 도우심과 인도하심을 받아야 한다. 정직하게 대화하는 것이 큰 원칙이지만, 관계의 깊이에 따라 나를 드러내는 정도나 그 내용을 달리해야 한다. 그렇다고 거짓말하거나 숨기라는 것은 아니다.

두루 다니며 한담하는 자는 남의 비밀을 누설하나니 입술을 벌린 자를 사귀지 말지니라 잠 20:19

두루 다니며 한담하는 사람은 남의 비밀을 누설하기에 그런 사람과는 지혜롭게 대화해야 한다. 내가 정직하게 나눈 얘기가 자칫 부풀려지거나 부정적으로 바뀌어 어려움으로 돌아올 수 있다. 그러니 나와 대화하는 사람이 두루 다니며 한담하는 사람인지, 남의 비밀을 누설하는 사람인지를 스스로 질문해 봐야 한다. 그런 사람과는 일상적인 대화로 그치는 게 좋다.

어리석은 자는 온갖 말을 믿으나 슬기로운 자는 자기의 행동을 삼가느니라 잠 14:15

거만한 자를 책망하지 말라. 그가 너를 미워할까 두려우니라. 지혜 있는 자를 책망하라. 그가 너를 사랑하리라. 지혜 있는 자에게 교훈을 더하라. 그가 더욱 지혜로워질 것이요, 의로운 사람을 가르치라. 그의 학식이 더하리라. 잠 9:8,9

"어리석은 자", "거만한 자"와는 극히 제한적인 대화만 나누어야 한다.

정직하게 말하는 것을 통해 격려와 용기, 소망과 위로, 회복과 성장을 일궈내야 한다. 야고보서 3장은 서로 연관이 있는 두 가지 주제로 이루어져 있다. 전반부(3:1-12)는 '말의 힘'에 대해, 후반부(3:13-18)는 '두 종류의 지혜'에 대해 말씀한다. 말과 지혜가 함께 일할 때 진정한 힘이 나온다.

하나님께로부터 오는 지혜는 언제나 그 결과가 '화평'이며 '의의 열매'를 맺는다. 정직한 대화는 관계를 견고하게 만들고, 서로를 신뢰하게 하며, 서로에게 진실함으로 행하게 한다.

하나님이 가까이하시는 자

다윗은 시편 15편 1절에서 이렇게 고백했다.

여호와여, 주의 장막에 머무를 자 누구오며, 주의 성산에 사는 자 누구오니이까?

주의 임재가 있는 곳에 머물기를 간절히 사모하는 다윗의 심정이 느껴진다. 그는 또한 이렇게 고백했다.

주의 궁정에서의 한 날이 다른 곳에서의 천 날보다 나은즉, 악인의 장막에 사는 것보다 내 하나님의 성전 문지기로 있는 것이 좋사오니 시 84:10

시편 15편 2-5절은, 어떤 사람이 하나님의 임재 가운데 머무는 놀라운 특권을 누리며 살 수 있는지, 그 특징을 열거한다. 단연 그 첫 번째는 정직하게 행하는 사람이다.

하나님은 정직한 사람과 교제하신다. "대저 패역한 자는 여호와께서 미워하시나 정직한 자에게는 그의 교통하심이 있으며"(잠 3:32)라고 말씀하신 것처럼, 하나님은 정직한 자를 특별히 더 가까이하신다. 그에게 지혜로운 조언을 아끼지 않으신다.

하나님의 주권적 섭리

CHAPTER
23

내 안의 사울, 내 밖의 사울
쫓기는 자 다윗, 쫓는 자 사울

나는 30대 중반에 나의 권위자와의 관계에서 혹독한 시련을 겪었다. 그 압박감이 너무 커서 감당하기가 어려웠다. 그래서 자주 가던 경기도의 한 기도원에 홀로 가서 주 앞에 머물렀다. 기도하러 가려고 할 때, 친구가 책 한 권을 선물로 주었다. 나는 그 책을 들고 숲에 따로 떨어져 있는 한적한 기도방에서 금식하며 주님께 나의 당면한 문제를 해결해 주시기를 기도했다.

휴식 시간에 밖으로 나와 풀밭에서 친구가 준 책을 읽었다. 분량도 많지 않고, 내용도 아주 쉬운 영문 책이었다. 첫 장부터 흥미로웠다. 주 앞에서 올바르게 살려고 애쓰는 다윗과 잘못된 권위를 사용하여 다윗을 죽이려는 사울에 관한 내용이었다.

저자는 첫 장을 마무리하면서 다음과 같은 질문을 던졌다.

"오늘날에도 다윗과 사울 같은 사람들이 있다. 당신은 다윗 계열의 사람인가, 아니면 사울 계열의 사람인가?"

나는 조금도 망설이지 않고 마음속으로 '나는 당연히 다윗 계열이지!'라고 외쳤다. 그런데 다음 장에서 저자가 말했다.

"만일 당신이 자기 자신을 다윗 계열로 여긴다면, 당신은 사울이다!"

이 무슨 궤변인가! 내가 제일 싫어하는 인물이 사울인데 내가 그 사울이라고? 저자는 그 이유를 친절하게 설명해 주었다. 그때 받은 깊은 인상을 잊지 못한다. 그 내용을 나름대로 다시 정리했다.

어느 날 하나님은 사울에게 쫓기는 다윗에게 질문하셨다.

"다윗아, 내가 왜 너를 사울에게 계속해서 쫓기게 하는 줄 아느냐?"

"주님, 제가 알고 싶은 게 바로 그것입니다. 제가 언제 왕이 되겠다고 했습니까? 주님이 사무엘 선지자를 통해 제게 기름을 부어 세우신 이후 지난 10년간 사울이 저를 죽이려 쫓아다니고 있습니다. 저는 유대 광야에서 계속 도피 생활을 하고 있습니다. 언제까지 이렇게 살아야 합니까?"

"다윗아, 내가 사울을 왕의 자리에서 즉시 내려오게 하지 않고, 그가 병들지도 않고 오히려 건강하며, 기세등등하여 계속 너를 죽이려고 너를 쫓도록 허락하는 이유가 있다. 그것은 네 밖의 사울을 통해 네 안의 사울을 제거하기 위해서다. 나는 네 안의 사울을 스스로 제거하여 네가 다윗이 되기를 원한다."

나는 한동안 멍하게 있었다.

'내 안에 사울의 요소가 있다니!'

한 번도 그렇게 생각해 본 적 없었다. 언제나 나는 다윗이고, 내 밖에만 사울이 있다고 생각했다. 스스로 사울과는 거리가 먼 사람이라고 여겼다. 나는 그 자리에 앉아서 성령의 도우심을 구했다.

내 속의 사울을 보여주시기를. 종이를 꺼내 사울의 요소(Saul's Factor)와 다윗의 요소(David's Factor)가 무엇인지 적어보았다.

• **사울의 요소**
교만, 두려움, 불순종, 조급함, 서두름, 시기와 질투, 경쟁의식, 자기를 의지함, 이기주의, 자기를 높이며 자랑함, 무관심, 무정함, 인색함, 자기중심, 혈기와 분노, 화를 냄, 권위주의, 권위의 남용.

• **다윗의 요소**
겸손, 담대함, 확신, 순종, 희생과 헌신, 충성, 전적으로 주를 의지함, 주님만 높이며 자랑함, 양보함, 관대함, 후히 줌, 팀 사역, 예배와 기도, 말씀을 사랑함, 자기를 깨뜨림.

쓰고 보니, 내 안에 사울의 요소가 많다는 것을 알게 되었다. 하나님이 사울을 즉시 제거하지 않으시고, 오히려 강건하게 하여 다윗을 계속 괴롭히게 하신 것은, 다윗이 다윗 되기를 원하셨기 때문이었다. 하나님은 다윗 속에 있는 사울의 요소를 제거하시기 위해 다윗 밖의 사울을 보내신 것이었다.

그날, 나는 금식기도를 마치고 기도원에서 돌아왔다. 이 깨달음은 내 삶의 큰 전환점이 되었다.

하나님의 주권을 배우는 학교

하나님은 사무엘을 보내어 소년 목동 다윗에게 기름을 부어 사울을 대신해 다윗을 이스라엘의 왕으로 세우셨다. 그렇지만 다윗의 즉위는 오랜 후에 이루어졌다. 다윗은 15,16세경에 사무엘을 통해 기름부음을 받았고, 30세에 왕이 되었다.

10년도 훨씬 넘게, 하나님은 다윗을 훈련하셨다. 지도력 학교에서 왕의 수업을 받게 하셨다. 다윗은 그 학교에서 지도자가 갖추어야 할 올바른 태도와 행동을 배워 자기 것으로 익혔다. 그중 가장 중요한 과목은 '하나님의 주권을 알고 인정하며 그분의 주권적 섭리 아래 순복하기'였다. 그것은 단기간에 이루어지는 것이 아니었다. 오랜 시간 동안 배워야 했다.

이 과목을 배우는 최고의 길은 권위 아래 머무는 것이다. 하나님은 다윗에게 사울의 권위 아래 머무는 법을 배우게 하셨다. 권위를 통해 순종을 배우고, 깨어짐을 훈련하며, 하나님 경외하는 삶을 익히게 하셨다. 무엇보다 권위를 통해 하나님의 주권적 섭리를 가르치셨다.

하나님은 바르고 경건한 권위자만 아니라 바르지 못하고 불경한 권위자를 통해서도 배우게 하신다. 다윗은 사울의 권위 아래에서 이 영역을 톡톡히 배웠다.

사울의 옷자락을 베다

사울은 다윗이 엔게디 광야에 있음을 알고, 급히 정예군 3,000명을 끌고 갔다. '들 염소 바위' 근처에 이르렀을 때, 사울은 용변이 급했다. 마침 근처에 굴이 있어서 그리로 들어갔다. 공교롭게도 그 굴 깊은 곳에 다윗과 그의 부하들이 숨어 있었다. 부하들은 다윗에게 사울을 죽이도록 부추겼다.

다윗의 사람들이 이르되, '보소서, 여호와께서 당신에게 이르시기를 내가 원수를 네 손에 넘기리니 네 생각에 좋은 대로 그에게 행하라 하시더니 이것이 그날이니이다' 하니, 다윗이 일어나서 사울의 겉옷 자락을 가만히 베니라. 그리 한 후에 사울의 옷자락 벰으로 말미암아 다윗의 마음이 찔려, 자기 사람들에게 이르되, '내가 손을 들어 여호와의 기름부음을 받은 내 주를 치는 것은 여호와께서 금하시는 것이니, 그는 여호와의 기름부음을 받은 자가 됨이니라' 하고, 다윗이 이 말로 자기 사람들을 금하여 사울을 해하지 못하게 하니라. 사울이 일어나 굴에서 나가 자기 길을 가니라. 삼상 24:4-7

다윗은 그의 부하들 말에 충동을 받아 손에 단검을 들고 무방비 상태의 사울에게 접근했다. 마침 사울이 벗어놓은 겉옷이 있어서 그 옷자락을 가만히 베었다. 그때 다윗의 마음이 찔렸다. 마치 하나님께서 "안 돼!"라고 말씀하시는 것 같았다. 우리는 성령께서 우리의 양심을 통해 말씀하실 때 민감하게 반응해야 한다.

다윗은 곧장 거기서 되돌아와 어리둥절해 있는 사람들에게 말했다. "하나님은 그분이 기름부어 세우신 권위자를 내 손을 들어 치는 것을 금하신다."

사울을 왕으로 세우신 이는 하나님이셨다. 사울을 왕의 자리에서 내려오게 하시는 이도 하나님이셨다.

> 무릇 높이는 일이 동쪽에서나 서쪽에서 말미암지 아니하며, 남쪽에서도 말미암지 아니하고, 오직 재판장이신 하나님이 이를 낮추시고 저를 높이시느니라. 시 75:6,7

다윗은 권위의 원칙을 알았다. 이는 하나님의 주권을 인정할 때만 알 수 있다. 사람의 손만 보면 안 된다. 사람의 손 위에서 일하시는 하나님의 손을 보아야 한다. 그래야 하나님을 경외하게 된다. 하나님의 주권을 알 때, 교만하지 않고 겸손히 하나님과 동행하는 법을 배운다. 다윗은 사울의 몸에 칼을 겨누지 않았다. 단지 그가 벗어놓은 옷자락만 베었을 뿐이었다. 그러나 하나님은 그마저도 허락하지 않으셨다. 사울은 분명 권위를 잘못 사용하는 불의한 리더였다. 그럴지라도 하나님은 권위에 대항하는 것을 금하셨다. 심지어 그 권위자에 대한 부정적인 말을 다른 사람 앞에서 하는 것조차 금하셨다.

하나님이 그분의 주권으로 역사를 이끄심을 믿어야 한다. 잘못된 권위자만 본다면, 하나님은 보이지 않을 것이다. 그러면 자칫 내가 하나님의 역할을 대신하려 하게 된다. 그러나 역사의 주관자이신 하나님의 주권을 믿는다면, 할 말과 하지 말아야 할 말, 할 행동과 하지 말아야 할 행동의 경계선을 알 수 있다. 다윗은 이것을 그날 하나님의 학교에서 제대로 배웠다.

PASS! 통과!

권위에 대한 이해, 하나님의 주권적 섭리를 배우는 과목은 고급반 과정이다. 다윗은 그동안 왕의 수업을 성실하게 받고 익혔다. 초급반과 중급반 과정을 무난히 이수하고, 이제 고급반 과정도 거의 끝날 즈음이었다.

엔게디 광야의 동굴에서 사울 왕의 겉옷 자락을 벤 사건 이후 얼마의 시간이 흘렀다. 하나님은 이 중요한 과목을 다윗이 얼마나 이해했는지 알고 싶으셨다.

다윗이 광야 앞 하길라 산에 숨어 있을 때였다. 사울이 또 정예병 3,000명을 이끌고 다윗을 죽이려 광야로 들어왔다. 다윗은 사울의 군대가 하길라 산 길가에 진을 쳤다는 소식을 정탐꾼을 통해 보고받고, 사울의 군대가 야영하는 곳을 직접 살피러 갔다.

다윗이 일어나 사울이 진 친 곳에 이르러, 사울과 넬의 아들 군사령관 아브넬이 머무는 곳을 본즉, 사울이 진영 가운데에 누웠고 백성은 그를 둘러 진 쳤더라. 이에 다윗이 헷 사람 아히멜렉과 스루야의 아들 요압의 아우 아비새에게 물어 이르되, '누가 나와 더불어 진영에 내려가서 사울에게 이르겠느냐?' 하니 아비새가 이르되, '내가 함께 가겠나이다.' 다

> 윗과 아비새가 밤에 그 백성에게 나아가 본즉, 사울이 진영 가운데 누워 자고 창은 머리 곁 땅에 꽂혀 있고, 아브넬과 백성들은 그를 둘러 누웠는지라. 삼상 26:5-7

다윗은 조금 높은 곳에서 사울의 군대가 진 친 광경을 바라보았다. 실로 굉장했다. 사울 왕의 막사가 군대의 진 한가운데 있었고, 최고의 용사이자 군사령관인 아브넬이 이끄는 용맹한 근위병들이 왕의 막사를 둘러싸고 있었다. 그리고 왕의 막사를 중심으로 사방에 3,000명 군사의 막사가 겹겹이 둘러싸 진을 이루었다. 열 명이 자는 대형막사로 계산한다면 300개의 막사가 왕의 막사를 둘러싼 것이었다.

다윗이 그의 부하 두 명에게 도전했다.

"누가 나와 함께 사울의 막사에 이르겠느냐?"

그것은 거의 불가능한 일이었다. 자칫 발각되어 붙들리면 죽을 게 뻔했다. 그런데 아비새가 먼저 손을 들었다.

"제가 함께 가겠습니다!"

위험하거나 힘든 일에 제일 먼저 자원하여 나서는 것이 진정한 용사다. 다윗과 아비새는 무사히 사울의 막사에까지 이르렀다. 사울은 누워 자고 있었다. 그때 아비새가 말했다.

"지금이 절호의 기회입니다! 제게 명령만 내리십시오. 창으로 그를 찔러 단번에 죽이겠습니다. 두 번 찌를 것도 없습니다!"

그러나 다윗은 즉시로 단호하게 금지했다.

다윗이 아비새에게 이르되, '죽이지 말라! 누구든지 손을 들어 여호와의 기름부음 받은 자를 치면 죄가 없겠느냐?' 하고, 다윗이 또 이르되 '**여호와께서 살아계심을 두고 맹세하노니** 여호와께서 그를 치시리니 혹은 죽을 날이 이르거나 또는 전장에 나가서 망하리라.' 삼상 26:9,10

다윗은 분명 이전보다 더욱 성장해 있었다. 하나님의 주권에 대해 확실하게 알았다. "여호와께서 살아계심을 두고 맹세하노니"라는 그의 말이 큰 도전이 된다.

10년 넘게 반복되는 어려움을 당하면 자칫 믿음이 흔들릴 수 있다. 오히려 하나님의 주권을 의심할 수 있다. 주변에서 일어나는 힘들고 불공평하고 불의한 일만 보면 그렇게 되기 쉽다. 사람의 포악한 손을 보거나 전혀 달라지지 않는 환경만 보면 그렇게 된다.

그러나 하나님을 향한 다윗의 믿음은 더 견고해졌다. 다윗은 환경을 넘어서서 이 모든 것을 다스리시는 하나님을 보았다. 불의하고 오만한 사람들의 손 너머, 역사의 주인이신 전능자의 손을 보았다.

나의 앞날이 **주의** 손에 있사오니, 내 원수들과 나를 **핍박하는 자들의** 손에서 나를 건져주소서 시 31:15

에녹이 그랬다. 그는 불의와 불법이 가득한 시대에 살았다. 사방이 캄캄하고 하나님은 계시지 않는 것처럼 보이는 시대였다. 그런데도 그는 300년간 하나님과 동행했다. 그 비결은 오직 믿음이었다.

믿음으로 에녹은 죽음을 보지 않고 옮겨졌으니, 하나님이 그를 옮기심으로 다시 보이지 아니하였느니라. 그는 옮겨지기 전에 '하나님을 기쁘시게 하는 자'라 하는 증거를 받았느니라. 믿음이 없이는 하나님을 기쁘시게 하지 못하나니, 하나님께 나아가는 자는 반드시 그가 계신 것과 또한 그가 자기를 찾는 자들에게 상 주시는 이심을 믿어야 할지니라. 히 11:5,6

에녹과 다윗의 공통점은 오직 믿음이다. 이들은 불법과 불의가 판치는 세상을 바라보기 전에 언제나 우리 안에 계시는 역사의 주관자, 하나님을 보았다. "여호와께서 살아계심을 두고 맹세하노니", 얼마나 아름다운 믿음의 고백인가!

다윗은 하나님의 주권을 믿었다. 사울의 앞날이 오직 공의의 하나님 손에 달려 있음을 믿었다. 그것은 다윗의 영역이 아니었다. 다윗이 아비새에게 말했다.

'너는 그의 머리 곁에 있는 창과 물병만 가지고 가자' 하고, 다윗이 사울의 머리 곁에서 창과 물병을 가지고 떠나가되, 아무도 보거나 눈치채지 못하고 깨어 있는 사람도 없었으니, 이는 여호와께서 그들을 깊이 잠들게 하셨으므로 그들이 다 잠들어 있었기 때문이었더라. 삼상 26:11b,12

다윗과 아비새가 3,000명이 진 치고 있는 한가운데 사울의 막사까지 갔다가 올 때까지 아무도 보거나 눈치채지 못했다. 깨어 있는 사람 없이 모두가 깊이 잠들어 있었다. 왜냐하면 하나님이 그들을 깊이 잠들게 하셨기 때문이었다. 이는 다윗의 계획이 잘 성취되도록 돕기 위함이 아니었다. 하나님은 다윗이 하나님의 주권과 권위를 얼마나 이해하고 있는지 알고 싶으셨다.

다윗은 하나님의 학교의 '왕의 수업 고급 과목'을 잘 이수했다. 그는 '하나님의 주권' 과목 시험을 통과했다(나는 내 성경책의 사무엘상 26장 12절 끝에 "PASS!"라고 적어두었다). 그는 스스로 왕이 되려는 어떤 시도도 하지 않았다(He never ever try to become a king by himself).

하나님의 주권을 믿어야 한다. 다윗처럼 스스로 왕이 되고자 어떤 것도 시도하지 않는 지도력을 훈련해야 한다. 그러면 마음도 평안하고, 불필요한 에너지를 낭비하지 않을 것이다. 끝까지 부르심에 서서 성령의 기름부으심을 받는 비결이 여기에 있다.

요셉의 S.O.C.

요셉의 삶은 17세부터 애굽의 총리가 된 30세까지 고난과 역경의 연속이었다. 그는 S.O.C.에서 다양한 교실을 거쳤다. 가정, 들판, 웅덩이, 뜨거운 사막, 노예시장, 보디발의 집, 감옥이 그의 교실이었다. 그의 선생도 다양했다. 부모, 열 명의 형, 노예상인, 보디발, 보디발의 아내, 감옥의 간수장, 바로의 신하 두 명이 그의 선생이었다.

그가 배운 지도력 과목도 권리포기, 충성, 성실, 감사, 연합, 거룩 등으로 다양했다. 그중 요셉이 오랜 시간에 걸쳐 가장 많이 훈련한 리더십 과목은 '하나님의 주권적 섭리'였다.

그가 애굽의 총리가 된 지 9년이 지난 39세 때, 그의 형들이 양식을 사러 가나안에서 왔다. 요셉은 형들을 여러 가지로 시험했다. 그러다 결국 감정을 억제하지 못하고 형들 앞에서 큰 소리로 울었다. 그는 자기가 노예로 팔려 죽은 줄 아는 형들에게 자기 존재를 밝혔다. 형들은 어안이 벙벙하고 겁에 질렸다.

그때 요셉이 형들에게 한 말이, 그가 얼마나 하나님의 주권적 섭리를 잘 이해하고 있는지를 보여준다.

당신들이 나를 이곳에 팔았다고 해서 근심하지 마소서. 한탄하지 마소서. 하나님이 생명을 구원하시려고 나를 당신들보다 먼저 보내셨나이다. 이 땅에 이 년 동안 흉년이 들었으나 아직 오 년은 밭갈이도 못 하고 추수도 못 할지라. 하나님이 큰 구원으로 당신들의 생명을 보존하고 당신들의 후손을 세상에 두시려고 나를 당신들보다 먼저 보내셨나니, 그런즉 **나를 이리로 보낸 이는 당신들이 아니요 하나님이시라.**

하나님이 나를 바로에게 아버지로 삼으시고, 그 온 집의 주로 삼으시며, 애굽 온 땅의 통치자로 삼으셨나이다. 창 45:5-8

"나를 이리로 보낸 이는 당신들이 아니요 하나님이시라."
이 얼마나 아름다운 믿음의 고백인가! 많은 사람이, "내가 이 모양이 꼴이 된 것은 다 당신들 때문이야!"라고 말하며 울부짖는다. 그러나 요셉은 그가 거쳐 간 교실마다 '거기 계시며 말씀하시는 하나님'을 보았다.

하나님의 주권적 섭리는 지도력 수업의 하이라이트다. 이 과목을 통과하면 하나님은 마음 놓고 그분의 일을 맡기실 것이다.

항상 기뻐하라. 쉬지 말고 기도하라. 범사에 감사하라. 이것이 그리스도 예수 안에서 너희를 향하신 하나님의 뜻이니라. 살전 5:16-18

아무것도 염려하지 말고 다만 모든 일에 기도와 간구로, 너희 구할 것을 감사함으로 하나님께 아뢰라. 그리하면 모든 지각에 뛰어난 하나님의 평강이 그리스도 예수 안에서 너희 마음과 생각을 지키시리라. 빌 4:6,7

우리가 알거니와 하나님을 사랑하는 자, 곧 그의 뜻대로 부르심을 입은 자들에게는 모든 것이 합력하여 선을 이루느니라. 롬 8:28

KING's LEADERSHIP

구체적으로 영향을 주는 지도자가 되라

기독교 문명개혁을 주도하라
Be A Nations-Changer

리더가 할 일

CHAPTER
24

이드로가 제시한 해결책

출애굽 한 이스라엘은 숙곳을 떠나 광야 끝 에담(누웨이바, Nuweiba)에 장막을 쳤다. 그곳은 구글 지도에 잘 나타날 정도로 해안가의 넓은 땅이다. 200만 명이 충분히 머물 만큼 넓다. 그 앞에 홍해를 가운데 두고 사우디아라비아를 마주 보고 있다.

하나님은 그분의 능력으로 크고 깊은 홍해를 가르고 이스라엘 자손을 건너게 하셨다. 이후 이스라엘 백성은 수르 광야를 지나 종려나무 70그루가 있는 엘림에 이르렀고, 아말렉과 전쟁한 르비딤을 지나 시내 광야에 이르러 시내 산 아래 장막을 쳤다. 그곳에서 그들은 거의 1년 가까이 머물며 장차 하나님의 백성으로 살아갈 준비를 했다.

그때 모세의 장인 이드로가 그의 딸이자 모세의 아내인 십보라와 외손자인 모세의 두 아들을 데리고 왔다. 모세는 이들에게 잔치를 베풀며 환영했다. 그리고 이드로에게 자신들이 당한 모든 고난과 여호와께서 자기들을 구원하신 일을 전부 이야기했다. 이드로는 이 놀라운 이적들을 듣고, 하나님을 찬송했다.

이튿날 이드로는 모세 혼자서 많은 백성의 일을 재판하는 광경을 관찰한 후, 모세가 하는 일의 문제점을 지적했다.

모세의 장인이 그에게 이르되, '네가 하는 것이 옳지 못하도다. 너와 또 너와 함께한 이 백성이 필경 기력이 쇠하리니, 이 일이 네게 너무 중함이라. 네가 혼자 할 수 없으리라.' 출 18:17,18

그러나 이드로는 문제점만 지적한 게 아니라 대안책도 마련해 주었다. 좋은 리더는 문제점만 지적하지 않고, 문제를 해결할 대안책도 함께 제시한다.

이제 내 말을 들으라. 내가 네게 방침을 가르치리니, 하나님이 너와 함께 계실지로다. 너는 하나님 앞에서 그 백성을 위하여 그 사건들을 하나님께 가져오며, 그들에게 율례와 법도를 가르쳐서, 마땅히 갈 길과 할 일을 그들에게 보이고, 너는 또 온 백성 가운데서 능력 있는 사람들 곧 하나님을 두려워하며 진실하며 불의한 이익을 미워하는 자를 살펴서 백성 위에 세워 천부장과 백부장과 오십부장과 십부장을 삼아, 그들이 때를 따라 백성을 재판하게 하라. 큰일은 모두 네게 가져갈 것이요, 작은 일은 모두 그들이 스스로 재판할 것이니, 그리하면 그들이 너와 함께 담당할 것인즉 일이 네게 쉬우리라. 네가 만일 이 일을 하고 하나님께서도 네게 허락하시면, 네가 이 일을 감당하고 이 모든 백성도 자기 곳으로

평안히 가리라. 출 18:19-23

이드로는 놀라운 대안을 제시했다. 하지만 일방적으로 내세우지 않고 아주 겸손하게 의견을 말했다. 자신의 대안이지만 모세가 하나님 앞에서 결정하기를 원했다. 물론 모세도 그의 말을 즉시 수용하지 않았다. 장인 이드로의 대안을 들고 하나님 앞에 나아가 주의 뜻을 구했다. 하나님은 이를 좋게 여기셨다.

리더가 할 일

이드로가 제시한 대안에서 리더의 역할이 무엇인지 알 수 있다. 리더가 할 일은 다음 네 가지다.

❶ 중보기도

너는 하나님 앞에서 그 백성을 위하여 그 사건들을 하나님께 가져오며
출 18:19b

첫째로, 리더는 하나님과 백성 사이에서 중재자 역할을 해야 한다. 백성들이 들고 온 문제나 상황을 하나님 앞에 가져가 이를 위해 중보기도 하는 것이다. 리더에겐 문제를 스스로 해결할 우선권이 없다. 먼저 모든 문제를 하나님 앞에 가지고 나아가 기도할 때, 하나님께서 분별력과 지혜를 주신다.

리더는 사람들과 만나서 회의하거나, 가르치거나, 일을 지시하거나, 수행한다. 대부분은 이것이 리더의 일의 전부라고 생각한다. 리더가 사무실에 얼마나 앉아 있는지 혹은 사역 현장에서 얼마나 시간을 보내는지로 그의 사역 시간을 계산한다. 리더가 기도하느라 하나님 앞에 앉아 있는 건 사역 시간에 포함하지 않는다.

그러나 리더가 할 일의 가장 우선순위는 하나님 앞에 나아가 사람들과 사역을 위해 기도하는 것이다. 기도하는 동안, 성령님이 함께 일하는 사람들의 상황에 대한 이해력을 주신다. 하는 일 또는 해야 할 일에 대한 통찰력과 지혜를 주신다. 중보기도를 통해 내게 맡기신 사역을 향한 하나님의 마음과 뜻을 알게 된다.

❷ 가르침

그들에게 율례와 법도를 가르쳐서 출 18:20a

리더는 어떤 일을 구체적으로 결정하는 데 목표를 두지 말고, 구성원들이 스스로 결정하도록 돕는 것에 목표를 두어야 한다. 다만 결정할 때 기준과 원칙이 무엇인지를 가르쳐야 한다. 좋은 리더는 구성원들을 성장시킨다. 그들 스스로 하나님의 원칙을 가지고 결정하도록 격려한다. 이드로는 모세에게, 그가 직접 크고 작은 일에 관여하여 결정하지 말라고 조언했다. 그러면 일의 진척이 더디고 모세가 지칠 것이기 때문이었다.

'율례와 법도를 가르치라'는 것은 구성원들에게 일의 결정 기준이나 원칙, 가치를 가르치라는 뜻이다. 물론 그것은 언제나 성경적이어야 한다.

리더는 구성원들에게 성경에서 제시하는 원리 원칙과 가치가 무엇인지 가르쳐야 한다. 자기 생각을 말하는 것이 아니라 하나님의 말씀을 통해 그분의 생각이 무엇인지를 가르쳐야 한다. 구성원들에게 비전을 제시하고, 그 비전을 성취하기 위한 목표를 명확히 하며, 동기부여를 해야 한다.

한마디로, 좋은 리더는 물고기를 많이 잡는 것에 집중하기보다 구성원들에게 물고기 잡는 법을 부지런히 가르쳐서 그들이 스스로 물고기를 잡게 하는 데 집중한다.

❸ 모델링

> 마땅히 갈 길과 할 일을 그들에게 보이고 출 18:20b

리더는 구성원들이 어떻게 살아야 하는지, 무엇을 해야 하는지를 자신의 삶을 통해 먼저 본을 보인다.

예수님은 먼저 행하시고 가르치셨다(행 1:1). 에스라는 하나님의 말씀을 배우고, 그 말씀대로 살아낸 후에 이스라엘에게 가르치기로 결심했다(스 7:10). 리더는 말하거나 가르치기 전에 먼저 삶으로 본을 보여야 한다. 진정한 영향력은 바로 여기에 있다.

잇사갈 자손 중에서 **시세를 알고** 이스라엘이 **마땅히 행할 것**을 아는 우두머리가 이백 명이니, 그들은 그 모든 형제를 통솔하는 자이며 대상 12:32

다윗 시대에는 탁월한 리더들이 많이 배출되었다. 그 가운데 잇사갈 자손 중 200명의 리더는 시세를 아는 사람들이었다. '시세를 안다'는 건 때를 분별하는 능력, 시대를 읽는 통찰력이 있다는 뜻이다. 지금 하나님이 무엇을 강조하시는지, 그분이 하시는 일이 무엇인지를 아는 것이다. 리더는 겉으로 드러나는 일이나 사건을 너머 하나님의 마음을 읽을 줄 알아야 한다. 그 하나님의 손을 볼 줄 알아야 한다. 그래야 "마땅히 행할 것"이 무언지 안다. 또한 리더는 일을 따라가지 않고, 일을 이끌어간다. 역사를 따라가지 않고, 역사를 만들어간다. 길을 따라가지 않고, 길을 개척한다. 그리고 거기에 구성원들을 동참시킨다.

❹ 배가

너는 또 온 백성 가운데서 능력 있는 사람들 곧 하나님을 두려워하며 진실하며 불의한 이익을 미워하는 자를 살펴서 백성 위에 세워, 천부장과 백부장과 오십부장과 십부장을 삼아, 그들이 때를 따라 백성을 재판하게 하라. 출 18:21,22a

리더는 배가할 줄 알아야 한다. '배가'란 혼자 일을 도맡아 하지 않고 분담하며, 권위를 독점하지 않고 분산시켜 짐을 가볍게 하는 것이다. 좋은 리더는 일을 혼자서 다 하지 않고 분담할 줄 안다. 조직을 짜서 사람을 곳곳에 세워 일을 맡긴다. 교회 공동체든 직장 공동체든 성장하는 공동체, 영향을 주는 공동체, 열매 맺는 공동체의 특징은 권위가 한 곳이나 한 사람에게 집중되지 않고 분산되어 있다는 점이다.

조직 짜기

리더는 조직을 짤 줄 알아야 한다. 천부장, 백부장, 오십부장, 십부장을 세운다.

천부장 : 열 명의 백부장을 살핀다.
백부장 : 두 명의 오십부장을 살핀다.
오십부장 : 다섯 명의 십부장을 살핀다.
십부장 : 열 명의 구성원을 살핀다.

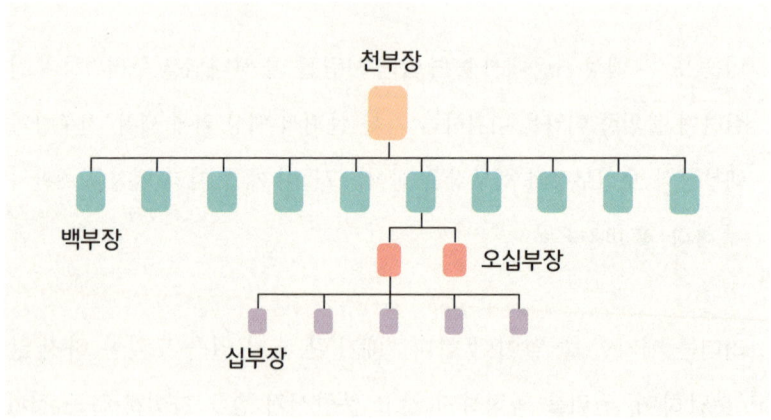

하나님은 이렇게 조직을 짜게 하셔서 인원이 아무리 많아도 골고루 돌아볼 수 있게 하셨다. 좋은 조직은 권위를 분산하여 각자의 책임과 부담을 줄여 일을 효과적으로 처리하게 한다. 또한 소통과 의사결정이 원활히 이루어지도록 돕는다.

그러나 조직도는 '**가치**'를 나타내지 않는다. 누가 더 귀하고 덜 귀한지를 보여주는 것이 아니다. 어느 위치에 있건 모든 구성원이 귀하다. 하나님의 형상 됨이 우리 가치의 기준이기 때문이다.

또 조직도는 '**위치**'를 나타내지도 않는다. 누가 더 높고 더 낮은지를 보여주는 게 아니다. 우리는 모두 동등하다.

다만 조직도는 '**책임**'을 나타낸다. 맡은 일이 많을수록 더 큰 책임을 진다. 성경적인 조직도의 이해는 '누가 더 높은가, 누가 더 가치 있는가'가 아닌 '누가 더 많은 책임을 지는가'를 파악하는 것이다.

또한 조직도는 일할 때 누구와 소통해야 하는지, **커뮤니케이션 과정**을 보여준다. 이는 마치 건물의 전선이나 물이 흐르는 배관과 같다. 전선이 끊기고 합선이 되거나, 상하수도 파이프가 터지면 매우 큰일이 발생한다. 이처럼 전기가 잘 흐르도록 전선을 배열하고, 물이 잘 흐르도록 배관을 설치하듯, 조직도를 효과적으로 짜야 한다. 출애굽기에서 보여주는 대로 조직을 짠다면 이런 문제가 해결될 것이다.

리더는 조직도에 표시된 대로 모두가 원활한 커뮤니케이션을 할 수 있도록 이끌어야 한다. 조직도는 위치나 가치가 아닌 책임을 말한다는 것을 염두에 두고 짜야 한다.

조직도의 위아래를 뒤집어 놓고 보면 이해가 더 잘될 것이다. 그러면 나무가 보일 것이다. 열매는 줄기가 아니라 가지에서 맺힌다. 줄기는 가지가 열매를 잘 맺도록 양분을 전달하고, 풍성한 생명을 전달하는 통로가 되어준다.

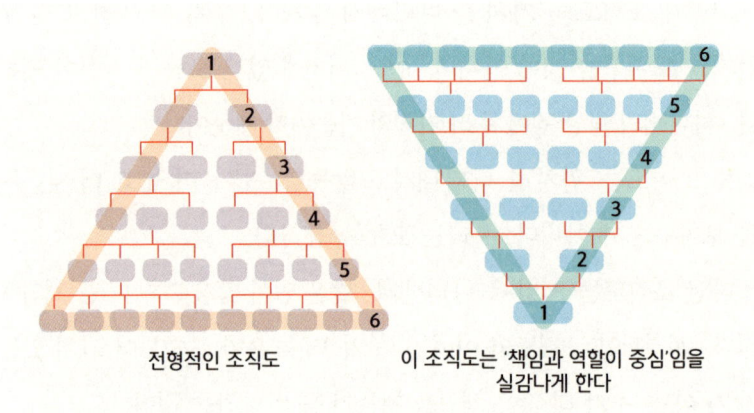

전형적인 조직도

이 조직도는 '책임과 역할이 중심'임을 실감나게 한다

사람 세우기

앞서 언급한 것처럼 각 수준에 맞는 리더를 세우는 데는 일정한 기준이 있어야 한다. 리더를 세우는 기준은 무엇인가?

너는 또 온 백성 가운데서 능력 있는 사람들 곧 **하나님을 두려워하며 진실하며 불의한 이익을 미워하는 자**를 살펴서 백성 위에 세워, 천부장과 백부장과 오십부장과 십부장을 삼아 출 18:21

물론 능력 있는 사람들을 세워야 한다. 그렇다면 능력 있는 사람의 기준은 무엇인가?

❶ 하나님을 두려워하는 사람

'하나님을 두려워하는 사람', 즉 '하나님을 경외하는 사람'은 사람을 두려워하지 않는다. 오직 하나님만 두려워한다. 사람을 기쁘게 하려 하지 않는다. 오직 하나님만을 기쁘시게 하려 한다. 이는 리더가 갖추어야 할 최우선 조건이다.

이제 내가 사람들에게 좋게 하랴. 하나님께 좋게 하랴. 사람들에게 기쁨을 구하랴. 내가 지금까지 사람들의 기쁨을 구하였다면 그리스도의 종이 아니니라 갈 1:10

사도 바울은 하나님을 경외하는 사람이었다.

오직 하나님께 옳게 여기심을 입어 복음을 위탁받았으니, 우리가 이와 같이 말함은 사람을 기쁘게 하려 함이 아니요, 오직 우리 마음을 감찰하시는 하나님을 기쁘시게 하려 함이라 살전 2:4

사람을 두려워하면 사람의 눈치를 보며, 사람을 기쁘게 하려 한다. 그러면 스스로 덫에 걸린다.

사람을 두려워하면 올무에 걸리게 되거니와 여호와를 의지하는 자는 안전하리라 잠 29:25

지혜는 리더가 갖추어야 할 가장 중요한 요소다. 지혜는 지식과 다르다. 아는 게 많은 것과 일을 효과적으로 처리하는 것은 별개다. 지혜는 지식을 상황에 맞게 올바르게 적용할 줄 아는 것이다. 지혜는 깊은 우물과 같아서 길어 올려야 한다. 깊이 감추어진 보화와 같아서 그것을 얻으려면 많은 수고를 해야 한다.

어떻게 지혜를 얻는가?

여호와를 경외하는 것이 지혜의 근본이요, 거룩하신 자를 아는 것이 명철이니라 잠 9:10

하나님을 경외하는 것이 지혜를 얻는 시작이다.

❷ 진실한 사람

"진실하다"는 '신실하다, 신뢰할 만하다, 정직하다'라는 의미다. 진실한 사람은 흔히 "그 사람은 확실해"라고 말할 수 있는 사람이다. 맡은 일을 확실히 감당하는 사람, 틀림이 없는 사람, 충성된 사람이다.

❸ 불의한 이익을 미워하는 사람

재물에 충성하는 사람, 돈을 정직하게 관리하는 사람, 재물의 노예가 되지 않고, 재물을 노예처럼 다룰 줄 아는 사람이다.

사람이 재물의 노예가 되면 재물이 명령하는 대로 행동한다. 돈을 사랑하고, 돈을 따라 살며, 돈을 최고의 가치로 여긴다. 그러나 불의한 이익을 미워하는 자는 돈에 대해 청렴결백하다.

상황 대응 지도력(Situational Leadership)

리더가 조직을 짜면 일을 분담하여 처리할 수 있다. 이를 '위임'(delegation)이라 한다. 위임에는 원칙이 있다.

그들이 때를 따라 백성을 재판하게 하라. **큰일**은 모두 네게 가져갈 것이요, **작은 일**은 모두 그들이 스스로 재판할 것이니, 그리하면 그들이 너와 함께 담당할 것인즉 일이 네게 쉬우리라. 출 18:22

"큰일"은 어려운 일, 구성원들이 감당하기 힘든 일이다.
"작은 일"은 쉬운 일, 구성원들이 감당할 수 있는 일이다.
리더는 일을 위임할 때, 어떤 일을 얼마나 맡길지 정해야 한다. 이때 리더가 원하는 방식이 아니라 구성원들의 상황을 살펴 그에 맞추어야 한다. 위임의 기준은 두 가지다. 일을 맡길 대상에게 '동기'가 갖추어졌는지, 그 일을 감당할 '능력'이 어느 정도인지를 살피는 것이다. 동기란 주어진 업무를 수행하는 데 필요한 욕구와 자신감을 말한다. 능력이란 주어진 업무를 수행하는 데 필요한 지식이나 경험, 보유한 기술의 정도를 말한다.

리더는 동기가 부족한 사람에게는 동기부여를 해주어야 한다. 능력이 부족한 사람은 도와주며 서서히 일할 능력을 갖추게 해야 한다. 이를 도표화한 것이 '상황 대응 지도력 매트릭스'다.

사람을 능력의 높고 낮음과 동기의 높고 낮음에 따라 네 가지 유형으로 나누고, 그에 따라 발휘해야 할 지도력도 네 가지 유형으로 나눈다. 이처럼 구성원의 업무 수행 능력과 동기에 따라 지도력을 달리하는 것이 '상황 대응 지도력'이다.

구성원의 상태(동기와 능력)는 어떤가?
유형 1 : 낮은 동기, 낮은 능력
유형 2 : 높은 동기, 낮은 능력
유형 3 : 낮은 동기, 높은 능력
유형 4 : 높은 동기, 높은 능력

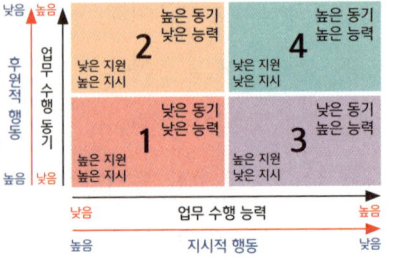

리더로서 어떤 지도력을 발휘해야 하는가?
유형 1 : 높은 지원, 높은 지시
유형 2 : 낮은 지원, 높은 지시
유형 3 : 높은 지원, 낮은 지시
유형 4 : 낮은 지원, 낮은 지시

리더는 각 사람의 상태에 따라 다른 지도력을 발휘해야 한다.

리더로서 어떤 지도력을 발휘해야 하는가?

유형 1 : 지시(Directing)

유형 2 : 코칭(Coaching)

유형 3 : 후원(Supporting)

유형 4 : 위임(Delegating)

유형 1 :

업무 수행 능력이 부족하고 동기부여도 안 된 사람이다. 이런 사람에게는 자세하게 지시하며 다소 강하게 명령하듯 이끌어야 한다. 즉 높은 지시(Directing)와 높은 지원을 해야 한다. 또한 '업무 지향적 행동'에 초점을 두며, 구성원의 역할이 무엇인지 알려주고, 목표와 기준과 절차를 상세히 지시해야 한다.

유형 2 :

업무 수행 능력은 부족하지만, 동기부여가 되어 있는 사람이다. 이런 사람은 학습이나 성취 의욕이 있기에 목표에 도달하기 위한 과정을 자세히 가르쳐주면 된다. 기꺼이 일하고자 하나 어떻게 할지 모르는 상태이므로 잘 설명해 주는 코칭(Coaching)의 지도력이 효과적이다.

유형 3 :

능력은 있으나 동기부여가 안 된 사람이다. 이런 사람에게는 관심을 두고 격려해 주어야 한다. 즉각적으로 피드백을 주며 칭찬을 아끼지 말고, 의사결정에도 참여시켜야 한다. 어떻게 무엇을 해야 할 줄은 알지만 동기가 낮기 때문에 후원(Supporting)의 지도력이 효과적이다.

유형 4 :

업무 수행 능력도 있고 동기부여도 되어 있는 사람이다. 크게 방향만 제시해 주고, 스스로 하도록 자율권을 준다. 권한과 책임을 많이 넘겨주는 게 바람직하다. 이런 사람에게는 위임(Delegating)의 지도력을 발휘한다.

구성원에 따른 지도력 발휘하기

지시(Directing), 코칭(Coaching), 후원(Supporting), 위임(Delegating). 리더는 구성원에 따라 알맞은 지도력을 발휘하는 법을 훈련해야 한다. 어느 한 가지 지도력만 발휘하거나 쉽고 익숙한 지도력만 고집하지 말아야 한다. 그럴 경우, 리더 자신이나 구성원에게 모두 어려움만 주게 되기 때문이다.

능력이 부족하고 동기부여도 안 된 사람을 방임하거나, 모든 능력이 있고 동기부여도 되어 있는 사람에게 사사건건 지시하고 통제한다면, 구성원은 숨이 막히고 의욕을 잃을 것이다. 반대로 능력은 부족한데 동기부여만 된 사람에게 자율권을 주고 내버려 두면 사고만 치게 된다. 그런 사람에게 용기를 북돋아 주기만 하면, 상황은 점점 심각해질 것이다. 무엇을 해야 할지를 모르기 때문이다.

리더는 각 구성원이 어느 영역에 속했는지를 파악하고, 그에 알맞게 리더 자신의 지도력에 변화를 줘야 한다. 이에 대한 이해 없이 '나 중심의 지도력'을 발휘하면, 서로 곤란해진다. '리더인 내게 맞춰야지'라고 생각한다면, 자신의 지도력도 향상하지 않고, 구성원도 성장하지 않을 것이다. 반대로 앞의 도표를 참고하여 올바른 지도력을 발휘한다면, 서로 성장할 것이다.

또한 유형 1,2,3인 사람의 궁극적 목표는 유형 4로 나아가는 것이다. 지시에서 코칭이나 후원으로, 코칭이나 후원에서 위임으로 내 지도력이 바뀌고 있다면, 그것은 내 지도력을 통해 구성원이 성장하고 있다는 증거다. 그에 따라 내 지도력도 함께 성장한다.

구성원에게 일방적으로 지시하고 감독하던 단계에서 구성원과 함께 계획을 세우고 중간 보고와 점검을 받는 단계로 발전해야 한다. 더 나아가 구성원 스스로 계획을 세우고 리더에게 점검받는 단계로 발전하도록 도와야 한다. 또 더 나아가 스스로 계획을 세우고 중간 점검 없이 최종 보고만 하는 단계로 이끌어야 한다.

이런 지도력을 발휘하는 리더와 함께 일하는 것은 더할 나위 없는 축복이요 행복이다.

Be A Nations-Changer

CHAPTER 25

지상대명령

마태복음 28장 18-20절을 '지상대명령'이라 부른다. 하나님이 우리에게 주신 명령 중에 가장 크고 중요한 명령이기에 그렇다. 그런데 실제로는 하나님이 사람을 지으시고 명령하신 내용의 연속이다. 그래서 지상대명령은 창세기 1장에 나오는 명령의 메아리와도 같다.

> 예수께서 나아와 말씀하여 이르시되, '하늘과 땅의 모든 권세를 내게 주셨으니, 그러므로 너희는 가서, 모든 민족을 제자로 삼아, 아버지와 아들과 성령의 이름으로 세례를 베풀고, 내가 너희에게 분부한 모든 것을 가르쳐 지키게 하라. 볼지어다! 내가 세상 끝날까지 너희와 항상 함께 있으리라' 하시니라. 마 28:18-20

하나님이 사람을 하나님의 형상대로 창조하시고 복을 주시며 "땅을 다스리라", "땅을 정복하라"라고 명령하셨다(창 1:26-28). 그 명령은 "땅을 경작하라"(창 2:5,15)라는 말씀에서 더 구체적으로 이해할 수 있다.

하나님은 홍수 심판 후에 노아의 아들 셈의 자손 중 아브라함을 부르셔서 그 처음의 명령을 더 구체적으로 말씀하셨다. 첫 사람 아담과 하와에게 '복을 주시며 명령하심'같이 아브라함에게도 '복을 주시며 명령'하셨다(창 12:1-3). 이후 성경의 모든 약속과 명령은 이 '아브라함 언약'의 기반 위에 놓였다.

하나님이 아브람을 "아브라함"이라 부르시고 '믿음의 조상'으로 삼으셨다. 믿음으로 말미암은 자는 아브라함의 자손이다(갈 3:7). 믿음으로 말미암은 자는 아브라함과 함께 복을 받는다(갈 3:9). 믿음으로 말미암은 자는 그리스도의 것이다. 예수 그리스도를 믿는 우리는 그리스도의 것이요, 아브라함의 자손이며, 약속대로 유업을 이을 자다(갈 3:29).

지상대명령은 아브라함 언약의 기반 위에 주어진, 믿는 자에게 주시는 대분부다. 교회 역사에서 지상대명령은 순종하는 그리스도인에게 인생의 커다란 전환점이 되었다. 그들로 이전과는 다른 삶을 살게 했다.

지상대명령은 애매모호하지 않다. 명확하여 구체적으로 실행에 옮기게 한다. 이 세 구절(마 28:18-20)은 각 절에 3개의 동사가 쓰여 모두 9개의 동사로 이루어진다.

18절 : "나아와", "말씀하여 이르시되", "주셨으니"
19절 : "가서", "제자로 삼아", "세례를 베풀고"
20절 : "가르쳐 지키게 하라", "볼지어다", "함께 있으리라"

이 9개의 동사 중 "제자로 삼아"가 주동사이고, 나머지 8개의 보조동사는 중심이 되는 주동사를 실현시키는 모든 것을 갖고 있다.

제자 삼으라

'제자 삼는다'는 건 예수 그리스도를 믿지 않는 불신자에게 복음을 전파하여, 그가 예수님을 믿고 영접해 그리스도인이 되는 것만을 말하는 게 아니다.

구원받은 그리스도인은 새 생명을 얻어 새사람이 된다. 그는 새로운 영적 가족의 일원이 되어 가족 공동체, 교회 공동체로 들어온다. 더 나아가 스승이신 예수 그리스도를 따르는 '예수님의 제자'가 된다. 제자의 삶에는 모든 영역에 스승의 모습이 나타난다. 그러므로 스승이신 예수 그리스도의 삶을 알고, 그것을 살아내기 시작할 때, 비로소 제자가 된다. 이처럼 제자가 된다는 건, 이 모든 과정을 거쳐 '이 세상에서 구원받은 자로, 영향을 주는 자로 살아가는 것'을 말한다.

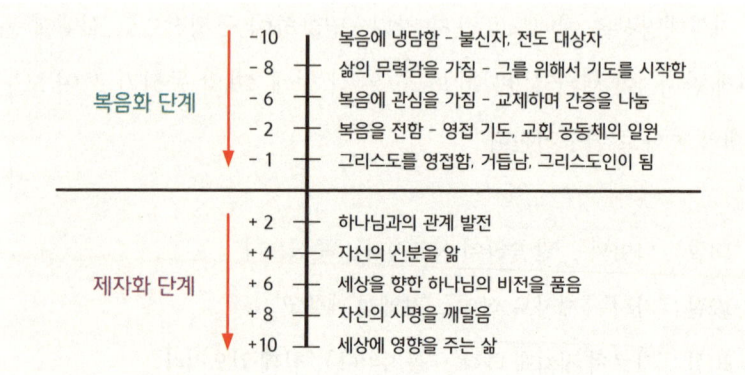

모든 족속으로 제자 삼으라

전 세계 인구는 약 팔십일억 명이다(2024년 기준). 이들을 현존하는 '모든 사람'이라고 부른다. 그런데 성경은 세상의 모든 사람을 네 영역으로 나누었다.

> 이 일 후에 내가 보니, **각 나라**와 **족속**과 **백성**과 **방언**에서 아무도 능히 셀 수 없는 큰 무리가 나와 흰옷을 입고, 손에 종려 가지를 들고 보좌 앞과 어린 양 앞에 서서 계 7:9

'각 나라'와 '각 족속'과 '각 백성'과 '각 방언'이다.

예수님은 '나라', '백성', '방언'보다는 특히 '족속'의 분류를 기준으로 제자 삼으라고 명령하셨다. 성경은 창세기부터 요한계시록까지 끊임없이 '족속'에 관해 말씀한다.

창세기 10장은 노아의 세 아들인 셈, 함, 야벳의 족보를 '족속별'로 구분했다.

> 이들은 그 백성들의 족보에 따르면 노아 자손의 족속들이요, 홍수 후에 이들에게서 그 땅의 백성들이 나뉘었더라 창 10:32

하나님은 아브라함을 부르시고 그를 통해 땅의 모든 족속을 축복하길 원하셨다.

'내가 너로 큰 민족을 이루고 네게 복을 주어 네 이름을 창대하게 하리니 너는 복이 될지라. 너를 축복하는 자에게는 내가 복을 내리고 너를 저주하는 자에게는 내가 저주하리니 땅의 모든 족속이 너로 말미암아 복을 얻을 것이라' 하신지라. **창 12:2,3**

이처럼 하나님의 마음은 언제나 '모든 족속'에 있다.

시편 67편

7절로 이루어진 시편 67편은 '구약의 지상대명령'으로 불리기도 한다. 이 짧은 구절에 "모든 민족"이 5번, "모든 나라"가 2번, "온 백성"이 1번, "땅"이 3번 등장한다. 마치 아브라함 언약(창 12:1-3)의 주석과도 같은 내용이다.

하나님은 우리에게 은혜를 베푸사 복을 주시고, 그의 얼굴빛을 우리에게 비추사 (셀라) 주의 도를 **땅 위**에, 주의 구원을 **모든 나라**에게 알리소서. 하나님이여! **민족들**이 주를 찬송하게 하시며, **모든 민족들**이 주를 찬송하게 하소서. **온 백성**은 기쁘고 즐겁게 노래할지니, 주는 **민족들**을 공평히 심판하시며, 땅 위의 **나라들**을 다스리실 것임이니이다. (셀라) 하나님이여! **민족들**이 주를 찬송하게 하시며, **모든 민족**으로 주를 찬송하게 하소서. **땅**이 그의 소산을 내어주었으니, 하나님 곧 우리 하나님이 우리에게 복을 주시리로다. 하나님이 우리에게 복을 주시니, **땅의 모든 끝**이 하나님을 경외하리로다.

제자 삼을 대상은 개개인을 넘어 '모든 족속'이다. 성경이 말씀하는 족속은 '동일 언어를 사용하는 집단 공동체'다. 이들에게는 이들만의 가치관과 세계관, 독특한 문화가 있다.

아래 모든 말씀은 그 의미가 같다. 모두 화살표의 방향이 같다.

땅을 다스리라, 땅을 정복하라 : 창 1:26-28
땅을 경작하라 : 창 2:5,15
땅의 모든 족속이 복을 얻을 것이라 : 창 12:3
너는 복이 될지라 : 창 12:2
모든 족속으로 제자 삼으라 : 마 28:19

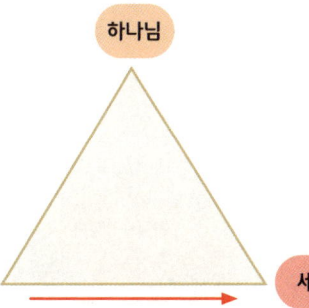

Be A Nations-Changer

'모든 족속으로 제자 삼으라'를 영어로 하면 'Disciple the Nations'이다. 이 명령에 순종하는 사람을 '모든 족속으로 제자 삼는 사람', 'A Nations-Discipler'라고 부른다. 이를 더 이해하기 쉽게 'A Nations-Changer'라고 한다. 약어로 'NCer'이다.

누군가가 "당신은 누구입니까?"라고 물으면, "나는 족속으로 제자 삼는 사람입니다!", "I am a Nations-Changer!"라고 대답해야 한다. 각 족속에 성경적 원리 원칙이 기반이 되는 것, 다시 말해, 성경적 가치관, 인생관, 역사관, 문화가 이루어지게 하는 것이 모든 족속으로 제자 삼으라는 지상대명령의 구체적 행동이다.

어느 족속이든 공동체는 크게 8개의 영역, 곧 정치(법조계, 군 포함), 경제, 교육, 매스컴, 예술, 종교, 과학기술(의료계 포함), 가정으로 이루어져 있다. 이 영역에 하나님 말씀의 원리 원칙이 기반을 이루도록 하는 것, 그 결과로 각 영역에 하나님의 성품이 나타나게 하는 것이 곧 모든 족속으로 제자 삼으라는 명령을 따르는 것이다.

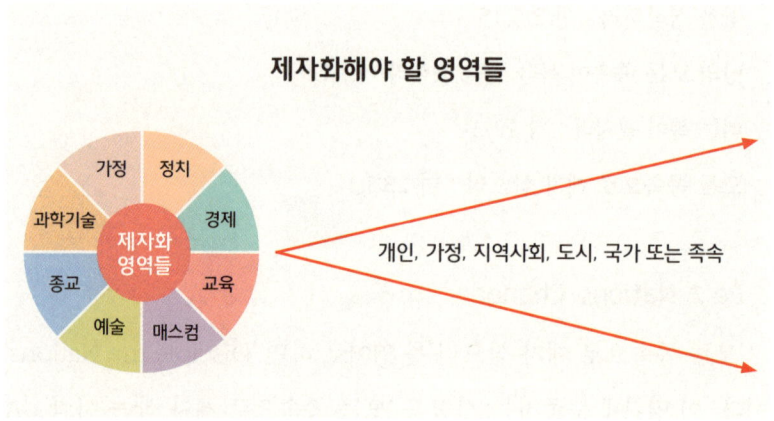

즉, 정치계에는 하나님의 공의, 경제계에는 하나님의 정직, 교육계에는 하나님의 지혜, 매스컴에는 하나님의 진실, 예술계에는 하나님의 거룩하심, 종교계에는 하나님의 긍휼, 과학기술계에는 하나님의 창조, 가정계에는 하나님의 사랑이 나타날 때, 우리는 비로소 "하나님의 영광이 나타난다"라고 말할 수 있다.

이것이 '기독교 문명개혁 운동'(Christian Civilization Movement)이다.

제자화해야 할 영역을 다음 8개 영역으로 구분할 수 있다. 어떤 단위든(개인, 가정, 지역사회, 국가나 종족 등) 가장 기초적인 영역이 있다. 이런 영역들을 각각 자세히 보면 마치 황무지와 같아서 좋은 열매를 맺지 못하고 있다. 이런 영역을 제자화하여 하나님의 성품을 기반으로 하는 하나님나라를 이뤄가도록 주님이 명령하셨다.

A Nations-Changer의 롤모델

교회 역사는 이 놀라운 지상대명령에 전 생애를 바쳐 순종한 사람들의 이야기로 가득하다. 그중 한 사람을 롤모델로 소개한다.

그는 32세에 인도에 가서 주님의 부르심을 받을 때까지 41년(1793-1834)간 그 땅에서 NCer로 살았다. 인도 사회에 **천문학**을 소개하여, 운명론과 미신적 공포에 사로잡히게 하는 **점성술**에 지배받던 이들을 자유하게 하는 데 힘을 다했다. 점성술 문화는 사람을 노예화하는 데 반해, 천문학은 자유하게 하며 자연을 다스리는 자가 되게 한다. 그러므로 그는 창조주에 의해 징조와 표시들로 만들어진 천체를 신중히 연구해야 한다고 가르쳤다.

그는 인도의 민둥산에 나무를 심고, 연구하고 관리하는 법을 가르쳤다. 또 황무지를 비옥한 땅으로 개간했으며 영국산 데이지를 인도에 들여왔고 린네식 원예체계를 소개했다. 농업 원예협회를 창립하여 조직적으로 농업을 연구하고 농업개혁에 힘썼다. 또한 빈곤 퇴치를 위해 저축은행 개념을 도입하여 사회 전반에 퍼져 있는 고리대금 악습과 싸웠다. 고리대금은 사람들로 평생 가난에 허덕이며 살게 하는 사회악이다.

그는 인도에 처음으로 증기기관을 소개했다. 또한 인쇄와 출판 기술을 들여와 최초의 신문을 만들었으며 〈Friend of India〉라는 잡지를 출간하여 사회개혁 운동을 일으켰다. 그는 인도에 개가식 도서관의 개념을 처음 도입했고, 문맹 퇴치 운동도 함께 벌였다. 인도인들은 그를 '인쇄 기술의 아버지'라고 부른다.

그뿐 아니라 그는 여성의 지위 회복을 위해 여성에 관한 악습에 대항했다. 일부다처제, 조혼, 과부 화장과 안락사 등에 반대했으며, 악법인 '사티'를 금지하는 데 결정적으로 공헌했다. 이를 위해 25년간 끈질기게 싸웠다.

그는 100개 이상의 토착어 학교를 세워 교육과 여성 문맹 퇴치에 힘썼다. 당시 인도 최고의 대학도 설립했으며 나환자 치료를 위한 캠페인을 이끌었다. 생매장이나 생화장을 당했던 나환자들을 예수님의 사랑으로 치료해야 한다고 주장했다.

또 인도 해양학을 발전시켜, 바다는 하나님이 주신 해저 보물창고임을 가르쳤다. 40여 언어를 연구하여 그 언어로 성경을 번역했고, 많은 교회를 세웠다. 그는 비인간적인 인도의 풍습과 의식을 타파하고 기회가 있을 때마다 인도인들에게 복음을 전했다.

그의 이름은 바로 윌리엄 캐리(William Carey)다. 그는 우리처럼 평범한 사람으로, 영국 노스햄프턴(Northhampton)의 한 가난한 직조공의 아들로 태어났다. 16세에 아버지 뜻에 따라 구둣방 도제로 들어가 28세까지 구두 수선공으로 일했다. 그는 신학을 전공하지도 않았다.

인도에서 41년간 선교한 그는 그곳에서 73세에 주님의 품으로 돌아갔다. 그의 운구 행렬이 거리를 지나는 동안, 덴마크 관청은 조기를 게양했다. 거리 곳곳에 수많은 힌두교인, 무슬림 그리고 그리스도인이 벵골 지역의 전설적인 인물이며 존경과 사랑을 한 몸에 받은 한 영국인을 마지막으로 보기 위해 모여들었다.

어떻게 한 사람이 전 생애를 통해 이처럼 사회 각 영역에 영향을 줄 수 있었을까! 어떻게 이런 엄청난 일들이 이루어질 수 있었을까!

윌리엄 캐리는 죽기 전에 그의 임종을 지킨 조카에게 말했다.

"사람들은 나를 위대한 사람이라고 말할지 모른다. 그러나 나는 무거운 소가죽을 어깨에 메고 터벅터벅 걸어간 평범한 사람이다. 이런 사람을 사용하신 나의 하나님이 위대하시다."

그는 자신의 묘비에 다음과 같이 새겨달라고 부탁했다.

> 윌리엄 캐리, 1761년 8월 17일생, 여기 잠들다. 가엾고 불쌍하고 무력한 벌레 같은 인간이 주님의 친절한 품에 안기다.

우리는 그를 '근대 선교의 아버지'라고 부른다. 그는 생전에 이사야서 54장 2,3절 말씀을 굳게 붙들었다.

네 장막 터를 넓히며, 네 처소의 휘장을 아끼지 말고 널리 펴되, 너의 줄을 길게 하며, 너의 말뚝을 견고히 할지어다. 이는 네가 좌우로 퍼지며, 네 자손은 열방을 얻으며, 황폐한 성읍들을 사람 살 곳이 되게 할 것임이라.

그리고 이 말씀으로 오늘 우리가 붙드는 표어를 만들었다.

Expect Great Things From God.
하나님으로부터 위대한 일을 기대하라.
Attempt Great Things For God.
하나님을 위하여 위대한 일을 시도하라.

윌리엄 캐리는 "가서 모든 족속으로 제자 삼으라"라는 주님의 지상대명령을 어깨에 메고 터벅터벅 순종의 길을 걸어갔다.

아브라함 카이퍼(Abraham Kuyper)

지금의 암스테르담자유대학교 설립자이자 화란개혁교회 목사요 신학자인 네덜란드의 수상 아브라함 카이퍼(1837-1920)는 정치, 경제, 교육, 사회, 문학, 과학 등에 하나님의 말씀에 기초하여 기독교 문명개혁 운동을 펼치며 삶의 모든 영역에 영향을 준 Nations-Changer다.

그는 다음과 같이 말했다.

> 사람이 어느 곳에 있든지, 무엇을 하든지, 손을 대는 분야가 농업이든, 상업이든, 산업이든 아니면 머리를 쓰는 예술과 과학 분야든, 어떤 일에 전념하든지 사람은 언제나 '하나님의 면전'(Coram Deo)에 서 있으며, 하나님을 섬기는 일에 종사하고 있다. 사람은 철저히 하나님께 순종해야 하며, 무엇보다도 하나님의 영광을 그 생애의 목표로 삼아야 한다.

그는 하나님의 주권이 사회 모든 영역에 미치지 않는 곳이 없음을 강조했다. 성과 속, 즉 거룩한 것과 속된 것을 구분하는 그 어떤 이원론적 사고도 성경적이 아님을 강조했다.

윌리엄 캐리와 아브라함 카이퍼는 Nations-Changer로서 어떻게 살아야 할지를 구체적으로 보여주는 롤모델이다.

CHAPTER
26

헌신

시편 밖의 시편

사사기 5장은 사사시대의 유일한 여성 사사 드보라의 노래다. '이스라엘의 하나님 여호와'가 노래의 중심이며, 시편 못지않게 아름답기에 '시편 밖의 시편'으로 불린다.

이는 이스라엘 자손이 그들을 20년 동안 괴롭혔던 가나안 왕 야빈을 진멸한 후에 부른 승전가다.

> 이스라엘의 영솔자들이 영솔하였고, 백성이 즐거이 헌신하였으니 여호와를 찬송하라 … 내 마음이 이스라엘의 방백을 사모함은 그들이 백성 중에서 즐거이 헌신하였음이니 여호와를 찬송하라 삿 5:2,9

이스라엘은 전쟁의 최전방에 선 지도자들과 그 뒤를 따른 '즐거이 헌신한 백성들'에 의해 승리했다. 자기 목숨을 조금도 아까워하지 않고 즐거이 헌신한 지도자들과 그들이 승리의 비결이었다.

'헌신'이 승리의 비결이다. 이는 죽음을 두려워하지 않고 자신을 기꺼이 내어 드리는 유다 지파 사자의 올바른 행동이다.

드보라는 이같이 즐거이 헌신하는 지도자들과 백성들을 마음으로 사모하며 자랑스러워했다. 그리고 구체적으로 누가 즐거이 헌신했는지를 노래했다.

참전 용사들

에브라임에게서 나온 자들은 아말렉에 뿌리 박힌 자들이요, **베냐민**은 백성들 중에서 너를 따르는 자들이요, **마길**에게서는 명령하는 자들이 내려오고, **스불론**에게서는 **대장군의 지팡이를 잡은 자들**이 내려왔도다. **잇사갈**의 방백들이 드보라와 함께하니 잇사갈과 같이 바락도 그의 뒤를 따라 골짜기로 달려 내려가니 … **스불론**은 죽음을 무릅쓰고 목숨을 아끼지 아니한 백성이요, **납달리**도 들의 높은 곳에서 그러하도다

삿 5:14,15a,18

가나안과의 전쟁에 적극적으로 참여하여 승리를 끌어낸 주역들이 소개된다.

- **에브라임 지파** : 아말렉 족속이 뿌리내리고 살던 땅을 정복하여 정착했다.
- **베냐민 지파** : 지파 차원이 아닌 개인 차원에서 많은 사람이 참여했다.

- **마길** : 므낫세의 독자(창 50:23). 므낫세 지파 중 반은 요단 동편, 나머지는 요단 서편에 정착했다. 마길은 요단 서편에 정착했는데, 이들은 군 지휘관의 지도력 아래 대거 전쟁에 참여했다.
- **스불론 지파** : "대장군의 지팡이를 잡은 자들"이란 '저술가의 펜을 잡은 자들', 즉 '율법을 연구하고 해석하는 서기관들'이란 뜻이다. 이들은 전투보다 학문에 뛰어났다. 그렇지만 나라가 위기에 있을 때 붓대를 놓고 기꺼이 칼을 들었다.
- **잇사갈 지파** : 전통적으로 용사들을 많이 배출했으며, 드보라와 바락과 함께 최전선에서 싸웠다.
- **스불론과 납달리 지파** : 모든 지파 가운데 가장 헌신적이었으며 담대하고 적극적이었다. 일사 각오로 죽음을 무릅쓰고 생명을 아끼지 않았으며, 가나안의 철 병거를 조금도 두려워하지 않았다.

전쟁에 참여하지 않은 지파들

반면에 전쟁에 참여하지 않은 지파들도 있었다.

르우벤 시냇가에서 큰 결심이 있었도다. 네가 양의 우리 가운데에 앉아서 목자의 피리 부는 소리를 들음은 어찌 됨이냐? 르우벤 시냇가에서 큰 결심이 있었도다. **길르앗**은 요단강 저쪽에 거주하며, **단**은 배에 머무름이 어찌 됨이냐? **아셀**은 해변에 앉으며 자기 항만에 거주하도다.

삿 5:15b-17

- **르우벤 지파** : 이들이 살던 요단 동편은 시내와 목초지가 많았다. 그들은 다른 지파들보다 가축이 더 많았다. 드보라의 전쟁 참여 요청에 지도자들이 모여서 참전 여부를 놓고 끝도 없이 토론을 벌이다가 결국 참여하지 않기로 했다. 이들은 전쟁 지역과 먼 곳에 살아서 편안한 목자의 삶을 사는 데 더 무게를 두었다. 형제들의 위기나 국가의 안보보다 자신들의 안위와 재물에 더 관심이 많았다. 이는 헌신을 가로막는 대표적인 요소다.
- **길르앗** : 요단 동편 전 지역을 가리키는 말로, 북부에는 므낫세 반 지파, 중심부에는 갓 지파, 남부에는 르우벤 지파가 거주했다. 그러나 여기서 "길르앗"은 요단 동편에 사는 '므낫세 반 지파'를 가리킨다. 일반적으로 요단 서편에 사는 므낫세 반 지파를 '마길'이라 부르고, 요단 동편에 사는 므낫세 반 지파를 '길르앗'이라 불렀다. 길르앗도 요단 동편에 살면서 서편에서 벌어지고 있는 형제들의 환난을 방관했다.
- **단 지파** : '배에 머무르다'는 이들이 뱃사람이라는 뜻이 아니라 욥바 항구를 중심으로 해상무역을 했음을 뜻한다. 이들도 형제들의 위기를 방관했고, 오직 무역에만 집중하며 전쟁에 참여하지 않고 이기적인 삶을 살았다.
- **아셀 지파** : 지중해 해안을 끼고 유업을 받아 정착했으며 어업과 해상무역이 중심 산업이었다. 이들도 형제들의 위기나 나라의 곤경에 관심을 두기보다 생업에 더 열중했다.

즐거이 헌신하려면 자기 목숨을 아끼지 말아야 한다. 안일함을 내려놓고, 때로는 자신의 안정감인 생업까지 내려놓는 희생을 감수해야 한다. 자신의 욕심이나 안락함보다 하나님나라의 비전이 있어야 헌신할 수 있다.

기손 강 전투

기손 강은 그 무리를 표류시켰으니, 이 기손 강은 옛 강이라. 내 영혼아! 네가 힘 있는 자를 밟았도다. 그때에 군마가 빨리 달리니 말굽 소리가 땅을 울리도다 삿 5:21,22

기손 강에서 가장 치열한 전투가 있었다. 자칫 이스라엘 군대가 패배할 수도 있었다. 그러나 드보라는 이들을 격려하며 힘을 다해 싸웠다. 그리고 가나안의 시스라 군대는 목숨을 부지하기 위해 도망쳤다. 이들을 한 명도 남기지 않고 진멸하고자 추격하는 이스라엘군의 말발굽 소리가 땅을 진동했다.

메로스의 저주와 야엘의 복

여호와의 사자의 말씀에, '메로스를 저주하라! 너희가 거듭거듭 그 주민들을 저주할 것은 그들이 와서 **여호와를 돕지 아니하며 여호와를 도와 용사를 치지 아니함이니라**' 하시도다. 겐 사람 헤벨의 아내 야엘은

다른 여인들보다 복을 받을 것이니, 장막에 있는 여인들보다 더욱 복을
받을 것이로다. 삿 5:23,24

헤벨의 아내 야엘은 하나님의 축복을 받았지만, 메로스 주민들은
저주를 받았다.

- **메로스** : 기손 강 근처에 있는 마을 이름으로, 성경에서 여기만 나온다.
메로스 주민들은 이스라엘 군대가 목숨을 내놓고 치열한 전투를 벌이
는 것을 보고도 돕지 않았다. 하나님은 이들이 '여호와를 돕지 않았다'
라고 2번 언급하셨다. 이스라엘 군대를 돕는 게 곧 하나님을 돕는 것이
었다. 하나님은 메로스 주민을 저주하셨다.

가장 놀라운 용사 : 겐 사람 헤벨의 아내 야엘
여기 가장 놀라운 헌신이 있다. 그는 참전한 모든 지파의 사람들보
다 더 용맹한 사람이었다.

시스라가 물을 구하매 우유를 주되 곧 엉긴 우유를 귀한 그릇에 담아주
었고, 손으로 장막 말뚝을 잡으며 오른손에 일꾼들의 방망이를 들고,
시스라를 쳐서 그의 머리를 뚫되 곧 그의 관자놀이를 꿰뚫었도다. 그가
그의 발 앞에 꾸부러지며 엎드러지고 쓰러졌고 그의 발 앞에 꾸부러져
엎드러져서 그 꾸부러진 곳에 엎드러져 죽었도다. 삿 5:25-27

야엘은 겐 사람이다. 이스라엘 사람이 아니다. 그런데도 가냘픈 여인으로서 이스라엘 전투를 적극적으로 도왔다. 그녀의 행동은 참으로 놀랍다!

시스라가 걸어서 도망하여 겐 사람 헤벨의 아내 야엘의 장막에 이르렀으니, 이는 하솔 왕 야빈과 겐 사람 헤벨의 집 사이에는 화평이 있음이라. 야엘이 나가 시스라를 영접하며, 그에게 말하되, '나의 주여, 들어오소서! 내게로 들어오시고 두려워하지 마소서' 하매, 그가 그 장막에 들어가니 야엘이 이불로 그를 덮으니라. 시스라가 그에게 말하되, '청하노니 내게 물을 조금 마시게 하라. 내가 목이 마르다' 하매 우유 부대를 열어 그에게 마시게 하고 그를 덮으니, 그가 또 이르되, '장막 문에 섰다가 만일 사람이 와서 네게 묻기를 여기 어떤 사람이 있느냐 하거든 너는 없다 하라' 하고, 그가 깊이 잠드니, 헤벨의 아내 야엘이 장막 말뚝을 가지고 손에 방망이를 들고 그에게로 가만히 가서 말뚝을 그의 관자놀이에 박으매 말뚝이 꿰뚫고 땅에 박히니 그가 기절하여 죽으니라. 삿 4:17-21

시스라는 가나안 왕 야빈의 군대 장관으로 이스라엘 백성에게는 공포의 대상이었다. 그가 도망치다가 마침 겐 사람 헤벨의 집에 들어와 숨었다. 헤벨의 아내 야엘은 놀라거나 두려워하지 않고 침착하고 친절하게 맞이했다.

지치고 목이 마른 시스라에게 우유를 귀한 그릇에 담아서 주었다. 시스라는 우유를 단숨에 마시고 지쳐서 쓰러져 잤다. 그러자 야엘은 왼손으로 장막 말뚝을 잡고 오른손에 방망이를 들고 시스라의 관자놀이를 꿰뚫었다. 시스라는 기절하여 죽었다.

이 사건이 결정적으로 이스라엘에 승리를 안겨주었다. 야엘의 행동은 참전하지 않은 모든 지파를 부끄럽게 했다. 더구나 메로스 주민들과는 정반대의 행동이었다. 하나님은 메로스 주민에게는 저주를, 야엘에게는 다른 여인들보다 더욱 복을 주셨다.

이스라엘 군의 대승은 놀랍게도 두 여인에 의해 이루어졌다. 드보라와 야엘, 이들은 가장 놀라운 용사였다! 승리는 오직 헌신으로 주어진다.

사사기 5장은 성경 전체의 대주제로 마친다.

> 여호와여, 주의 원수들은 다 이와 같이 망하게 하시고, 주를 사랑하는 자들은 해가 힘 있게 돋음 같게 하시옵소서! 삿 5:31

헌신하는 사람과 그렇지 않은 사람은 뚜렷하게 구분된다! 메로스 주민들은 '하나님을 돕지 않은 사람들'로 불리며 저주를 받았다. 반면에 야엘은 가냘픈 여인이지만 죽음을 두려워하지 않고 목숨 바쳐 주의 일에 헌신한 결과, 하나님께 복을 받았다. 이런 사람은 해가 힘 있게 돋음 같으며, 이 세상에서 빛나고 영광스러운 삶을 산다.

다윗과 사도 요한이 본 장면

3,000년 전에 다윗은 지금 일어나는 일들을 바라보았다.

주의 권능의 날에 주의 백성이 거룩한 옷을 입고 즐거이 헌신하니, 새벽 이슬 같은 주의 청년들이 주께 나오는도다. 시 110:3

그는 새벽이슬 같은 주의 청년들이 주께 나오는 것을 보았다. 이들은 오직 성령의 능력을 의지하여 세상에 영향을 끼친다. 이들은 거룩한 옷을 입었다. 이 세상의 문화, 가치, 인생관을 따르지 않는 하나님나라의 백성이다. 이들은 즐거이 헌신한다. 마치 드보라와 야엘, 그리고 여러 이스라엘 지파처럼 목숨을 아끼지 않는다.

2,000년 전에 사도 요한도 지금 일어나는 일들을 보았다.

하늘에 있는 군대들이 희고 깨끗한 세마포 옷을 입고 백마를 타고 그를 따르더라 계 19:14

이들은 피 뿌린 옷을 입고 앞장서서 달리는 대장 예수 그리스도를 따르는 하늘 군대다. 이들은 희고 깨끗한 세마포 옷, 곧 거룩한 옷을 입고 백마를 탔다. 백마는 성령을 가리킨다. 이들은 성령의 능력으로, 성령의 인도하심을 받는다. 대장 예수님을 따르며 즐거이 헌신한다.

다윗이 본 새벽이슬 같은 주의 청년들이나 사도 요한이 본 하늘 군대는 같은 무리다. 다윗은 그들이 주께로 오는 모습을, 요한은 그들이 주를 따르며 전쟁하는 모습을 보았다. 이들은 즐거이 헌신했다.

진정한 예배

그러므로 형제들아, 내가 하나님의 모든 자비하심으로 너희를 권하노니, **너희 몸을** 하나님이 기뻐하시는 **거룩한 산 제물로 드리라.** 이는 너희가 드릴 **영적 예배**니라. **롬 12:1**

로마서 12장은 **"그러므로"**로 시작한다. 이는 로마서 1장 18절에서 8장 39절의 결론이다. 하나님의 공의 앞에 '사형 선고'를 받았다가 '하나님의 의'가 나타나 '속량'으로 '무죄'를 선고받고 더 나아가 '의롭다 함'을 받은 우리가 앞으로 어떻게 살아야 하는가에 대한 출발이다. '속량'은 노예가 값을 치르고 자유롭게 되는 걸 의미한다. 속량의 결과는 주인으로부터의 자유다.

위 구절의 **"그러므로"**에 밑줄을 긋고 마음 판에 깊이 새겨야 한다. 이것은 어떤 두려움, 의무감, 공포심의 반응이 아니라 감사, 감격, 기쁨으로 자원함에서 나오는 반응이다.

"그러므로 너희 몸을 거룩한 산 제사로 드리라"라고 하셨다. 여기서 "몸"은 단순히 육체만을 말하는 것이 아니라 '나의 육체, 마음, 생각, 뜻, 시간, 재물, 장래에 대한 계획' 등 전인격을 말한다.

다음과 같이 고백하는 것이다.

"당신이 나를 당신의 생명 값을 주고 죄와 사망에서 사셨습니다. 이제 나는 내 것이 아니라 주 예수님 당신의 것입니다. 그러므로 나는 내 뜻을 따라 살지 않고 매 순간 당신의 뜻을 따라 살겠습니다."

영적 예배

"이는 너희가 드릴 영적 예배니라"에서 "영적"으로 번역한 헬라어 '로기코스'(logikos)는 '신령한, 영적인'(spiritual)과 '합리적인, 이성적인, 합당한'(rational)의 두 가지 뜻으로 해석된다. 그러므로 영적 예배는 하나님께 드리는 '신령한 예배'요, '합당한 예배'다.

'예배'(worship)는 헬라어로 '라트레이아'(latreia)이고, '예배하다'는 '라트레우에인'(latreuein)이다. 이는 '고용되거나 임금을 받기 위해 일하다'라는 뜻이다.

- 예배란 고용주(주인)가 주는 품삯의 대가로 고용주에게 자신의 노력을 제공하는 노동자의 행동이다.
- 예배란 노예처럼 억지로 하는 게 아니라 자발적으로 드리는 것이다.

품삯을 받은 노동자가 고용주에게 노동력을 제공하듯, 하나님이 노예 신분인 나를 그분의 아들의 생명 값을 지불하고 사셨기에, 그에 대한 대가로 하나님께 예배를 드리는 건 당연하다.

그러므로 영적 예배는 속량 받은 자로서 자발적으로, 기쁨으로, 자원하여 드리는 '합당한 예배'인 것이다.

예배란 기도나 의식만이 아니라 하나님께 매일의 삶을 드리는 것이다. 내 모든 것을 날마다, 매 순간, 평생 드리는 것이다. 크든 작든, 집, 직장, 교회, 어디서나 그분의 뜻을 따라 사는 것이다.

예배를 교회당에서의 행사로 제한하지 말아야 한다. 온 세상을 살아계신 하나님의 성전으로 알고, 일상 속 모든 행동이 예배하는 행위가 되어야 한다. 그러므로 "나는 교회에 하나님께 예배하러 간다"라고 말하는 동시에, "나는 공장에, 상점에, 사무실에, 학교에, 밭에, 들에 하나님을 예배하러 간다"라고 말해야 한다.

헌신과 희생의 롤모델

요한 레오나드 도버(Johann Leonard Dober)와 데이비드 니츠만(David Nitschmann)은 최초의 모라비안 선교사다. 18세기 초 서인도 제도에는 섬이 약 1만 2천 개가 있었고, 그중 180여 개에 사람들이 살았다. 섬들은 사탕수수와 코코아 농장을 위해 매년 열 명의 노예를 수입하고 있었다.

영국과 덴마크의 농장주들은 노예들이 크리스천이 되면 일하는 데 방해가 될까 봐 염려했다. 그래서 전도자와 목회자들이 섬에서 복음을 전하지 못하게 했고 머무는 것을 금했으며, 복음을 들은 노예들을 가두었다. 가끔 난파선이 오면 별채에 머물도록 하여 노예들과의 접근 자체를 차단했다.

이때 노예들에게 복음 전하기를 열망했던 도버와 니츠만은, 자신들이 노예가 되지 않으면 그들을 전도할 수 없다는 것을 알고는 종신 노예가 되기로 결심했다. 그래서 친첸도르프가 세운 독일 헤른후트(Herrnhut)에 있는 모라비안 공동체에 자신들을 농장주에게 팔아달라고 요청했다.

1732년, 다시는 돌아오지 못할 죽음의 땅을 향해 떠나는 모라비안 최초의 선교사인 도버와 니츠만을 위해, 가족과 공동체 형제들은 함부르크 항구에서 손에 손을 잡고 눈물의 작별을 했다. 두 사람은 다시는 만나지 못할 가족들, 점점 멀어져 가는 형제들을 바라보면서 손을 흔들며 이렇게 외쳤다.

"죽임을 당하신 어린양이여, 그의 희생에 대한 보상을 받으소서!"

두 선교사는 허름하고 보잘것없는 거처에서 지내며 농장에서 노예들과 함께 낮에는 힘든 노역을 감당하고, 저녁에는 복음을 전하고 성경을 가르치는 일에 헌신했다. 그들의 희생적인 사랑이 흑인 노예들에게 감동을 주어 17년 동안 2,000명이 예수 그리스도를 영접했다.

우리는 세상 문화에 순응하는 자들이 아니다. 세상 문화에 동화되어서는 안 된다. 오로지 하나님의 뜻에 생각을 고정해야 한다. 나부터 변화해야 한다. 그리고 세상에 하나님의 문화를 창조해야 한다. 이것이 기독교 문명개혁 운동을 주도하는 자의 삶이다. 우리는 이를 위해 부르심을 받았다. 그리고 이런 삶은 오직 희생과 헌신으로 이루어진다.

CHAPTER 27

갈렙의 DNA를 가지라

A Nations-Changer

갈렙은 참으로 놀라운 사람이다. 그의 태도와 행동은 어린양이시며 유다 지파의 사자이신 예수 그리스도의 지도력을 닮았다. 모든 족속을 제자 삼는 A Nations-Changer로서 본받을 만한 삶이다.

우리는 처음부터 그런 삶을 사는 것이 우리를 향한 하나님의 뜻임을 알았다. 하나님은 창세기 1장 26-28절에서 '땅을 다스리라', '땅을 정복하라' 그리고 창세기 2장에서 '땅을 경작하라' 하심으로써 그 뜻을 더 구체적으로 알려주셨다. 경작이란 황무지를 개간하는 것을 말한다.

그리스도인인 우리는 이 세상의 문화를 따르는 자가 아니다. 단지 세상의 문화에서 자신을 지키는 것만이 아니라, 세상의 문화를 바꾸어 하나님의 문화로 만드는 게 우리의 부르심이다.

창세기 12장에서 하나님이 아브라함을 부르시고 이 사명을 다시 주셨다. 그를 땅의 모든 족속을 축복하는 복의 근원으로 부르셨다. 그것이 구체적으로 무엇인지 마태복음 28장 18-20절에서 살펴보았다.

우리는 지상대명령을 부여받았다. 윌리엄 캐리의 사역을 통해 그것이 무엇인지 이해했다.

우리의 심장박동은 커지고, 하나님나라를 향한 열정도 더욱 커져만 간다. "기독교 문명개혁 운동을 주도하라!"라는 명령을 심장에 품었기 때문이다.

"이는 물이 바다를 덮음같이 여호와의 영광을 인정하는 것이 세상에 가득함이니라"(합 2:14)가 우리의 비전이다. 지도력은 단지 위치나 직함이 아닌 영향을 주는 삶에 있다. 이를 마음에 품고 특히 다윗을 통해 어떤 지도력을 발휘해야 하는지를 묵상할 수 있다.

섬기는 종의 모습이야말로 올바른 태도다. 다스리는 청지기의 모습이야말로 올바른 행동이다. 그러므로 날마다 S.O.C.(예수 그리스도의 학교)에서 훈련하며 온유, 겸손, 긍휼, 공의, 정직, 거룩함, 충성, 순종, 반대 정신, 연합, 성령의 능력이 일상생활에 나타나 우리를 통해 하나님나라가 임하기를 간구해야 한다.

삶은 사람과 일이 날줄과 씨줄로 엮여 있다. 매일 만나는 사람들이 우리의 선생이 되고, 머무는 장소가 우리의 학교가 되고, 겪는 일들이 우리의 훈련 과목이 되어 우리를 하나님의 형상으로, 복의 근원으로, Nations-Changer로 빚어간다. 그리고 "성령님, 이것을 통해 제게 무엇을 가르치기를 원하십니까?"라는 백만 불짜리 질문이 우리를 하나님의 뜻 한가운데로 이끈다.

기독교 문명개혁 운동을 주도하라

릭 워렌 목사가 말하듯, 날마다 우리는 '목적이 이끄는 삶'을 산다. 매일 우리의 식사 메뉴는 오직 한 가지다. 미션(Mission), 미션, 그리고 미션이다.

온 세상을 향한 하나님의 비전은 크고 놀랍다. 그것을 구체화하는 가장 간결한 전략은 '기독교 문명개혁 운동'이다. 주님은 "기독교 문명개혁 운동을 주도하라!"라고 명령하셨다. 우리는 그것을 사명으로 받았다. 그리고 우리의 지도력을 통해 일상생활(가정, 직장, 주어진 공간과 시간)에서 그 명령에 순종하고 있다. 이는 곧 지도력 운동이다.

NCMN의 미션 역시 기독교 문명개혁 운동이다. 그래서 '1221레드하트데이', 'My5K', '말씀배가운동', '5K운동', '주인바꾸기운동' 등을 통해 개개인을 넘어서 도시와 사회, 그리고 나라를 변화시키기 위해 힘쓰고 있다. 이런 운동이 구체적으로 실현되기 위해서는 '갈렙의 DNA'가 반드시 있어야 한다.

갈렙, A Nations-Changer 롤모델

그때에 유다 자손이 길갈에 있는 여호수아에게 나아오고, 그니스 사람 여분네의 아들 갈렙이 여호수아에게 말하되, 여호와께서 가데스 바네아에서 나와 당신에게 대하여 하나님의 사람 모세에게 이르신 일을 당신이 아시는 바라. 내 나이 사십 세에 여호와의 종 모세가 가데스 바네아에서 나를 보내어 이 땅을 정탐하게 하였으므로, 내가 성실한 마음으로 그에게 보고하였고, 나와 함께 올라갔던 내 형제들은 백성의 간담을 녹게 하였으나 나는 내 하나님 여호와께 충성하였으므로, 그날에 모세가 맹세하여 이르되, '네가 내 하나님 여호와께 충성하였은즉 네 발로 밟는 땅은 영원히 너와 네 자손의 기업이 되리라' 하였나이다. 수 14:6-9

모세가 죽은 후, 하나님은 여호수아에게 요단강을 건너 가나안 땅을 유업으로 취하라고 명령하셨다. 순종하는 여호수아의 지도력을 통해 이스라엘 백성은 빠른 속도로 그 땅을 취하기 시작했다. 요단강을 건너 길갈에 진을 치고 먼저 여리고 성을 정복했다. 여호수아의 군대는 곧바로 가파른 산간 지역으로 올라가 가나안 땅 남부와 북부지역을 정복하기 시작했다.

이 일은 5년 사이에 일어났다. 그러나 아직 주요한 몇몇 지역이 남아 있었다.

갈렙의 믿음

그때 갈렙이 여호수아에게 나아와 45년 전의 주요 사건을 언급했다. 모세의 지도력 아래 이스라엘 백성은 가데스바네아에 이르렀다. 그곳은 약속의 땅에 들어가는 접경지역으로, 이제 11일만 더 가면 약속의 땅에 이를 예정이었다.

그때 이스라엘 백성이 모세에게 요청하여, 그 땅을 정복하기 전에 먼저 정탐꾼을 보내어 둘러보고 싶다고 했다. 모세는 각 지파에서 대표자를 선정하여 정탐꾼 열두 명을 보냈다.

모세가 가나안 땅을 정탐하러 그들을 보내며 이르되, '너희는 네겝 길로 행하여 산지로 올라가서 그 땅이 어떠한지 정탐하라. 곧 그 땅 거민이 강한지 약한지, 많은지 적은지와 그들이 사는 땅이 좋은지 나쁜지와 사는 성읍이 진영인지 산성인지와 토지가 비옥한지 메마른지, 나무가 있는지 없는지를 탐지하라. 담대하라. 또 그 땅의 실과를 가져오라' 하니 그때는 포도가 처음 익을 즈음이었더라. 민 13:17-20

모세는 정탐꾼들에게 무엇을, 어떻게 정탐할지 지침을 주었다(이 말씀은 오늘날에도 정탐 여행의 전략지침서다). 그 열두 명 중에 여호수아는 에브라임 지파, 갈렙은 유다 지파의 대표로 속해 있었다. 열두 명의 정탐꾼은 40일 동안 그 땅을 두루 정탐했다. 그들은 포도송이가 달린 가지를 베어 막대기에 꿰어 메고 왔다.

드디어 그들이 바란 광야 가데스에 이르렀을 때, 온 회중이 영접했다. 백문이 불여일견(백 번 들어도 한 번 보는 게 낫다)이라고 그들이 그 땅의 과일을 보여주자, 온 회중이 환호했다. 그 땅에 대해 더 설명을 듣지 않아도 충분했다.

정탐꾼들은 흥분하고 환호하는 회중을 보며 보고했다.

바란 광야 가데스에 이르러 모세와 아론과 이스라엘 자손의 온 회중에게 나아와 그들에게 보고하고 그 땅의 과일을 보이고, 모세에게 말하여 이르되, '당신이 우리를 보낸 땅에 간즉 과연 그 땅에 젖과 꿀이 흐르는데 이것은 그 땅의 과일이니이다.' 민 13:26,27

"과연 그 땅에 젖과 꿀이 흐릅니다!"

이보다 더 기쁜 소식이 있을까. 오랜 세월 애굽의 종살이를 하던 이스라엘 백성에게 하나님께서 드디어 '젖과 꿀이 흐르는 땅'을 주셨으니 말이다! 모두가 감격에 휩싸여 있을 때, 정탐꾼 열두 명 중 열 명이 이어서 말했다.

그러나 그 땅 거주민은 강하고 성읍은 견고하고 심히 클 뿐 아니라, 거기서 아낙 자손을 보았으며, 아말렉인은 남방 땅에 거주하고 헷인과 여부스인과 아모리인은 산지에 거주하고 가나안인은 해변과 요단 가에 거주하더이다. 민 13:28,29

이들의 말에서 가장 주목해야 할 것은 "그러나"이다. 이 단어에 밑줄을 긋자. 상황적으로는 "그러므로"라고 말을 이어야 했지만, 안타깝게도 이들은 '정복 불가능', '미션 임파서블'이라고 결론을 내렸다. 그리고 그 이유를 차근차근 설명했다.

그 땅 거주민은 강하고, 성읍은 견고하고 심히 크며, 거기엔 아낙 자손이 산다. 아말렉 족속은 남방에, 헷 족속과 여부스 족속과 아모리 족속은 산지에, 가나안 족속은 해변과 요단 가에 거주한다. 그에 비해 이스라엘 백성은 평범한 체구에, 군대에 간 경험이 있는 자는 오직 모세뿐이다. 게다가 싸울 무기도 없다….

누가 보아도 불가능한 정복 전쟁이었다. 이들 열 명은 과장하거나 왜곡해서 보고하지 않았다. 사실을 있는 그대로 보고 결론지었다. 이들의 말은 정확했다. 현실적이며 논리적이었다.

분위기는 삽시간에 험악해졌다. 조금 전까지 흥분하고 감격하여 하늘까지 올라갔던 백성들의 사기는 땅바닥으로 곤두박질쳤다. 그때 갈렙이 나서서 낙심한 백성들의 마음을 가라앉혔다.

> 갈렙이 모세 앞에서 백성을 조용하게 하고 이르되, '우리가 곧 올라가서 그 땅을 취하자 능히 이기리라' 하나 민 13:30

"올라갑시다! 올라가서 그 땅을 점령합시다! 우리는 반드시 그 땅을 점령할 수 있습니다"(새번역)!

갈렙이 담대하고 단호히 말했다. 그러나 열 명의 정탐꾼은 달리 말했다.

> 그와 함께 올라갔던 사람들은 이르되, '우리는 능히 올라가서 그 백성을 치지 못하리라. 그들은 우리보다 강하니라' 하고 이스라엘 자손 앞에서 그 정탐한 땅을 악평하여 이르되, '우리가 두루 다니며 정탐한 땅은 그 거주민을 삼키는 땅이요, 거기서 본 모든 백성은 신장이 장대한 자들이며, 거기서 네피림 후손인 아낙 자손의 거인들을 보았나니 우리는 스스로 보기에도 메뚜기 같으니 그들이 보기에도 그와 같았을 것이니라' 민 13:31-33

한마디로 불가능하다는 거였다. 이때부터 이들은 더욱 부정적으로 말하기 시작했다. 문제가 커 보이면 갈수록 안 되는 이유만 늘어놓기 마련이다. 앞서 '젖과 꿀이 흐르는 땅'이라고 호평하던 이들이 돌연 '그 땅은 삼키는 땅'이라며 악평하기 시작했다. 그리고 자신들에 대해 말하기를, "우리는 메뚜기 같다"라고 했다.

열 명이 내린 결론은 충분히 납득이 간다. 그들은 현실에 직면했다. 그들이 올라가서 정복해야 할 대상은 실로 강했다. 성읍들도 천연적 지리를 이용한 난공불락이었다. 더구나 저들은 훈련이 잘된 군인이었고, 최신식 무기를 갖추어 막강한 전력을 자랑했다. 무엇보다 이스라엘 백성이 도저히 상대할 수 없는 네피림 후손 아낙 자손의 거인들이 있었다. 약속의 땅 정복을 '미션 임파서블'로 바라볼 만한 근거는 충분했다.

내가 이 시점에서 왜 이 말씀을 다루는지 이해하기를 바란다.

우리는 앞서 온 땅을 향한 하나님의 비전과 전략을 보았다. 그리고 하나님께서 우리를 통해 그것을 성취하신다는 것도 알았다. 그래서 상당히 고무되었다. 심장이 감격으로 고동치며 큰 기대와 소망으로 벅차올랐다. 그런데 막상 우리가 상대해야 할 이 세상을 보니 절대 만만하지 않다. 이 세상은 성경 말씀을 우습게 보고, 그들의 사상에는 하나님이 없다.

점점 열 명의 정탐꾼과 같은 마음이 되어간다. 약하고 부족한 자신을 보면 더 그렇다. 우리가 상대하기에 이 세상은 너무 크고 강하다.

어느새 속으로 중얼거리고 있는지도 모른다.
'미션 임파서블….'

열 명의 말을 들은 온 회중은 소리 높여 부르짖으며 절망과 낙담으로 가득했다. 그들은 밤새워 통곡하며 모세와 아론을 원망했다. 다시 애굽으로 돌아갈 궁리로 가득했다.
그때 여호수아와 갈렙이 나섰다.

이스라엘 자손의 온 회중에게 말하여 이르되, '우리가 두루 다니며 정탐한 땅은 심히 아름다운 땅이라. 여호와께서 우리를 기뻐하시면 우리를 그 땅으로 인도하여 들이시고, 그 땅을 우리에게 주시리라. 이는 과연 젖과 꿀이 흐르는 땅이니라. 다만 여호와를 거역하지는 말라. 또 그 땅 백성을 두려워하지 말라. 그들은 우리의 먹이라. 그들의 보호자는 그들에게서 떠났고, 여호와는 우리와 함께하시느니라. 그들을 두려워하지 말라' 하나 민 14:7-9

"올라가 그 땅을 취하자! 그들은 우리의 밥이다!"
여호수아와 갈렙은 힘주어 담대하게 말했다. 그들의 말은 한마디로, '미션 파서블'이었다.
그러나 회중은 이 말에 더욱 화가 나서 그들을 돌로 치려 했다.
바로 그때, 하나님이 그들 가운데 임재하셨다. 그리고 누구의 판단이 옳은지 말씀하셨다.

"열 명의 판단은 틀렸다. 갈렙의 판단이 옳다."

왜 갈렙의 판단이 옳았을까? 그에게는 그 땅의 용사들, 난공불락의 견고한 성들, 아낙 자손 거인들이 보이지 않았을까?

아니다! 갈렙은 열 명의 말을 조금도 부정하지 않았다. 단지 계산법이 달랐을 뿐이었다.

열 명의 계산법

강한 군사들 + 난공불락의 성읍들 + 아낙 자손 거인들
- 평범한 이스라엘 백성 = **불가능**

갈렙의 계산법

강한 군사들 + 난공불락의 성읍들 + 아낙 자손 거인들
- 평범한 이스라엘 백성 - **하나님의 약속의 말씀 = 가능**

갈렙은 나머지 열 명과 달리 '하나님의 약속의 말씀'을 넣어서 계산했다. 하나님께서 모세를 통해 아브라함과 이삭과 야곱에게 약속하신 것을 이루시겠다고 분명히 말씀하셨기 때문이었다.

우리의 힘으로 일하면 우리가 일할 뿐이다.
그러나 하나님의 약속을 믿으면 하나님이 일하신다.
우리의 힘과 능력으로는 불가능하나,
하나님이 일하시면 모든 것이 가능하다.

믿음으로 응답하라

우리는 '기독교 문명개혁 운동을 주도하라'는 명령에 갈렙의 믿음으로 반응해야 한다. 열 명의 시각으로 세상을 보면, 이 사명을 결코 이룰 수 없다. 그러나 갈렙의 시각으로 본다면, 우리에게 주신 사명을 반드시 성취할 수 있을 것이다.

열 명의 정탐꾼과 이들의 말을 듣고 불신앙과 불순종으로 반응한 모든 백성은 그들의 말대로 약속의 땅에 들어가지 못하고 광야에서 죽었다. 그러나 갈렙은 그의 믿음대로 그 땅에 들어갔다.

내 영광과 애굽과 광야에서 행한 내 이적을 보고서도 이같이 열 번이나 나를 시험하고 내 목소리를 청종하지 아니한 그 사람들은, 내가 그들의 조상들에게 맹세한 땅을 결단코 보지 못할 것이요, 또 나를 멸시하는 사람은 한 사람도 그것을 보지 못하리라. 그러나 내 종 갈렙은 그 마음이 그들과 달라서 나를 온전히 따랐은즉, 그가 갔던 땅으로 내가 그를 인도하여 들이리니, 그의 자손이 그 땅을 차지하리라. 민 14:22-24

이 산지를 내게 주소서

갈렙은 여호수아에게 과거의 이 사건과 하나님의 약속의 말씀을 상기시키고, 하나님이 그에게 주시는 땅을 달라고 요청했다.

이제 보소서! 여호와께서 이 말씀을 모세에게 이르신 때로부터 이스라엘이 광야에서 방황한 이 사십오 년 동안을 여호와께서 말씀하신 대로 나를 생존하게 하셨나이다. 오늘 내가 팔십오 세로되, 모세가 나를 보내던 날과 같이 오늘도 내가 여전히 강건하니, 내 힘이 그때나 지금이나 같아서 싸움에나 출입에 감당할 수 있으니, 그날에 여호와께서 말씀하신 이 산지를 지금 내게 주소서! 당신도 그날에 들으셨거니와 그곳에는 아낙 사람이 있고 그 성읍들은 크고 견고할지라도, 여호와께서 나와 함께하시면 내가 여호와께서 말씀하신 대로 그들을 쫓아내리이다 수 14:10-12

믿지 않던 백성들은 광야에서 소멸하여 죽었다(민 14:35). 열 명의 정탐꾼도 재앙으로 죽었다(민 14:37). 그러나 믿음으로 응답한 갈렙은 85세가 되도록 여전히 강건했다.

삶의 에너지와 활력은 사명에서 온다. 하나님은 그분의 약속을 믿고 순종하는 사람을 굳게 붙드신다. 갈렙의 고백이 얼마나 담대한가!
"이 산지를 지금 내게 주소서! 나와 함께하시는 하나님을 힘입어 내가 반드시 그들을 쫓아내리이다!"

문패를 바꾸다

헤브론이 그니스 사람 여분네의 아들 갈렙의 기업이 되어 오늘까지 이르렀으니, 이는 그가 이스라엘의 하나님 여호와를 온전히 좇았음이라 (: 여호와께 충성하였음이라). 헤브론의 옛 이름은 기럇 아르바라. 아르바는 아낙 사람 가운데에서 가장 큰 사람이었더라. 그리고 그 땅에 전쟁이 그쳤더라. 수 14:14,15

갈렙이 요청한 땅은 **'기럇 아르바'**였다. 기럇은 '성읍'이라는 뜻이고, 아르바는 아낙 사람 가운데서 가장 큰 사람의 이름으로, 기럇 아르바는 그의 이름을 딴 성읍이었다. 기럇 아르바는 누구나 쉽게 정복할 수 있는 땅이 아니었다. 기럇 아르바는 아낙 자손 중 가장 강한 자 아르바가 버티고 있는 성읍이었다.

그러나 갈렙이 믿음으로 나아갈 때 하나님이 그와 함께하셔서 그 땅을 취할 수 있었다. 이보다 더 담대한 믿음이 있을까? 갈렙은 그 땅의 문패를 '헤브론'으로 바꾸었다. 아르바의 깃발을 내리고 대장이신 예수 그리스도의 깃발을 내걸었다.

기독교 문명개혁 운동을 주도하는 사람에게는 갈렙의 DNA가 필수적이다. 환경에 따라 반응하지 않고, 사람의 말에 휘둘리지 않고, 보고 듣는 대로 반응하지 않으며, 오직 하나님의 약속의 말씀에 반응하는 자, 그 말씀이 이끄시는 대로 삶을 내어 맡기는 자가 갈렙의 DNA를 가진 자다.

이 산지를 지금 내게 주소서!

> 세상이 커 보일 때는 하나님이 작게 보인다.
> 그러나 크신 하나님을 바라보면 세상은 작게 보인다.
> – 빌리 그래함

유업과 소유

CHAPTER **28**

계보의 책

창세기는 계보의 책이다. 그 구조를 보면 이해할 수 있다. 창세기에 등장하는 주요 단어인 '계보, 족보'는 히브리어로 '톨레돗'(Toledoth)이다. 이는 '탄생, 기원, 세대, 계보'를 의미한다. 창세기 2장 4절의 "내력"도 히브리어로 톨레돗이다.

	창세기 - 톨레돗	
1	1장-4장	하늘과 땅의 내력
2	5:1-6:8	아담의 계보
3	6:9-9:29	노아의 족보
4	10:1-11:9	셈, 함, 야벳의 족보
5	11:10-26	셈의 족보
6	11:27-25:11	데라의 족보(아브라함)
7	25:12-18	이스마엘의 족보
8	25:19-35장	이삭의 족보
9	36장	에서의 족보
10	37장-50장	야곱의 족보

창세기 구조

(1) 하늘과 땅의 내력(톨레돗) : 창 2:4

(2) 아담의 계보 : 창 5:1

(3) 노아의 족보 : 창 6:9

(4) 노아의 아들, 셈과 함과 야벳의 족보 : 창 10:1

(5) 셈의 족보 : 창 11:10

(6) 데라의 족보 : 창 11:27

(7) 이스마엘의 족보 : 창 25:12

(8) 이삭의 족보 : 창 25:19

(9) 에서(에돔)의 족보 : 창 36:1

(10) 야곱의 족보 : 창 37:2

각각의 족보를 설명하기 위해 분량을 얼마나 할애했는지를 보면, 하나님이 강조하시는 것과 덜 강조하시는 것을 구분할 수 있다. 노아의 세 아들 중 셈의 족보를 더 강조하고, 이삭은 강조하되 이스마엘은 단 몇 구절로 덜 강조하고, 야곱은 총 14장으로 강조하되 에서는 1장으로 덜 강조하셨다.

더 강조한 사람과 덜 강조한 사람 중에, 온 땅을 향한 하나님의 뜻이 누구를 통해 흘러가고 있는가? 사람을 창조하신 하나님의 뜻을 누가 알아들었는가? 하나님은 어떤 사람을 통해 일하시는가?

약속과 성취

내게 구하라 내가 이방 나라를 네 **유업**으로 주리니 네 **소유**가 땅끝까지 이르리로다 시 2:8

"유업"과 "소유"는 같은 내용이지만 시간이 다르다. 유업은 하나님의 약속이다. 그 약속이 성취되어 내 것이 될 때 소유가 된다. 하나님이 약속하셨다고 저절로, 반드시 내 소유가 되는 건 아니다.

사람의 약속은 대개 두 가지 경우에 이뤄지지 않는다. 하나는 신실하지 못해 약속을 어기는 경우, 또 하나는 약속을 이룰 만한 능력이 없는 경우다. 그러나 하나님의 약속은 다르다. 하나님은 신실하시기에 약속을 반드시 지키신다.

하나님은 사람이 아니시니 거짓말을 하지 않으시고, 인생이 아니시니 후회가 없으시도다. 어찌 그 말씀하신 바를 행하지 않으시며, 하신 말씀을 실행하지 않으시랴! 민 23:19

또한 하나님은 전능하시다. 능치 못하신 일이 없다.

여호와께 능하지 못한 일이 있겠느냐? 기한이 이를 때에 내가 네게로 돌아오리니 사라에게 아들이 있으리라. 창 18:14

그런데 하나님의 분명한 약속이 있음에도 성취되지 못하는 경우가 있다. 바로 우리의 불신앙이 하나님의 약속의 성취를 가로막는다. 앞서 본 것처럼 이스라엘 백성은 분명히 약속을 받고 출애굽 했지만, 여호수아와 갈렙을 제외한 나머지는 그들의 불신앙으로 약속의 땅에 들어가지 못하고 광야에서 죽었다.

그들과 같이 우리도 복음 전함을 받은 자이나, 들은 바 그 말씀이 그들에

게 유익하지 못한 것은, 듣는 자가 믿음과 결부시키지 아니함이라. 히 4:2

우리가 가장 경계해야 할 것은 '불신앙'이다. 불신앙은 하나님의 약속을 내 것이 되지 못하게 한다. 갈렙처럼 오직 믿음만이 하나님의 약속을 성취하는 통로가 된다. 유업을 나의 것으로 소유하게 한다.

불신앙 외에 또 우리가 경계해야 할 요소는 무엇인가? 창세기는 이에 대해 명백하게 말씀한다.

롯은 아브라함과 함께 약속을 받고 가나안 땅에 왔지만, 결국 그에게는 약속이 성취되지 못했다. 아브라함의 아들 이스마엘은 장남임에도 하나님의 약속을 소유하지 못했다. 오직 이삭에게만 약속이 이어졌다. 에서는 이삭의 장남이었지만, 하나님의 약속은 야곱에게로 흘러갔다.

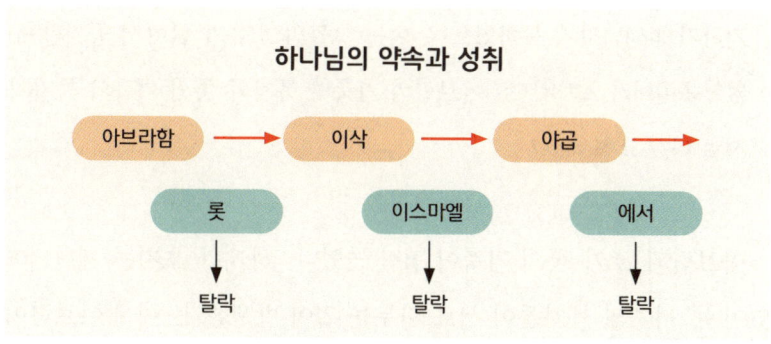

이처럼 하나님은 창세기에서 '어떤 톨레돗을 통해' 약속을 성취하고

이루는지를 보여주신다. 롯, 이스마엘, 에서는 하나님의 약속을 자기 것으로 받지 못했다. 우리는 이들을 경계의 거울로 삼아야 한다.

롯의 요소를 경계하라

오래전, 흑백 TV가 컬러 TV로 바뀔 때, 당시 '금성'으로 불리던 기업(지금의 GS)이 컬러 TV를 광고하는 흥미로운 문구를 보았다.

"순간의 선택이 10년을 좌우한다!"

삶은 선택의 연속이다. 어디서 살까? 누구와 교제할까? 어떤 직업을 선택할까? 누구와 결혼할까? 등등. 어떤 선택은 당시에는 그 의미를 잘 몰랐으나 훗날 예기치 못한 결과를 가져오기도 한다. 순간의 선택이 앞으로의 10년을 좌우하는 게 아니라 영원을 좌우하기도 한다. 아브라함과 그 조카인 롯의 경우도 그랬다.

> 아브라함의 일행 롯도 양과 소와 장막이 있으므로, 그 땅이 그들이 동거하기에 넉넉하지 못하였으니, 이는 그들의 소유가 많아서 동거할 수 없었음이니라. 그러므로 아브람의 가축의 목자와 롯의 가축의 목자가 서로 다투고 창 13:5-7

아브람과 조카 롯의 가축이 점점 늘었다. 하지만 초지는 제한되어 있어 두 가축의 목자들이 서로 다투는 일이 발생했다. 이에 아브람이 롯에게 해결책을 제안했다.

아브람이 롯에게 이르되, '우리는 한 친족이라. 나나 너나 내 목자나 네 목자나 서로 다투게 하지 말자. 네 앞에 온 땅이 있지 아니하냐? 나를 떠나가라. 네가 좌하면 나는 우하고, 네가 우하면 나는 좌하리라.' 창 13:8,9

아브람은 삼촌으로서 기득권을 취하지 않고, 먼저 조카 롯에게 살 곳을 선택할 기회를 주었다. 그러자 롯은 앞으로 어느 곳에서 살지를 선택하려고 멀리 바라보았다. 그리고 요단의 온 들판을 택했다. 모든 게 넉넉했기 때문이었다. 그가 이전에 잠시 살았던 애굽 땅과도 같았고, 에덴동산도 아마 이와 같았을 거로 생각했다. 당시 소돔과 고모라는 매우 비옥한 땅을 가진 문명 도시였다.

그러나 롯의 선택은 불행을 초래했다. 그는 그 땅의 외형만 보았지, 보이지 않는 영역은 고려하지 않았다. 성경은 그 땅을 '멸망 받을 땅'이라고 했다(창 13:10). 그 땅에 사는 사람들은 너무 악하여 하나님이 보시기에 큰 죄인들이었다.

롯은 하나님의 시각으로 바라보지 않고 세상의 시각으로 바라보았다.

소돔 사람은 여호와 앞에 악하며 큰 죄인이었더라 창 13:13

롯이 보기에는 사람이 살기에 좋은 땅일지 모르나, 하나님이 보시기에는 멸망 받을 땅, 저주의 도시였다. 롯이 살던 소돔과 고모라는 오늘날 더 이상 현존하지 않는다. 하나님이 그 도시의 죄악을 불과 유황으로 심판하셔서 완전히 멸망시키셨기 때문이다.

우리는 롯의 선택을 경계해야 한다. 많은 경우, 외형만 보고 그 내용과 본질은 외면한다. 당장 편하기를 바라지만, 미래를 내다보는 안목이 부족하다. 이는 먹는 것과 성적 쾌락, 의복과 외모, 사회적 지위나 주거 형태, 그리고 돈 등에 지나치게 집착하는 것을 포함한다. 이런 것들에 너무 집중하거나 집착하면 삶이 위태로워진다.

롯은 영적이고 도덕적인 기준으로 분별하기보다 자신에게 지금 당장 편리하고 살기 좋은 땅을 택했다. 그리고 결국 그 땅에서 불행한 삶을 살았다. 자신뿐 아니라 후손들마저도. 순간의 선택이 미래를 결정한다.

"롯이 아브람을 떠난 후에"(창 13:14), 하나님께서 아브람에게 말씀하셨다.

> 너는 눈을 들어 너 있는 곳에서 북쪽과 남쪽 그리고 동쪽과 서쪽을 바라보라. 보이는 땅을 내가 너와 네 자손에게 주리니 영원히 이르리라
> 창 13:14,15

롯의 요소가 아브람을 떠난 후에, 그는 비로소 하나님이 보시는 걸 볼 수 있었다. 우리의 삶에서 롯의 요소가 떠나야 한다. 그때 비로소 하나님의 관심이 우리의 관심거리가 된다. 하나님이 바라보시는 것을 나도 보게 된다. 하나님의 시각으로 바라보는 법을 배워야 한다.

우리가 하나님의 뜻을 따라 선택하면 그분이 우리와 함께 행하신

다. 우리를 버려두지 않으신다. 우리의 힘이 되어주신다. 우리에게 지혜와 능력을 주신다. 우리의 삶을 형통하게 인도하신다. 우리가 롯의 요소를 경계할 때, 하나님의 약속이 내 것으로 성취될 것이다.

이스마엘의 요소를 경계하라

아브람은 하나님의 약속을 받고 믿음으로 순종하여 갈대아 우르를 떠나 가나안으로 왔다.

하나님께서 그에게 "큰 민족을 이루게 하리라" 약속하셨다(창 12:2). "네 자손이 땅의 티끌 같게 하리라" 하셨다(창 13:16). 그런데 세월이 흘러도 아브람에게 아들이 없었다. 하나님은 "네 몸에서 날 자가 네 상속자가 되리라"라고 다시 말씀하셨다(창 15:4). 또 그의 자손이 하늘의 별처럼 셀 수 없이 많아지리라 약속하셨다(창 15:5).

아브람은 하나님의 약속을 믿었다. 그가 약속을 받고 그 땅에 온 때가 75세였다. 그리고 10년이 지나 85세가 되었다. 아브람과 사래는 초조했다. 사래는 끝내 아브람에게 제안했다.

> 사래가 아브람에게 이르되, '여호와께서 내 출산을 허락하지 아니하셨으니 원하건대 내 여종에게 들어가라. 내가 혹 그로 말미암아 자녀를 얻을까 하노라' 하매 아브람이 사래의 말을 들으니라. 창 16:2

아브람과 사래는 하나님의 말씀을 끝까지 붙잡지 않았다. 사래는 하나님의 뜻을 자기 마음대로 판단했고, 둘은 이성적 판단에 의지해 상황에 따라 결정했다. 이것이 결정적인 불행을 초래했다.

사래의 제안대로, 아브람은 사래의 여종 하갈과 동침했고, 하갈이 임신을 했다. 처음에는 아브람 가정에 기쁨과 행복이 가득했다. 그러나 점점 하갈의 교만이 드러나 여주인 사래를 멸시하기 시작했다. 이로 인해 집안에 큰 소리가 오갔다.

결국 하갈은 임신한 채로 쫓겨났다가, 하나님의 권면으로 돌아와 그녀의 주인 사래를 잘 섬겼다. 그리고 아들 이스마엘을 낳았다. 집안에는 다시 기쁨과 행복이 피어났다. 적어도 사래가 이삭을 낳을 때까지는 말이다.

아브람은 86세에 하갈을 통해 이스마엘을 낳았다(창 16:16). 이후 그가 99세 때 하나님께서 말씀하셨다(창 17:1). 여기서 우리가 주목해야 할 건, 성경이 처음부터 장절로 나뉘어 있지 않았다는 점이다. 두루마리 성경으로 읽는다면, 아브람의 86세와 99세 때 이야기가 연속으로 이어져 있을 것이다. 두 나이 사이 13년 동안은 아무것도 기록되지 않은 것이다. 이를 통해 성경은 무얼 말씀하는가? 이스마엘과 관련한 모든 것은 하나님의 뜻이 아님을 보여준다. 오래 사는 것보다 어떻게 사느냐가 중요하다.

하나님이 아브라함에게 말씀하셨다. 1년 뒤에 사라를 통해 아들을 낳을 것이라고. 아브라함은 믿지 않았다. 사라도 그 말씀을 듣는 순간, 웃었다. 하나님이 하시는 일을 자기 생각과 경험과 지식으로 제한했다. 하지만 하나님은 명백하게 말씀하셨다. 이스마엘이 아닌 이삭을 통해 아브라함에게 약속하신 것을 이루겠다고 말이다.

> 내 언약은 내가 내년 이 시기에 사라가 네게 낳을 이삭과 세우리라.
> 창 17:21

왜 이스마엘이 아니고 이삭인가?

이스마엘은 하나님의 뜻을 따라 낳은 아들이 아니다. 사람의 추측, 짐작, 합리적이고 이성적인 생각, 환경에 따라 낳았으며, 무엇보다 '내 힘과 능력으로 행함'의 대표적인 결과물이다. 성경은 이를 "죽은 행실"이라고 말씀한다(히 6:1). 열매가 없는 삶이다. 생명이 없다.

반대로 이삭은 하나님의 뜻을 따라 낳은 아들이다. 사람의 능력이나 방법이 아닌 오직 하나님의 능력과 방법으로 낳은 아들이다.

하나님은 그분의 약속을 성취하시는 데 '이스마엘의 요소', 곧 '내 생각과 방법, 능력을 의지하는 삶'을 전적으로 거절하신다. 오직 '이삭의 요소'를 통해 일하신다. 우리가 하나님의 생각과 방법과 능력만을 의지하여 살기를 원하신다.

하나님은 아브라함과 사라를 벼랑 끝으로 몰아가셨다. 그 끝에서 두 사람은 이스마엘의 요소를 택했다. 이건 남의 얘기가 아니다. 우리로 정신이 번쩍 들게 하는 나의 이야기다. 우리는 위기가 닥치면 너무도 자연스럽게 이스마엘의 요소를 택한다. 그러나 하나님은 우리가 끝까지 이삭의 요소를 선택하길 원하신다.

하나님의 약속이 내 삶에 성취되려면 이스마엘의 요소를 경계해야 한다. 삶에 이스마엘의 요소가 반복되면, 하나님의 약속이 내 것이 될 수 없다.

기독교 문명개혁 운동은 오직 이삭의 요소로 살 때라야 가능하다. 비록 벼랑 끝에 몰렸을지라도 이삭의 요소를 선택하라.

그가 내게 대답하여 이르되, 여호와께서 스룹바벨에게 하신 말씀이 이러하니라. 만군의 여호와께서 말씀하시되, '아는 힘으로 되지 아니하며 능력으로 되지 아니하고 오직 나의 영으로 되느니라.' 슥 4:6

오직 성령으로만 우리에게 주신 대분부, 기독교 문명개혁 운동을 성취할 수 있다.

에서의 요소를 경계하라

에서와 야곱은 이삭의 쌍둥이 아들로 에서가 형, 야곱이 동생이다. 야곱은 단 몇 초 사이에 에서가 장남이 된 게 늘 불만이었다. 하나님의 약속은 장자를 통해 이루어지기 때문이었다.

하루는 에서가 허기진 채로 들에서 돌아와 야곱이 팥죽을 쑨 것을 보았다. 그가 팥죽을 달라고 하자, 야곱이 "형의 장자의 명분을 오늘 내게 팔라"라고 했다. 이에 에서는 "내가 죽게 되었으니 이 장자의 명분이 내게 무엇이 유익하리오"라며 맹세하고는 팥죽 한 그릇을 위해 장자의 명분을 팔았다(창 25:29-34).

에서는 자신의 결정이 장차 엄청난 결과를 가져올 줄 몰랐다. 그는 장자의 명분을 가볍게 여겼다. 성경은 그의 행동을 엄중히 평가한다.

혹 한 그릇 음식을 위하여 장자의 명분을 판 에서와 같이 **망령된 자**가 없도록 살피라. 너희가 아는 바와 같이 그가 그 후에 축복을 이어받으려고 눈물을 흘리며 구하되 버린 바가 되어 회개할 기회를 얻지 못하였느니라. 히 12:16,17

에서를 "망령된 자"라고 말씀한다. "망령된"이란 '거룩하지 못한, 세속적인'이라는 뜻이다. 눈앞의 유익을 취하기 위해 하늘의 복을 무시하고 무가치하게 여기는 것을 말한다.

에서는 팥죽 한 그릇을 위해 하나님의 은혜의 선물을 가볍게 여겼다. 보이는 것에 가치를 두고, 보이지 않는 것에 가치를 두려 하지 않았다. 육신적인 것을 영적인 것보다 더 중요하게 여기는 것, 이 세상의 영화를 위해 하늘의 영화를 가볍게 여기는 것이 에서의 요소다.

많은 재물보다 명예를 택할 것이요, 은이나 금보다 은총을 더욱 택할 것이니라. 잠 22:1

돈을 따라 살지 말아야 한다. 파우스트는 이 세상의 쾌락, 부요함, 풍요로움을 위해 영혼을 팔았다. 대개 삶이 윤택해지면 영원을 사모하는 마음이 줄어든다. 생활이 핍절할 때는 기도 소리가 크지만, 생활이 안정되면 기도 소리가 작아진다.

이를 경계하는 방법은 생활비 지출을 극히 제한하는 것이다. 절약하는 검소한 삶을 살고, 나머지는 하나님나라를 위해 드리는 것이다.

하나님나라 프로젝트, 하나님나라의 일꾼들에게 재정을 흘려보내는 것이다. 이것이 "보물을 땅에 쌓아두지 말라 … 하늘에 쌓아두라"(마 6:19,20)라는 말씀을 실천하는 길이다.

아브라함, 이삭, 야곱은 영원을 바라볼 줄 알았다. 그들은 이 땅에서 장막 생활을 했다. 하나님이 계획하시고 지으실 터가 있는 성을 바랐기 때문이다. 장막 생활을 한다는 건 단순한 삶을 사는 것이다. 돈이 있다고 사재기하는 것이 아니라 꼭 필요한 데만 지출하는 것이다.

하나님의 명령과 약속이 내 삶에서 성취되려면 멀리 바라보는 법을 훈련하며 영원을 사모해야 한다. 롯, 이스마엘, 에서의 요소를 경계해야 한다. 경계하지 않으면 우리 삶에 쉽게 들어와 자리를 잡는다. 이는 세상 가치관의 대표적인 시각이기 때문이다.

> 도둑이 오는 것은 도둑질하고, 죽이고 멸망시키려는 것뿐이요, 내가 온 것은 양으로 생명을 얻게 하고 더 풍성히 얻게 하려는 것이라. 요 10:10

롯, 이스마엘, 에서의 요소는 길목에 숨어서 우리를 노리고 있다. 틈이 생기면 바로 접근해 온다. 이들의 목표는 하나다. 내 믿음을 도둑질하고, 내 열정을 꺼뜨려, 하나님의 놀라운 약속이 나를 통해 성취되지 못하게 하는 것! 그뿐이다.

그러니 깨어 근신하라!

위기와 극복 :
더 높은 차원의 지도력을 발휘하라

CHAPTER 29

영적 지도력

미쁘다 이 말이여, 곧 '사람이 감독의 직분을 얻으려 함은 선한 일을 사모하는 것이라' 함이로다. 딤전 3:1

'사모하다'는 '간절히 원하다, 갈망하다'라는 뜻이다. 감독의 직분을 얻으려 애쓰는 건 좋은 일이다. 리더로 서기를 사모하는 건 성경적이다. 왜냐하면 리더는 위치나 직함이 아니라 영향력이기 때문이다. 이를 '거룩한 야망'(Holy Ambition)이라 한다. 반대로 자기를 높이고, 자기 이름을 드러내기 위해 애쓰는 건 '세상적 야망'이다.

하나님이 성경 전체를 통해 주신 명령, "세상을 다스리라. 경작하라. 복의 근원이 되라. 사회 각 영역을 제자 삼으라"에 순종하기를 사모하는 건 귀하다. 하나님이 영광 받으시도록 애쓰는 건 아름답다. 이를 위해 필요하다면 직분도 가질 수 있다.

이 책에서 끊임없이 말하는 직분이란 영적 영역에 제한되지 않는다. 다윗, 다니엘, 요셉의 높은 정치적 위치도 직분이다. 고지를 선점하면 더 큰 영향력을 줄 수 있다.

예수님은 "아버지께서 내게 하라고 주신 일을 내가 이루어 아버지를 이 세상에서 영화롭게 하였사오니"(요 17:4)라고 하시며 결산서를 제출하셨다. 우리도 동일한 결산서를 제출해야 한다.

리더의 덕목 세 가지

어떤 영역이든 그곳에서 기독교 문명개혁 운동을 주도하려면, 다음 세 가지 요소를 갖추어야 한다.

❶ 권위가 있어야 한다

권위는 취하는 것이 아니라 주어지는 것이다. 그러므로 권위 의식을 내려놓아야 한다. 권위는 하나님이 주신다. 또한 함께 일하는 사람들이 인정할 때, 진정한 권위자가 된다.

다윗은 하나님께서 차기 왕으로 기름을 부으셨지만, 함께 일하는 사람들이 인정할 때 비로소 왕으로 세워졌다. 권위는 말로써 갖는 게 아니라 삶으로 본을 보일 때 주어진다.

❷ 영성이 있어야 한다

'영성'이란 하나님의 때와 시기를 알고 행할 줄 아는 영적인 감각이다.

잇사갈 자손 중에서 **시세를 알고** 이스라엘이 마땅히 행할 것을 아는 우두머리가 이백 명이니 그들은 그 모든 형제를 통솔하는 자이며 대상 12:32

'시세를 안다'는 건 하나님이 지금 무슨 일을 하고 계시는지, 앞으로 어떤 일을 하고자 하시는지를 아는 것이다. 다시 말해, 영성이란 보이지 않는 하나님의 손을 보는 것이다. 자기의 힘과 능력으로 행하지 않고 성령의 능력으로 주어진 일을 감당하는 것, 자기 생각과 뜻을 따르지 않고 성령의 인도하심을 받으며 결정하고 행하는 것이다. 이는 하나님과의 지속적인 교제가 있을 때 주어진다. 하나님의 말씀인 성경을 부지런히 상고해야 한다.

❸ 희생할 줄 알아야 한다

리더는 희생한다. 희생을 두려워하지 않는다. 남을 희생시키고 그 대가로 각종 혜택을 누리며 사는 건 진정한 리더가 아니다.

예수님은 이 땅에서 희생적인 삶을 사셨다. "인자가 온 것은 섬김을 받으려 함이 아니라 도리어 섬기려 하고 자기 목숨을 많은 사람의 대속물로 주려 함이니라"(마 20:28)라고 하셨다.

희생은 억지로, 마지못해서 하는 것이 아니다. 자원하여 기쁨으로 한다. 또한 희생은 주어진 사역을 대하는 태도를 통해 나타난다. 특히 힘든 일이 발생할 때 보이는 반응을 통해 누가 리더인지 알 수 있다.

리더가 주의할 점 네 가지

❶ 경건 생활의 불균형

분주함, 서바이벌 기도, '급하고 중요한 일'에 집중하는 것 등이 불균형의 증상이다. 이는 사역의 분주함으로 하나님 앞에 나아가 머무르는 시간이 부족할 때 일어난다. 그럴수록 하나님 앞에 정기적으로 나아가 머무르는 삶을 살아야 한다. 셀프 리더십이 필요하다. 예수님이 친히 롤모델이 되어주셨다.

> 새벽 아직도 밝기 전에 예수께서 일어나 나가 한적한 곳으로 가사 거기서 기도하시더니 막 1:35

> 예수의 소문이 더욱 퍼지매 수많은 무리가 말씀도 듣고 자기 병도 고침을 받고자 하여 모여 오되, 예수는 물러가사 한적한 곳에서 기도하시니라 눅 5:15,16

위 말씀의 모든 동사는 일회적이지 않고, 반복적 습관으로 쓰였음을 기억하자.

❷ 교만

자신의 단점이나 실수를 지적받을 때 받아들이지 않는 것이 교만의 증상이다. 이런 사람은 누군가의 조언이나 충고를 자신을 공격하는 것으로 받아들여 방어적인 자세를 취한다. 배우기보다 가르치려는 태도를 보이고, 독불장군이 된다. 자기를 드러내기 좋아하여 자신의 수고와 공적을 내세운다. 그러나 리더는 누구보다 겸손하고 경청할 줄 알아야 한다. 언제나 주님만 무대에서 조명을 받으셔야 한다.

> 교만은 패망의 선봉이요, 거만한 마음은 넘어짐의 앞잡이니라 잠 16:18

> 사람의 마음의 교만은 멸망의 선봉이요, 겸손은 존귀의 길잡이니라
> 잠 18:12

❸ 죽은 행실

창세기 16장의 아브람과 사래의 결정과 행동이 죽은 행실의 대표적 사례다. 이는 압박을 받거나 의논을 소홀히 할 때 범하기 쉽다. 사람의 말만 듣고 따르거나, 프로그램이나 상황에 따라 결정하고, 하나님의 뜻일 거라고 짐작하여 행하는 것들이 죽은 행실이다. 그러나 하나님의 음성에 늘 귀 기울이면 주께서 반드시 우리의 길을 지도하신다.

> 너는 마음을 다하여 여호와를 신뢰하고 네 명철을 의지하지 말라. 너는 범사에 그를 인정하라. 그리하면 네 길을 지도하시리라. 스스로 지혜롭게 여기지 말지어다. 여호와를 경외하며 악을 떠날지어다. 잠 3:5-7

자신의 명철을 의지하지 않는 것, 스스로 지혜롭게 여기지 않는 것,

범사에 주님을 인정하는 것이 해결책이다.

❹ 불신앙

자주 부정적으로 말하는 것이 불신앙의 증상이다. "힘들다"라는 말을 습관적으로 하고, 갈수록 열정이 식어가며, 하나님을 향한 기대감이 사라진다. 오히려 어려운 환경에 민감하여 약속의 말씀을 믿기보다 환경과 이성적 판단을 더 신뢰한다.

열왕기하 7장에 불신앙의 표본이 등장한다. 당시 오랜 가뭄으로 경제가 피폐할 대로 피폐했을 때 엘리사가 '24시간 안에 모든 경제가 정상적으로 회복되리라' 하신 하나님의 말씀을 전했다. 그러자 왕이 가장 신임하던 한 장관이 "여호와께서 하늘에 창을 내신들 어찌 이런 일이 있으리요"라고 말했다. 그러자 엘리사가 "네가 네 눈으로 보리라. 그러나 그것을 먹지는 못하리라"라고 대답했다(왕하 7:2).

상황만 보고 이성적인 판단에 의지해서 말하거나 행동해서는 안 된다. 오직 하나님의 말씀에 기반을 두어야 한다.

지도력의 위기 네 단계

주의 뜻을 따라 살고자 하는 사람은 누구나 위기를 맞는다. 위기를 잘 극복하면 하나님은 더 많은 권위를 주신다. 사역이 확장되고 열매가 맺힌다. 위기(危機)라는 말 그대로 '어려움'이 '기회'가 된다. 그러나 위기를 극복하지 못하면, 평생 그 상황에 머물며 턱걸이하게 된다. '만년 과장'이라는 말이 적합할 듯하다.

위기를 극복하면 더 높은 차원의 위기가 찾아온다. 이처럼 더 많은 권위가 주어지고, 하나님의 나라와 그분의 사역이 확장되는 데는 언제나 대가가 따른다.

위기가 올 때마다 적어도 절반 이상이 탈락한다. 위기는 크게 네 단계로 오는데, 처음에 100명이 출발하여 첫 위기 후에 50명이 남는다. 두 번째 위기를 지나면 25명이 남는다. 세 번째 위기에서 12,13명이 남는다. 마지막 위기를 지나면, 많게는 5,6명, 일반적으로는 2,3명이 남는다.

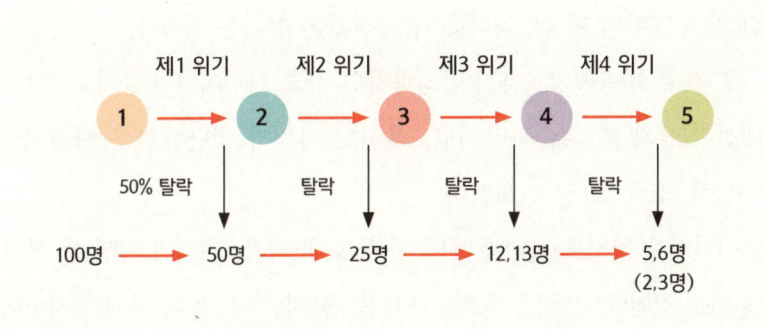

제1 위기 : 이상과 현실의 괴리

사역에 헌신한 청년이 불타는 사명감으로 열정적으로 사역을 시작한다. 그런데 얼마 지나지 않아 현실과 이상의 괴리가 너무 큰 것을 본다. 부르심과 사명을 이루고자 최고의 사역지라 믿고 부푼 꿈을 꾸며 시작했는데, 현실 앞에 그 꿈이 와장창 깨진다.

직장이든 교회든 어디든 예외 없이, 내가 기대했던 리더와 구성원의 모습이 아니다. 걸핏하면 화내는 상사, 권위주의적인 리더, 냉랭하고 이기적인 동료들. 사역지의 상황과 분위기도 여러모로 부족하다. 제대로 갖추어진 게 없다. 엉망처럼 보이기도 한다. 겉으로 보았을 때와는 너무 다르다.

이것이 첫 번째 위기다. 이런 상황은 누구에게나 온다. 이럴 때 잘못된 반응이 나온다. 리더를 비판하고, 동료들을 판단한다. 환경을 불평하고 원망을 품는다. 부정적으로 말한다. 그중 많은 경우, 낙심하고 실망하여 '여기도 똑같구나' 하면서 일을 그만둔다(대체로 1년 안에 사역지를 옮긴다). 그리고 더 이상적인 사역지를 찾아 나선다. 그러나 한 가지 알아야 할 건, 어디를 가도 상황은 같다는 점이다.

또 다른 반응으로, 자기 합리화하면서 그 사역지에 머물기도 한다. 대신 이상과 열정은 사라지고, 자신도 자기가 비난했던 사람들처럼 수동적, 소극적으로 변해간다.

이처럼 부정적으로 반응하면 아주 오랜 시간, 어쩌면 평생 이 상황에 머물 것이다. 세월은 흐르고 나이는 들지만, 더 높은 차원의 지도력을 발휘하지 못한다. 적어도 절반 이상이 제1 위기 때 제대로 반응하지 못해 탈락한다.

그러면 이런 상황에서 올바른 반응은 무엇일까? 바로 '위탁'과 '헌신'이다. 이렇게 기도하는 것이다.

"주님, 저를 사용하셔서 이 상황을 개선하게 하소서."

이때야말로 "다스리라, 경작하라, 복의 근원이 되라"라는 주님의 명령에 순종할 때다. Nations-Changer의 삶을 실천할 때다. 잘못된 제도와 분위기를 개선하기 위해 자신을 드리는 것이다. 예수님은 주기도문에서 "아버지의 나라가 **나를 통하여** 임하소서, 아버지의 뜻이 **나를 통하여** 이루어지소서"라고 가르치셨다.

그러려면 우선 누군가를 원망, 판단, 비판하지 말아야 한다. 대신 성 프란시스처럼 "주여, 나를 평화의 도구로 써주소서"라고 기도한다. 영향력을 주는 삶, 경작하는 삶을 살기로 선택한다. 그리고 성령의 도우심을 간절히 구하며 지혜롭고 성실하게 변화를 추구한다.

그러면 주변으로부터 인정을 받고, 성과가 있을 것이다. 그러고는 어느 한 사역을 담당하는 리더가 될 것이다.

제2 위기 : 가치관의 대립

리더로서 하나님나라 확장을 위해 수고할 때 부딪히는 두 번째 위기다. 결정을 내릴 때, 가치관의 차이를 맞닥뜨린다. 자신이 알던 성경적 가치관과 원칙이 무시되고, 옳지 못한 기준이 적용되며, 비성경적인 원칙들로 일이 진행되는 부조리, 불합리한 구조를 발견한다. 이런 상황에서 많은 사람이 부정적인 반응을 보인다. 세상적 가치관과 세계관을 비판하며, 이를 방치하는 리더를 비판한다(반대로 자기 합리화하며 수용하는 사람도 있다).

아니면, 실망하고 낙심해서 올바른 원칙과 가치 위에 세워진 다른 사역지를 찾는다. 그러나 그런 곳을 찾기가 쉽지 않다. 사역지를 이동해도 비슷한 상황에 또 부딪힌다. 거기서도 다른 사람이나 조직을 비판한다. 이렇게 제2 위기 때 또다시 절반이 탈락한다.

이때도 '위탁'과 '헌신'이 해결책이다. 주님께 기도한다.

"주님, 저를 사용하셔서 이 상황을 개선하게 하소서."

무엇보다 오직 **성경(The Book)**에 근거한 올바른 가치관을 부지런히 살펴서 그것을 가치 기준으로 삼는다. 성경적 지도력의 원리가 작동하도록 연구한다. 여기서 발휘해야 할 지도력은 '성경적 가치관을 하나님 말씀의 기반 위에 재구성'하는 데 온 힘을 쏟는 것이다.

이런 리더가 사역하면, 사역이 점차 성경적 기준 위에 견고하게 세워진다. 그런 사람에게는 더 큰 책임이 주어진다. 중간 리더로 성장한다.

제3 위기 : 자기 의 – 교만

중간 리더로서 어느 정도 실력을 인정받고 업적이 쌓여 점점 주요한 리더로 자리매김할 때도 위기가 찾아온다. 바로 '교만'이다. 그 증상은 여러 가지다.

먼저는 "내가 이러이러한 일을 해결했다"라고 자주 말한다. 혹은 다른 사람들이 나에게 그런 말을 할 때 어깨가 올라간다. 자기가 한 일을 마음속으로 세어본다. '이전에는 엉망이었던 것을 내가 해결했다'라는 생각을 자주 한다. 내 힘으로, 내 실력이 좋아서, 내 능력으로 해냈다고 여기며 자기 의를 드러낸다. 물론 주변에서는 더욱 칭찬한다. 그래서 '내가 없으면 안 된다'라는 생각을 쉽게 한다. 자기도 모르는 사이에 목이 뻣뻣해진다. '자기 의'가 가득 찬다. 이전 같은 순수함과 소박함은 찾기 어렵다.

교만이 틈타면 지도력에 한계가 온다. 더 높은 수준의 지도력을 발휘하지 못하고, 결국 이 수준에 머물게 된다. 제3 위기에서 또다시 절반 이상이 탈락한다.

그렇다면 이런 위기가 찾아올 때 가져야 할 올바른 반응은 무엇일까? 당연히 '겸손'이다. 내 힘과 능력을 내세우지 않고 하나님의 의, 오직 하나님의 공로만 내세우는 것, 모든 것이 은혜인 줄 아는 태도다.

그러나 네가 마음에 이르기를, '내 능력과 내 손의 힘으로 내가 이 재물을 얻었다' 말할 것이라. 네 하나님 여호와를 기억하라. 그가 네게 재물얻을 능력을 주셨음이라. 이같이 하심은 네 조상들에게 맹세하신 언약을 오늘과 같이 이루려 하심이니라. 신 8:17,18

내 능력과 수고로 재물을 얻었다고 교만하게 말하지 말자. 하나님이 재물 얻을 능력을 주셨기에 가능했음을 알아야 한다.

다니엘이 느부갓네살 왕의 꿈을 해석하고자 했을 때, 왕이 물었다.

"내가 꾼 꿈과 그 해석을 네가 능히 내게 알게 하겠느냐"(단 2:26).

다니엘이 대답했다.

"왕이 물으신 바 은밀한 것은 지혜자나 술객이나 박수나 점쟁이가 능히 왕께 보일 수 없으되, 오직 은밀한 것을 나타내실 이는 하늘에 계신 하나님이시라"(단 2:27,28).

요셉이 애굽의 바로의 꿈을 해몽하러 갔을 때도, 바로가 말했다.

"내가 한 꿈을 꾸었으나 그것을 해석하는 자가 없더니, 들은즉 너는 꿈을 들으면 능히 푼다 하더라"(창 41:15).

이에 요셉은 이렇게 답했다.

"내가 아니라 하나님께서 바로에게 편안한 대답을 하시리이다"(창 41:16).

다니엘과 요셉은 겸손했다. 겸손은 자기 분수를 아는 것, 자기 자리에 머무는 것이다. 겸손한 리더에게는 더 큰 지도력과 책임을 감당할 기회가 주어진다. 최고경영자의 자리까지도 말이다.

제4 위기 : 자기 왕국

최고경영자가 되는 건 그리 쉽지 않다. 많아야 5퍼센트 미만이다. 하지만 이렇게 성공한 지도자에게도 위기가 찾아온다.

최고경영자의 위치에 이르면 탁월한 능력의 지도자로 자타가 인정한다. 그의 명성이 널리 퍼진다. 사방에서 강의 요청이 쇄도한다. 그의 지도력을 본받고 싶은 많은 다른 지도자의 존경을 받는다. 사역 역시 매우 확장된다. 엄청난 배가가 일어난다. '회장님'이라는 칭호를 받기도 한다. 주변은 그를 섬기고 수종 드는 사람들로 넘쳐나며, 비서실에는 팀이 구성된다. 모든 것이 그의 말 한마디로 움직이므로 어느 것 하나 직접 할 필요가 없다. 이때 '자기 왕국, 자기 명성'이라는 위기가 찾아온다. 자기도 모르는 사이에 '나'라는 왕국이 형성되는 것이다.

시설이 최고로 좋은 어느 회원제 골프장에서 일어난 일이다. 하루는 프런트에서 한 사람이 고성을 지르고 있었다. 직원들은 그의 앞에서 절절맸다. 무슨 일인가 하니, 그가 즐겨 사용하는 1번 사물함에 자신의 짐을 넣으려 하는데 이미 다른 사람의 짐이 들어가 있다는 거였다.

그는 기분이 나빠서 직원들에게 큰소리로 호통을 치고 있었다. 하지만 사물함은 지정해서 쓸 수 없었다. 이 일화만 봐도, 그 사람이 자신의 일터에서 어떤 지도력을 발휘하는지 알 수 있다. 그는 어느 순간부터 자기 왕국을 구축하여 스스로 왕이 되어 있었을 것이다.

제4 위기에서 많은 최고경영자가 지도력의 한계를 드러낸다. 그다음 단계로 넘어가질 못한다. 극히 소수의 사람만이 최후의 길에 들어서, 하나님이 주시는 의의 면류관, 영광의 면류관을 차지한다.

그러면 이때 가져야 할 올바른 반응은 무엇일까? 역시 '겸손'이다. 내가 아니다. 오직 예수 그리스도만 왕이시다. '나의 왕국'이 아니고 '그의 왕국'이다. 왕은 오직 하나님 한 분이심을 잊지 말아야 한다. 물론 지위가 높아짐에 따라 삶이 윤택해지고 많은 혜택을 누릴 수 있지만, 마음만은 언제나 겸손해야 한다.

왕이신 예수님을 섬기는 종의 자리가 내 자리임을 아는 것이 은혜다. 모든 영광을 주님께 올려드리고, 종의 자리가 내 자리임을 잊지 말아야 한다. 직원들이 섬겨주는 것을 당연하게 여기지 말고, 언제나 고마움을 표현해야 한다. 다윗은 이 위기를 통과한 사람이다.

여호와여, 위대하심과 권능과 영광과 승리와 위엄이 다 주께 속하였사오니, 천지에 있는 것이 다 주의 것이로소이다. 여호와여, 주권도 주께 속하였사오니 주는 높으사 만물의 머리이심이니이다. 부와 귀가 주께로 말미암고 또 주는 만물의 주재가 되사 손에 권세와 능력이 있사오니 모든 사람을 크게 하심과 강하게 하심이 주의 손에 있나이다. 우리 하

나님이여, 이제 우리가 주께 감사하오며 주의 영화로운 이름을 찬양하나이다. 대상 29:11-13

사도 바울도 이 위기를 통과했다.

나는 선한 싸움을 싸우고 나의 달려갈 길을 마치고 믿음을 지켰으니, 이제 후로는 나를 위하여 의의 면류관이 예비되었으므로 주 곧 의로우신 재판장이 그날에 내게 주실 것이며, 내게만 아니라 주의 나타나심을 사모하는 모든 자에게도니라 딤후 4:7,8

우리는 위기의 때마다 하나님의 은혜가 절실한 존재다.
위탁과 헌신을 마음에 새기자. 하나님 말씀의 기준을 확실히 붙들자. 겸손 또 겸손하자.

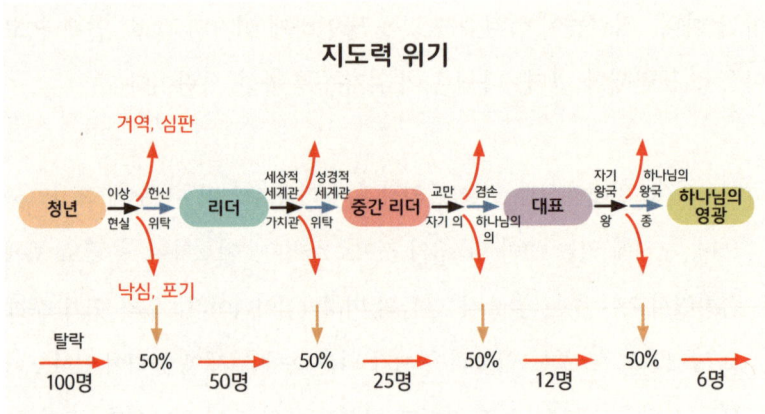

지도자의 신임장

CHAPTER
30

하나님의 신임장

예수 그리스도는 자신을 증명하는 것이 어떤 것인지를 말씀하신다.

> 내가 만일 나를 위하여 증언하면 내 증언은 참되지 아니하되, 나를 위하여 증언하시는 이가 따로 있으니 나를 위하여 증언하시는 그 증언이 참인 줄 아노라. 요 5:31,32

자기가 하나님이 세운 지도자임을 스스로 말하는 사람은 없다. 그래서 모두가 인정하는 사람이나 단체의 추천서를 받는다. 그러나 주님은 사람에게서 증언을 받지 않으셨다.

> 너희가 요한에게 사람을 보내매 요한이 진리에 대하여 증언하였느니라. 그러나 나는 사람에게서 증언을 취하지 아니하노라. 요 5:33,34

세례 요한은 예수님이 하나님의 아들이심을 증언했다. 당시 그는 대중으로부터 절대적 지지와 존경을 받고 있었다. 그러니 그가 예수님을 그리스도로 증언하면 그보다 확실하고 영광스러운 게 없었다. 그러나 예수님은 사람으로부터 증언을 받지 않으셨다.

내게는 요한의 증거보다 **더 큰 증거**가 있으니 아버지께서 내게 주사 이루게 하시는 역사 곧 내가 하는 그 역사가 아버지께서 나를 보내신 것을 나를 위하여 증언하는 것이요 요 5:36

예수님은 세례 요한의 증거보다 **더 큰 증거**가 주님을 증거한다고 하셨다. 예수님이 행하신 역사가 예수님을 증언한다. 요한복음에는 예수님이 행하신 놀라운 일들을 '기적'이라 하지 않고 '표적'이라 했다. 표적이란 마치 은행 직원에게 내가 예금한 돈을 인출해 달라고 요청할 때, 내 신분증을 제시하여 내가 입금자임을 증명하는 것과 같다. 가령, 요한복음 2장의 가나의 혼인 잔치에서 예수님이 물로 포도주를 만드신 사건을 '첫 표적'이라고 한다. 그 일이 예수 그리스도가 누구신지를 증언하기 때문이다.

마가복음은 "제자들이 나가 두루 전파할새 주께서 함께 역사하사 그 따르는 표적으로 말씀을 확실히 증언하시니라"(막 16:20)라는 놀라운 말씀으로 끝맺는다. 제자들이 사역할 때마다 주 예수께서, 그들이 주께서 보내신 자들이며 주께서 명하신 일을 한다는 것을 친히 증언하셨다. 바로 "따르는 표적"으로 말이다.

사도 바울은 "우리 복음이 너희에게 말로만 이른 것이 아니라 또한 능력과 성령과 큰 확신으로 된 것임이라"(살전 1:5)라고 담대히 말했다. 그는 그의 사역에 하나님이 증언하여 주실 것을 언제나 기대했다.

그리스도께서 이방인들을 순종하게 하기 위하여 나를 통하여 역사하신 것 외에는 내가 감히 말하지 아니하노라. 그 일은 말과 행위로 **표적과 기사와 능력으로 성령의 능력**으로 이루어졌으며 롬 15:18,19

바울은 주의 명령에 순종하여 복음을 전했다. 하나님은 그의 사역에 표적과 기사와 능력, 즉 성령의 능력으로 증언하셨다. 이것이 우리 주 예수님이 말씀하신 "더 큰 증거"다.

우리가 하는 일이 주께서 명하신 일인 줄 확신한다면, 하나님이 우리 일에 증언하여 주시기를, 능력과 표적과 성령의 기름부으심이 나타나기를 기대해야 한다. 그게 정상이다. 이것이 곧 하나님이 신임장을 발부하신 증거다.

신임장 - 아론의 싹 난 지팡이 : 기름부음, 능력

이스라엘 백성이 모세와 아론을 거역하며 비방했다.

"너희만 지도자냐? 너희 스스로 권위를 취하고 행하느냐? 우리도 지도자가 될 수 있다!"

백성들의 말에 모세는 변명하거나 설명하지 않았다. 그는 하나님 앞에 엎드렸다. 그리고 하나님께서 직접 모세와 아론을 세우셨음을 증언하시기를 기다렸다.

여호와께서 모세에게 말씀하여 이르시되, '너는 이스라엘 자손에게 말하여 그들 중에서 각 조상의 가문을 따라 지팡이 하나씩을 취하되 곧 그들의 조상의 가문대로 그 모든 지휘관에게서 지팡이 열둘을 취하고 그 사람들의 이름을 각각 그 지팡이에 쓰되, 레위의 지팡이에는 아론의 이름을 쓰라.' 민 17:1-3

하나님께서 모세에게 말씀하셨다. 열두 지파 지휘관의 지팡이를 1개씩 취해 그 위에 그들의 이름을 각각 쓰라고 하셨다. 레위 지파는 아론의 이름을 쓰라고 하셨다. 그리고 열두 지팡이를 회막 안 증거궤 앞에 두라고 하셨다.

내가 택한 자의 지팡이에는 싹이 나리니, 이것으로 이스라엘 자손이 너희에게 대하여 원망하는 말을 내 앞에서 그치게 하리라 민 17:5

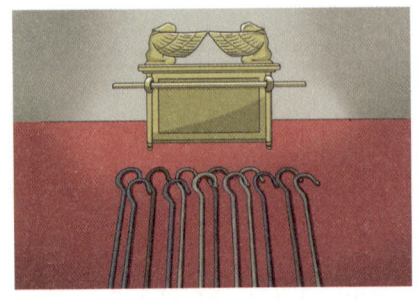

끝으로 하나님이 택하신 자의 지팡이에 싹이 나게 하여 증언하겠다고 하셨다.

어떤 일이 일어났을까?

이튿날 모세가 증거의 장막에 들어가 본즉 레위 집을 위하여 낸 아론의 지팡이에 움이 돋고 순이 나고 꽃이 피어서 살구 열매가 열렸더라. 민 17:8

모세가 그 장면을 보고 얼마나 놀랐을까! 오직 아론의 지팡이에만 놀라운 일이 일어났다. 움이 돋고 순이 나고 꽃이 피어 살구 열매가 열렸다.

모세는 그 열두 지팡이를 이스라엘 자손에게로 가져가 각 지팡이 주인이 자기 것을 집게 했다. 아론의 지팡이를 포함해 모든 지팡이는 그저 죽은 나무일 뿐이었다. 그런데 아론의 지팡이에만 꽃이 피고 열매가 맺혔다.

하나님께서는 그분이 아론을 세우셨음을 증언하셨다. 더 이상 아무도 이 일로 논쟁하지 않았다. 아론의 죽은 지팡이에 싹이 나고, 꽃이 피고, 열매를 맺게 하신 분은 하나님이셨다. 말라죽은 지팡이에 놀라운 생명이 나타났다.

하나님이 하셨습니다!

자기 지팡이를 집어 든 아론의 마음이 어땠을까? 백성 앞에서 더 교만해지거나 우쭐댔을까? 아니다. 그의 마음은 더욱 겸손해졌다. 자기 능력이나 힘으로 된 일이 하나도 없었기 때문이다.

이후 아론은 자신에게 주어진 권위를 더욱 조심스럽게 사용했을 것이다. 오직 하나님의 뜻을 따라 더욱 겸손과 순종으로 사역을 감당했을 것이다. 무엇보다 지팡이를 들고 하나님 앞에 무릎 꿇으며 이렇게 고백했을 것이다.

"하나님이 하셨습니다. 제가 할 수 있는 건 아무것도 없습니다. 오직 순종할 뿐입니다. 저는 아무것도 아닙니다. 저는 무력합니다. 이 지팡이처럼 죽어 메마른 존재일 뿐입니다. 자랑할 것도 내세울 것도 없습니다. 제 노력이나 능력, 경험과 지식, 학력은 내세울 게 못 됩니다. 오직 하나님의 능력으로 되었습니다. 주의 영광만 드러낼 뿐입니다."

하나님이 우리를 구원하사 거룩하신 소명으로 부르심은 우리의 행위대로 하심이 아니요, 오직 자기의 뜻과 영원 전부터 그리스도 예수 안에서 우리에게 주신 은혜대로 하심이라. 딤후 1:9

하나님이 맡기신 일을 하는 사역자들은 순종과 겸손, 그리고 담대함이 필요하다.

하나님도 표적들과 기사들과 여러 가지 능력과 및 자기의 뜻을 따라 성령이 나누어 주신 것으로써 그들과 함께 증언하셨느니라. 히 2:4

맡겨주신 여러 사역을 감당할 때나 말씀을 증거할 때 하나님이 함께 증언해 주시기를 구해야 한다. 하나님에게서 오는 표적과 기사, 능력과 성령의 역사가 따라오기를 기대해야 한다.

주께서 명하신 일을 한다는 확신이 있다면, 하나님이 함께 증언해 주실 걸 기대하자. "시대가 시대인 만큼 어렵다"라는 평계를 대지 말자. 예수 그리스도는 어제나 오늘이나 영원토록 동일하심을(히 13:8) 믿자. 사도행전에 나타난 일들이 오늘날 우리의 사역에 나타나길 구하자. 그것이 하나님이 영광을 받으시는 길이다.

교만은 절대 금물이다. 겸손으로 시작했다가 교만으로 마치지 않도록 조심해야 한다. 아무것도 없는 가운데서 사역을 시작할 때도 겸손, 하나님이 역사하셔서 표적과 능력이 나타나는 때에도 겸손, 늘 겸손하기를 힘쓰자. 겸손히 시작했다가 교만하여 사역을 비참하게 끝맺는 사례를 경계의 거울로 삼아야 한다(고전 10:11,12).

사도 바울의 고백이 우리의 고백이 되기를 소망한다.

그러나 내가 나 된 것은 하나님의 은혜로 된 것이니, 내게 주신 그의 은혜가 헛되지 아니하여 내가 모든 사도보다 더 많이 수고하였으나 내가 한 것이 아니요 오직 나와 함께하신 하나님의 은혜로라. 고전 15:10

신임장 - 계시 : 맡은 사역의 방향, 때와 시기를 알게 하심

하나님은 아론의 지팡이에 싹이 나고, 꽃이 피고, 열매 맺게 하심으로, 그가 하나님이 세우신 사역자임을 증명하셨다. 모세에 대해서도 마찬가지였다. 아론에게 신임장을 발부하셨듯 모세에게도 신임장을 발부하셨다. 하나님이 친히 그의 종 모세를 소개하셨다.

> 이르시되, '내 말을 들으라. 너희 중에 선지자가 있으면 나 여호와가 환상으로 나를 그에게 알리기도 하고 꿈으로 그와 말하기도 하거니와, 내 종 모세와는 그렇지 아니하니 그는 내 온 집에 충성함이라. 그와는 내가 대면하여 명백히 말하고 은밀한 말로 하지 아니하며 그는 또 여호와의 형상을 보거늘, 너희가 어찌하여 내 종 모세 비방하기를 두려워하지 아니하느냐?' 민 12:6-8

민수기 12장에서 아론과 미리암이 모세의 지도력에 대해 비방하자, 하나님은 모세의 지도력에 대해 아론과 미리암에게 설명하셨다. 하나님은 모세와 다른 선지자들과의 차이점을 설명하셨다. 다른 선지자들에게는 환상으로 말씀하시고, 꿈으로 그의 뜻을 알리셨다. 그러나 모세와는 대면하여 명백하게 말씀하셨다. 이것이 하나님이 세우신 권위자에 대한 신임장이다.

하나님은 그의 사명을 맡기시고, 그 사명을 성취할 수 있도록 그의 뜻을 보여주신다. 하나님이 세우신 지도자는 맡은 사역에 대해 분명한 방향을 알게 된다. 하나님이 명백하게 보여주시기 때문이다. 맡은 사역이 크든 작든 그 일에 대한 비전과 사명을 주시고, 목적과 방향, 그리고 이를 성취할 전략, 때와 시기를 알게 하신다.

이것이 하나님이 그의 사역자에게 주시는 신임장이다. 사역을 맡은 리더가 자기에게 주어진 사역의 비전과 방향을 알고, 필요한 이해력과 판단력으로 사역을 넉넉히 수행하게 하신다. 이것이 하나님이 세우셨음을 증명하시는 방법이다.

리더는 자기 자신의 능력이나 지식과 방법을 의지하지 않는다. 하나님께서 그 길을 알려주시기를 구해야 한다. 리더가 하나님 앞에 나아가 머무는 삶을 살아야 하는 이유가 여기에 있다.

모세가 그랬다.

> 내가 참으로 주의 목전에 은총을 입었사오면 원하건대 주의 길을 내게 보이사 내게 주를 알리시고 나로 주의 목전에 은총을 입게 하시며 이 족속을 주의 백성으로 여기소서 출 33:13

모세의 기도는 다음과 같다.

"주님, 제게 이 사역을 맡기셨으니 주의 길을 보여주소서. 제게 맡기신 사역의 비전과 방향, 목적, 그리고 전략을 보여주소서. 때와 시기를 알게 하소서. 그래서 이 사역을 충분히 감당할 수 있게 하소서. 저와 함께 사역하는 사람들이 이를 보고 하나님이 제게 이를 맡기신 줄 알게 하소서. 주님, 제게 계시의 신임장을 발부해 주소서!"

모세의 이 기도가 사역을 책임 맡은 모든 리더의 기도다.

> 주 여호와께서는 자기의 비밀을 그 종 선지자들에게 보이지 아니하시고는 결코 행하심이 없으시리라 암 3:7

하나님은 언제나 그의 앞에 머무는 그의 종에게 먼저 그의 비밀을 알려주신다. 그래서 우리는 주어진 직무를 감당할 하나님의 원칙과 방법, 하나님의 뜻을 알려주시기를 기도해야 한다. 하나님이 반드시 응답하신다.

그리고 모세가 또 기도했다.

모세가 이르되 원하건대 주의 영광을 내게 보이소서 **출 33:18**

모세의 기도는 한마디로 '하나님을 더 알기를 원한다'라는 것이다. 리더는 자칫 사역에만 몰두할 수 있다. 그러나 하나님과의 친밀감을 유지하는 것이 가장 중요하다.

사역을 책임 맡은 리더는 반드시 하나님 앞에 나아가 그 앞에 머무는 시간을 습관적으로 가져야 한다. 하나님과의 친밀감, 이것이 또 다른 신임장이다. 리더는 무엇보다 하나님과의 친밀감을 가장 중요하게 여겨야 한다.

리더에게 주시는 하나님의 신임장, 즉 계시는 하나님과의 친밀감과 밀접한 연관이 있다. 모세가 그랬다.

사람이 자기의 친구와 이야기함같이 여호와께서는 모세와 대면하여 말씀하시며 모세는 진으로 돌아오나 눈의 아들 젊은 수종자 여호수아는 회막을 떠나지 아니하니라 **출 33:11**

하나님은 친구와 이야기함같이 모세와 대면하여 말씀하셨다.

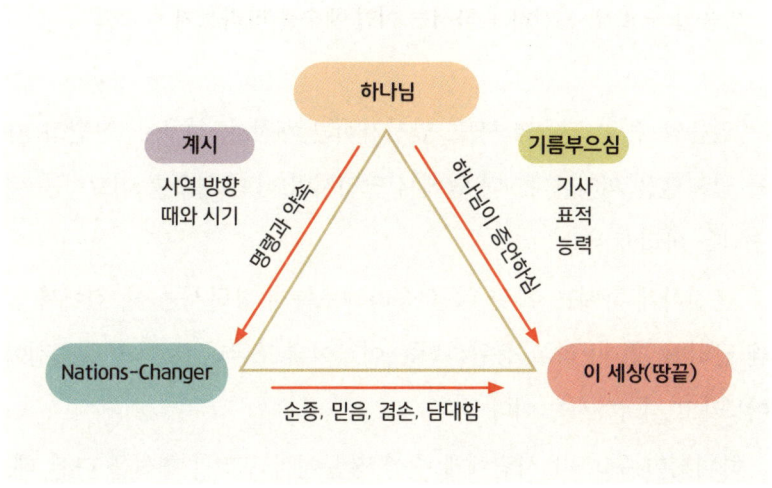

허다한 증인들을 바라보라

이러므로 우리에게 구름같이 둘러싼 허다한 증인들이 있으니 히 12:1a

믿음의 명예전당에 이름을 올린 믿음의 선배들의 생애를 묵상하라. 그들의 믿음, 헌신과 희생, 인내, 고난과 최후 승리를 묵상하자.

그리고 우리의 경주를 응원하러 믿음의 경주장 관람석에 꽉 채워 앉아 있는, 구름같이 둘러싼 믿음의 선배들의 함성을 들으라.

"계속 뛰어라! 포기하지 말라! 일어나라!"

믿음의 주요 온전하게 하시는 예수를 바라보라

믿음의 주요 또 온전하게 하시는 이인 예수를 바라보자 히 12:2a

"믿음의 주"란 믿음의 사도, 앞서가시는 개척자, 선구자, 본받고 따를 롤모델을 의미한다. 내 앞에서 달리시며 나의 경주를 이끄시는 예수님을 바라보자.

"온전하게 하시는 이"란 나를 승리하도록 무장하시는 이, 곁에서 함께 달리며 "힘내!"라고 응원하시는 이, "이제 조금만 더 가면 결승점이야!"라고 격려하시는 이다.

하나님이 우리 각 사람에게 주신 땅끝에서 우리가 최선을 다할 때, 그분은 분명 우리에게 신임장을 발부하실 것이다. 아론의 싹 난 지팡이가 이를 증명한다.

우리를 통해 "물이 바다를 덮음같이 여호와의 영광을 인정하는 것이 세상에 가득함이니라"(합 2:14) 하신 하나님의 비전이 이루어질 것이다. 그러려면 하나님 앞에 갈급함, 간절함, 목마름을 갖는 것이 관건이다. 이는 주 앞에 머무는 삶에 의해 좌우된다. 하나님과의 친밀감 없이 하나님의 계시를 받을 수 없다. 하나님의 계시 없이 하나님의 사역을 감당할 수 없다.

리더는 맡은 사역이 크든 작든 사역의 방향을 알아야 한다. 하나님의 뜻이 무엇인지를 함께 일하는 동역자들에게 말해주어야 한다. 그러기 위해서 하나님 앞에 나아가 머무는 시간을 습관적으로 가져야 한다.

아론에게는 기름부으심과 능력으로, 모세에게는 계시와 친밀함으로 하나님이 신임장을 발부하셨듯이 오늘날에도 하나님은 그분의 사역자들에게 신임장을 발부하신다. 기름부으심과 계시와 친밀함이 하나님께서 사역자들에게 주시는 신임장이다.

왕의 지도력

초판 1쇄 발행	2024년 8월 9일
초판 3쇄 발행	2024년 8월 16일
지은이	홍성건
펴낸이	여진구
책임편집	김아진 정아혜
편집	이영주 박소영 최현수 안수경 김도연
책임디자인	이하은 ㅣ 마영애 노지현 조은혜
홍보 · 외서	진효지
마케팅	김상순 강성민
마케팅지원	최영배 정나영
제작	조영석 허병용
경영지원	김혜경 김경희

303비전성경암송학교 유니게 과정
이슬비전도학교 / 303비전성경암송학교 / 303비전꿈나무장학회

펴낸곳　　　　규장

주소　06770 서울시 서초구 매헌로 16길 20(양재2동) 규장선교센터
전화　02)578-0003 팩스 02)578-7332
이메일　kyujang0691@gmail.com　　　홈페이지 www.kyujang.com
페이스북 facebook.com/kyujangbook　　인스타그램 instagram.com/kyujang_com
카카오스토리 story.kakao.com/kyujangbook
등록일 1978.8.14. 제1-22

ⓒ 저자와의 협약 아래 인지는 생략되었습니다.
이 출판물은 저작권법에 의해 보호를 받는 저작물이므로 무단 전재와 무단 복제를 할 수 없습니다.

책값　뒤표지에 있습니다.
ISBN 979-11-6504-547-0 03230

규 ㅣ 장 ㅣ 수 ㅣ 칙

1. 기도로 기획하고 기도로 제작한다.
2. 오직 그리스도의 성품을 사모하는 독자가 원하고 필요로 하는 책만을 출판한다.
3. 한 활자 한 문장에 온 정성을 쏟는다.
4. 성실과 정확을 생명으로 삼고 일한다.
5. 긍정적이며 적극적인 신앙과 신행일치에의 안내자의 사명을 다한다.
6. 충고와 조언을 항상 감사로 경청한다.
7. 지상목표는 문서선교에 있다.

하나님을 사랑하는 자 곧 그의 뜻대로 부르심을 입은 자들에게는 모든 것이 合力하여 善을 이루느니라(롬 8:28)

규장은 문서를 통해 복음전파와 신앙교육에 주력하는 국제적 출판사들의 협의체인 복음주의출판협회(E.C.P.A:Evangelical Christian Publishers Association)의 출판정신에 동참하는 회원(Associate Member)입니다.